BIBLIOTHÈQUE PROFESSIONNELLE

Manuel de Publicité

A LA MÊME LIBRAIRIE

Dictionnaire de l'industrie. Matières premières. Machines et appareils. Méthodes de fabrication. Procédés mécaniques. Opérations chimiques. Produits manufacturés, par Julien Lefèvre, agrégé des sciences physiques, professeur au Lycée et à l'Ecole des Sciences de Nantes. 1899, 1 vol. gr. in-8 de 924 pages, à 2 colonnes, avec 817 figures. . . . . 60 fr.

Dictionnaire d'Électricité, comprenant les applications aux sciences, aux arts et à l'industrie, par J. Lefèvre. Introduction par M. Bouty, professeur à la Faculté des Sciences de Paris. 2e édition, 1896, 1 vol. gr. in-8 de 1160 pages à 2 colonnes, avec 1285 fig. . . . . 60 fr.

Encyclopédie technologique et commerciale, par E. d'Hubert, professeur à l'Ecole supérieure de commerce de Paris; A. Pécheux, professeur à l'Ecole d'Arts et Métiers d'Aix-en-Provence; A.-L. Girard, directeur de l'Ecole de Commerce de Narbonne, et Dugat, 1903-1908. Collection nouvelle en 24 volumes in-16 de 96 pages avec fig. Chaque. . . . . 5 fr.

Cours de Marchandises, Technologie à l'usage de l'enseignement commercial, par A.-L. Girard, directeur de l'Ecole pratique d'industrie de Narbonne. 5e édition, 1926, 1 vol. in-16 de 422 pages, avec 282 figures . . . . 18 fr.

Les Industries d'Amateurs, le papier et la toile, la terre, le cuir, la cire, le verre et la porcelaine, le bois, les métaux, par H. de Graffigny. Nouvelle édition, 1907, 1 vol. in-16 de 400 pages, avec 363 figures . . . . 15 fr.

La Reliure d'Amateur par E. Rueiler. 1930, 1 vol. in-16 de 96 pages, avec figures. . . . . 6 fr.

Les Secrets de la Science et de l'Industrie. Recettes, formules et procédés d'une utilité générale et d'une application journalière, par Héraud. 1904, 1 vol. in-16 de 432 p., avec 127 fig. . 15 fr.

Jeux et Récréations scientifiques. *Chimie. Histoire naturelle. Mathématiques,* par le professeur A. Héraud. 1903, 1 vol. in-16 de 418 pages, avec 185 figures. . . . . 15 fr.

Jeux et Récréations scientifiques. *Physique.* Applications usuelles des mathématiques, de la physique, de la chimie et de l'histoire naturelle, par le professeur A. Héraud. 1903, 1 vol. in-16 de 412 pages, avec 252 figures. . . . . 15 fr.

Ajouter pour frais d'envoi : France, 10 %; Étranger, 15 %

BIBLIOTHÈQUE PROFESSIONNELLE

Publiée sous la direction de M. René DHOMMÉE

Inspecteur général de l'Enseignement technique

La Technique Moderne de la Vente

Manuel de Publicité

A L'USAGE

des Commerçants et des Industriels
des Professionnels de la Publicité
et des Ecoles de Commerce

PAR

Louis ANGÉ

Chargé de Cours de Publicité
à l'École Supérieure Pratique de Commerce et d'Industrie de Paris
et à l'Institut d'Enseignement Commercial Supérieur de Strasbourg
Directeur des Cours techniques de la Revue *La Publicité*

2ᵉ ÉDITION

PARIS

LIBRAIRIE J.-B. BAILLIÈRE ET FILS

19, rue Hautefeuille, 19

1930

Tous les ouvriers intelligents, à quelque métier
qu'ils appartiennent, peuvent constater chaque jour
qu'il leur manque le premier et le plus indispensable
des outils, celui qui apprend à manier tous les autres,
le seul qui ne soit pas un serviteur inerte, mais au
contraire et tout ensemble un maître accompli, un
guide éprouvé, un conseiller fidèle et désintéressé.
Cet outil, c'est le *livre*. Vous le chercherez en vain, à
l'heure actuelle, chez le maréchal-ferrant, chez le
maçon ou le menuisier du village. A la ville même,
chez la plupart des petits patrons ou des contre-
maîtres, il est très rare, sinon introuvable.

Cette lourde faute n'est nullement imputable à
nos travailleurs, car ils aimeraient à lire et à relire
des livres faits pour eux, à leur mesure, et écrits
dans leur langue. On n'y a pas songé ; non pas évidemment que nous manquions de grands savants ni
d'éminents professeurs, mais leurs gros livres sont
inabordables et inintelligibles pour les travailleurs
manuels. L'ouvrier, l'employé le mieux doué n'est
condamné que trop souvent à devenir un manœuvre
routinier ou un rouage inconscient : on le confine
dans un travail jalousement spécialisé, on lui inter-
dit toute initiative, on tue en lui le goût du travail
bien compris, bien vu d'ensemble, et du même coup
on tarit pour lui toute source de profit légitime et
rémunérateur.

Il n'y a que deux remèdes, et l'on a trop tardé à

les employer : c'est le cours professionnel, et c'est le livre professionnel. D'ailleurs, ils se confondent et se complètent, car le cours est en somme un livre récité et expliqué à haute voix par un maître, et le livre est un cours écrit.

L'enseignement professionnel est en voie d'organisation, mais son installation demandera beaucoup de temps et d'argent. C'est seulement une infime minorité parmi nos travailleurs qui pourra en bénéficier dans les grandes villes. Ses bienfaits ne pourront pas d'ici longtemps, parvenir jusqu'au grand peuple des ouvriers déjà vieillis dans le métier et disséminés de tous côtés au fond de nos provinces.

Pour eux, il n'y a qu'un recours : le *livre*, le livre bien fait, qu'on a toujours sous la main, qui est toujours prêt à répondre, qui a prévu toutes les difficultés et sait les résoudre d'une façon claire, le livre abondamment illustré qui montre le maniement de chaque outil, expose les tours de main, le livre qui joint à un savoir solide le savoir-faire qui est tout aussi indispensable.

C'est ce *livre* que la Bibliothèque professionnelle offre à tous les travailleurs.

Chacun des 150 volumes qui composent cette Encyclopédie du travail national a été écrit par un spécialiste. Mais ce spécialiste ne s'est pas borné à travailler dans son cabinet et sur les livres : il s'honore d'avoir pratiqué lui-même et pendant de longues années le travail qu'il enseigne maintenant à ses jeunes camarades. Les ingénieurs, les chefs d'atelier, les professeurs qui ont mis dans ces petits livres le meilleur de leur expérience ont manié les outils dont ils parlent ; ils ont eux-mêmes frappé sur l'enclume, charpenté ou menuisé le bois, ajusté des pièces ou conduit des machines. Quels que soient leurs titres, le nom qui leur convient le mieux, c'est encore celui de « maître-ouvrier ».

Avec eux, grâce à eux, et comme eux, tout ouvrier, tout employé peut devenir, lui aussi, un *maître* dans sa partie. La plus belle récompense des auteurs de la Bibliothèque professionnelle sera justement d'avoir ouvert les portes de la maîtrise à tous ceux qui voudront s'en rendre dignes.

RENÉ DHOMMÉE
*Inspecteur général
de l'Enseignement technique.*

AVANT-PROPOS

Il convient de rendre hommage au Directeur et aux Editeurs de la *Bibliothèque Professionnelle* qui ont eu l'heureuse pensée de comprendre dans leur collection un manuel de publicité. En effet, l'étude de la publicité a ceci de particulier qu'elle intéresse non seulement les professionnels, de plus en plus nombreux, des diverses carrières publicitaires, mais encore toutes les professions industrielles et commerciales. Et, d'autre part, cette étude, qui ne remonte guère qu'au début du siècle actuel ou, pour être tout à fait exact, aux environs de 1880, offre, par sa nouveauté même, un champ fécond à explorer.

Obligé par le cadre de la collection où il paraît à ne pas dépasser certaines limites, le présent manuel n'est pas uniquement un ouvrage élémentaire. Bien qu'il n'aborde les détails que dans la mesure du possible, il n'en apportera pas moins, si je ne m'abuse, quelques clartés nouvelles même aux techniciens les plus éprouvés. Notamment, l'exposé de ce que j'appelle *la valorisation de la publicité* me

semble de nature à faire pénétrer au sein de
la question plus profondément qu'on n'y avait
réussi jusqu'à présent. Et j'ose espérer qu'il y
aura dans ce petit ouvrage quelque marque
de l'intérêt avec lequel son auteur s'est consacré, depuis 1907, à l'investigation d'un
sujet sur lequel il a publié, le plus souvent
dans la revue *La Publicité* et sous le pseudo-
nyme de Comfort, un grand nombre d'articles.

Très rares sont les Français qui savent
avec quelle abondance les Anglais, les Américains et les Allemands ont écrit sur la publicité. *Die Reklame*, de Viktor Mataja, est un
gros livre, grand in-8, de 542 pages, qui a eu
rapidement trois éditions, et qui traite exclusivement de la publicité au point de vue économique, sans s'occuper de la technique.
E. S. Hole et John Hart ont consacré tout un
livre de 271 hautes pages, *Advertising and
Progress*, au seul examen des rapports de la
publicité avec le progrès. *Die Bibliographie der
deutschen Reklame — Plakat — u. Zeitungs-
Literatur*, de J. J. Kaindl, est un travail
considérable qui se borne à donner la bibliographie de ce qui a paru en langue allemande
sur la publicité jusqu'en 1918. On a dit, il y
a déjà longtemps, que les revues professionnelles de publicité éditées aux Etats-Unis
atteignaient le chiffre formidable de 200.
Quant aux ouvrages techniques de publicité

rédigés dans les diverses langues, ils rem-
pliraient des bibliothèques.

Malgré cela, la question n'est pas épuisée,
car elle est aussi vaste et aussi mouvante que
le monde des affaires.

*
* *

Jusqu'à présent nous n'avions pas en français de livre de publicité répondant aux exigences de l'enseignement : les meilleurs de
ceux que nous possédons, quoique pleins de
qualités multiples, étaient trop volumineux ou
d'un accès trop difficile. Je me suis efforcé
dans ce manuel de combler cette lacune, en
conciliant, autant que possible, les besoins
scolaires avec les nécessités de la pratique.

En 1911, la Direction de l'Enseignement
Technique a fait établir, par un groupe de
personnalités compétentes, un programme
de Cours de publicité à introduire dans les
Ecoles de Commerce. Ce programme n'était
donné qu'à titre d'indication générale, avec
faculté d'interprétation et de développement ;
le présent manuel tient compte de ce programme dans la mesure où c'était compatible
avec les améliorations issues de l'expérience.
Voici ce programme :

« 1° Utilité de la publicité. Son rôle social

et économique. Son influence sur le prix des marchandises et le développement du commerce et de l'industrie.

« 2° Sa fonction au service du manufacturier, de l'intermédiaire, du détaillant, du grand magasin et du consommateur.

« 3° Le besoin. Besoin existant. Besoin latent. Besoin à créer.

« 4° Analyse des particularités et étude des qualités marchandes du produit à écouler. Les possibilités de vente. Sa présentation. Son identification par la marque de fabrique.

» 5° Les moyens de publicité. Sollicitations générales : les journaux, les affiches. Sollicitations personnelles : la correspondance, le catalogue, le rappel d'offres méthodique.

« 6° La publicité complémentaire : cadeaux, calendriers, échantillons, etc., etc.

« 7° Les modes de publicité : *Sollicitations générales :*

« *A*) Les journaux. Publicité clichée. Publicité rédactionnelle. L'annonce. Comment on la fait. Relation du prix de la publicité par rapport à l'espace occupé et à la circulation du journal.

« *B*) L'affiche. Affiche de lettres. Affiche illustrée. Affiches peintes. L'affichage en pose simple, en conservation, palissades et pignons. Les prix de l'affiche, de la pose, du timbre.

« *Sollicitations personnelles : A*) La correspondance. Correspondance écrite. Corres-

pondance imprimée. Rappel d'offres méthodique. *B*) Catalogues. Brochures. Prospectus.
Distribution à domicile. Distribution par la
poste.

« *Publicité complémentaires :* Primes, cadeaux, calendriers, cartes postales.

« 8° Adaptation des modes et moyens de
publicité aux besoins du manufacturier, de
l'intermédiaire, du détaillant. Plan de campagne. Durée de la propagande.

« 9° Régime commercial de la publicité :
A) Les contrats ; *B*) Le rendement de la publicité ; *C*) Moyens de contrôle. Annonces à
clef ; *D*) Etablissement du prix de revient de
la demande pour chaque industrie ; *E*) Etablissement du prix de la publicité par vente
réalisée. Pourcentage des dépenses de publicité par rapport au chiffre des recettes.

« 10° Etude de quelques campagnes de
publicité. »

L'enseignement de la publicité est encore,
dans la pratique, à peine esquissé ; il est à
souhaiter que, — les questions d'enseignement technique étant à l'ordre du jour, dans
notre époque de reconstruction nationale, —
la publicité reçoive, elle aussi, de plus en plus,
de la part des autorités ministérielles et des
Chambres de Commerce, le degré d'attention
qu'elle mérite.

Un bon augure nous en est fourni par le
discours, bien supérieur aux banalités d'u-

sage, qu'a prononcé M. Dior, Ministre du Commerce, au Banquet de la Chambre Syndicale de la Publicité, en 1921, et dont il est bon de citer ces remarquables paroles, si pleines de compréhension dans leur humour apparent :

« Nous attendons beaucoup de notre publicité pour sortir de la situation difficile où nous nous trouvons...

» Le consommateur est un monsieur qui a besoin d'un excitateur, ou d'une mise en route, comme vous voudrez. Il y a des moteurs électriques qui sont de ce genre. Eh bien ! l'excitateur, ce sera la publicité... la publicité savante ; la publicité qui est le véritable orateur ; la publicité qui fait que le lecteur doit achever lui-même la pensée exprimée, au point qu'il s'imagine qu'il en est le propreinventeur...

« Ce sera un élément tout à fait important d'excitation pour le consommateur que de savoir placer ce mot de Normand : « Faire de la publicité, sans avoir l'air d'en faire, tout en en faisant... » C'est peut-être le meilleur moyen de la faire, et le résultat est peut-être plus proche si on sait, comme je le disais tout à l'heure, faire passer sa conviction dans l'esprit du lecteur ou de l'auditeur sans avoir l'air de trop lui mâcher la besogne. »

Enfin, si la publicité permet de développer ses affaires et de « gagner de l'argent », c'est

là encore la moindre de ses qualités, pour
ceux qui lui doivent des jouissances intellectuelles passionnantes, — sans parler du phi-
losophe, lui qui, selon une paraphrase d'un
mot célèbre, serait fondé à envisager la vie
sociale, autant que la vie économique, comme
« un ensemble de publicités qui se croisent ».

Louis Angé

PREMIÈRE PARTIE

LE ROLE ET LA TECHNIQUE DE LA PUBLICITÉ

CHAPITRE PREMIER

LA PUBLICITÉ VUE A VOL D'OISEAU

Définition de la Publicité

Pour définir la publicité, nous avons le choix entre un grand nombre de formules différentes. En effet, il n'y a pas jusqu'à présent de définition consacrée, exclusive et classique ; et, en raison de la nature même des choses dont traite la publicité, il sera toujours possible de varier les expressions au moyen desquelles on la définira.

Ce qui importe, ce n'est pas d'avoir une définition unique, rigide et stéréotypée de la publicité, c'est de bien comprendre ce que désigne ce mot-là. Pour qui veut bien envisager la réalité, rien n'est plus facile. La publicité est, simplement, l'art de s'adresser à un public de manière à s'en faire écouter et à obtenir ce qu'on désire. C'est l'art de faire connaître au public qu'on a quelque chose à lui proposer, de telle façon que cette proposition soit entendue et soit suivie d'effet. C'est encore, si l'on veut, l'art de présenter une offre

ou une demande de telle sorte qu'elle soit accep·
tée, ou encore l'art d'adresser un appel qui
reçoive une réponse favorable. Et c'est également
l'art de se faire valoir et d'exercer sur autrui une
influence.

Comme cet ouvrage ne traite que de la publicité appliquée à l'industrie et au commerce, nous
adopterons une formule moins générale, qui nous
permette, d'en mieux voir immédiatement l'intérêt pratique. Nous dirons alors : la publicité,
c'est l'art de vendre et de développer la vente par
tous les moyens qu'on peut imaginer ; ou, plus
brièvement : la publicité, c'est la technique perfectionnée de la vente ; c'est le perfectionnement
des moyens modernes de vente.

En d'autres termes, *la publicité a pour objet
l'acquisition et l'accroissement de la clientèle,
quelle que soit la catégorie de clients dont il
s'agisse.*

Professions que la publicité intéresse
Les carrières publicitaires

Cette simple définition montre tout de suite
l'innombrable quantité de gens que l'étude de la
publicité intéresse, ou devrait intéresser, pour
peu qu'ils aient conscience de ce qui est utile à
leur réussite :

1° Il y a, d'abord, tous les commerçants et
industriels, tous ceux sans exception, petits ou
gros, qui ont à vendre quelque chose, que ce soit
une *marchandise*, d'ordre matériel, ou un *service* de n'importe quelle nature, pour lequel ils
recherchent une clientèle. Ainsi, par exemple, les

entreprises de transport, les hôteliers, les divers métiers du bâtiment, etc. Bref, tous ceux qui ont un comptoir, une boutique, un magasin, un bureau vers lequel ils veulent attirer le plus de clients possible, afin de réaliser le maximum d'affaires, peuvent trouver dans la publicité un auxiliaire précieux.

2° A côté de cette infinité de professions, qui ont besoin de la publicité pour maintenir ou accroître leur prospérité, il y a toute la série des professions d'origine relativement moderne, mais se développant et se spécialisant de plus en plus, qui travaillent exclusivement dans le domaine de la publicité, en concourant aux diverses phases de la mise en œuvre de la publicité faite pour autrui. Ce sont, à proprement parler, les carrières de la publicité, dont voici les principales :

a) L'agence de publicité, qui englobe toutes les catégories de personnes travaillant pour la publicité et qui peut être une très vaste entreprise faisant annuellement des millions d'affaires. Son rôle est de concevoir, de préparer, de faire exécuter et de surveiller la publicité dont ses clients lui confient l'organisation, ou simplement de transmettre aux journaux et aux autres organes de diffusion publicitaire les ordres de publicité dont, en même temps, elle surveillera l'exécution. L'agence de publicité aura à son service, comme employés ou comme collaborateurs, tous les spécialistes que nous allons énumérer un peu plus bas.

b) En dehors de ces agences de publicité, dont l'activité embrasse tout le champ publicitaire, il y a les agences qui ne s'occupent que d'un mode

particulier de publicité, comme les agences d'affichage, de distribution de prospectus, de publicité cinématographique, etc.

c) Le conseil en publicité, qui s'appelle aussi
expert en publicité, ou ingénieur en publicité, est
une spécialisation plus récente de l'agent de publicité. En fait, il peut arriver que le travail du
conseil en publicité soit exactement le même que
celui d'une agence de publicité. Mais, théorique-
ment, le conseil diffère de l'agence par deux caractères. Premièrement, le conseil en publicité se présente comme une personnalité dont la formation
technique et la valeur individuelle s'opposent au
caractère plus anonyme, moins responsable et
plus commercial de l'agence : le conseil travaille
surtout avec son intelligence, tandis que l'agence
travaille surtout avec des capitaux. Secondement,
le conseil s'occupe surtout de l'élaboration intellectuelle de la publicité, tandis que l'agence s'occupe plutôt de la distribution et de la diffusion de
la publicité.

Mais, il faut se hâter de dire qu'au fond une
agence de publicité n'est bien organisée que si
elle est capable de rendre à ses clients les services d'un conseil en publicité, compétent, loyal
et impartial, tandis que jusqu'à présent trop d'a-
gences ont été portées à sacrifier les intérêts de
leurs clients, au profit des journaux et autres
entreprises leur assurant une large commission.

En somme, le conseil en publicité est une
modernisation de l'agence, et son apparition
marque un progrès réel dans la voie de la bonne
publicité.

d) Puis il y a le chef de publicité, qui dirige la

publicité d'une maison industrielle ou commerciale. Ce n'est, à vrai dire, qu'un agent de publicité ou un conseil en publicité travaillant exclusivement au service d'une seule maison, tandis que
l'agent et le conseil en publicité travaillent pour
diverses maisons à la fois, lesquelles ne sont pas
assez importantes pour avoir un chef de publicité,
ou qui préfèrent ne pas en avoir, ou qui, tout en
en ayant un, veulent s'assurer le bénéfice des
services de l'agent ou du conseil.

Le nombre des maisons de commerce qui ont
un chef de publicité ne s'occupant uniquement
que de publicité augmente de plus en plus, et la
rémunération d'un chef de publicité atteint parfois un taux considérable, dans la mesure où il a
su faire apprécier par sa maison la valeur de la
collaboration qu'il lui apporte.

e) Quand la maison n'a pas de chef de publicité
en titre, c'est le secrétaire commercial, ou l'ingénieur commercial, ou un autre employé qui sera
chargé de s'occuper des questions de publicité ; et
il s'acquittera d'autant mieux de son rôle qu'il aura
des connaissances publicitaires plus sérieuses.

f) Puis il y a les techniciens de publicité qui se
cantonnent dans un seul genre de travail, soit
qu'ils soient établis pour leur compte, soit qu'ils
soient au service exclusif d'une agence ou d'un
conseil en publicité, d'une maison de commerce
ou d'une autre entreprise. Ce sont :

α) Les rédacteurs en publicité, spécialisés dans
la rédaction.

β) Les illustrateurs, dessinateurs et affichistes,
spécialisés dans les divers modes d'illustration
publicitaire.

γ) **Les courtiers et démarcheurs en publicité,** spécialisés dans la recherche des ordres de publicité, en visitant les commerçants ou industriels, et qui reçoivent une commission sur le montant des contrats de publicité qu'ils apportent aux journaux, agences de publicité, imprimeurs, etc. Certains d'entre eux, ayant su acquérir la confiance de grosses maisons de commerce, gagnent des sommes énormes ; mais, pour la plupart, c'est un métier très ingrat, et qui le deviendra de plus en plus, parce qu'ils tendent à être éliminés par l'agence et par le conseil en publicité et surtout parce que la propagation des notions publicitaires parmi les annonceurs rend leur intervention de moins en moins indispensable. Tôt ou tard, le courtier libre se confondra avec l'agent ou le conseil en publicité, ce qui est pour lui une raison de plus de pousser ses connaissances publicitaires jusqu'à la plénitude.

3° **Enfin, il y a les professions qui trouvent dans la publicité des ressources importantes, sinon capitales.** C'est surtout le cas :

a) **Des journaux et autres publications périodiques,** qui sans le produit de la publicité seraient obligés de chercher une autre base financière ;

b) **Et des imprimeurs, photograveurs, clicheurs et papetiers,** bref de tous les arts graphiques, pour qui la publicité est une source de recettes considérables.

On voit donc que la publicité mérite d'être connue, étudiée et appréciée par trois sortes de professionnels :

1° **Par ceux à qui la publicité peut et doit**

rendre service dans leur commerce ou leur industrie ; ils sont des centaines de mille ;

2° Par ceux qui vivent uniquement de la publicité ; ils sont des milliers ;

3° Par ceux, et ils sont aussi des milliers, pour
qui la publicité est un important facteur de bénéfices.

Les préjugés ennemis de la Publicité

Maintenant, que se passe-t-il dans la réalité
quotidienne, et que voyons-nous ?

C'est que, d'une façon générale, il règne, en
matière de publicité, trois grandes erreurs.

I. — D'abord, beaucoup de commerçants et
d'industriels sont ennemis de la publicité, parce
qu'ils ne savent pas ce que c'est et qu'ils s'imaginent qu'ils n'en ont pas besoin. Leur opinion se
base sur le passé, sur une époque où, en effet, la
publicité n'était pas entrée dans les mœurs et où
les conditions de la vie commerciale, n'étant pas
ce qu'elles sont devenues aujourd'hui, rendaient
la publicité moins indispensable.

Ces gens-là sont ceux qui, ne voulant rien
entendre au delà des préjugés et de la routine,
sont par principe, c'est-à-dire par ignorance,
adversaires de toute innovation et de tout progrès. Au siècle de l'électricité et de l'avion, ils en
sont restés à la chandelle de résine et à la vieille
diligence. S'ils sont contents de leur sort, s'ils ne
veulent pas développer leurs affaires, s'ils préfèrent attendre que les commandes leur arrivent
au compte-goutte... ou pas du tout, il n'y a qu'à
les laisser à leur indolence ou à leur aveuglement,

jusqu'au jour où leurs yeux se dessilleront devant l'évidence. Car, tôt ou tard, des maisons ainsi dirigées sont condamnées à être dépassées, sinon éliminées, par la concurrence, ou tout au moins, elles sont à la merci des événements, et ne peuvent que végéter là où d'autres seraient prospères. Or, dans la vie moderne, ne pas progresser, c'est reculer.

Ce n'est pas à dire que ces maisons-là fassent forcément de mauvaises affaires ; mais elles vivent sur le passé, sur leur réputation acquise, en somme sur leurs réserves, et elles ne font rien pour renouveler leurs forces. Il est compréhensible qu'étant déjà connues, qu'ayant une clientèle, elles éprouvent moins que d'autres le souci de perfectionner leur outillage de vente. Mais une pareille ligne de conduite équivaut à borner volontairement ses succès, et à s'exposer au risque de les compromettre, de les amoindrir et même d'en tarir complètement la source. D'une part, une réputation commerciale n'est pas quelque chose d'éternel ; si on ne l'entretient pas et ne la défend pas constamment, elle est à la merci de l'avenir et des concurrents. Et, d'autre part, une clientèle est essentiellement variable et changeante ; chaque jour des clients font défection, il en arrive d'autres, et surtout il serait possible d'en conquérir de nouveaux. C'est la publicité qui, seule, permettra de stabiliser et d'accroître la clientèle.

Il est un proverbe qu'on oppose bien souvent aux adeptes de la publicité. « A bon vin point d'enseigne », dit-on pour montrer qu'une bonne marchandise peut se passer de publicité. Or ce proverbe signifie justement le contraire de ce qu'on veut lui faire dire ; il signifie que le bon vin se vend par lui-même, par sa seule réputation, sans qu'il soit nécessaire de le recommander. Mais cela n'est possible que lorsque ce vin a déjà des clients qui savent qu'il est bon, et qui le répètent à leurs amis ; et qu'est cela sinon de la publicité, et même, à tout considérer, la meilleure de toutes? Sans publicité, nul n'aurait su qu'il y a du vin à vendre et que ce vin est bon, et ainsi le nombre des acheteurs eût été minime. Du reste, il n'est pas, en fait, un seul marchand de vins qui ne possède d'enseigne, c'est-à-dire qui n'ait un embryon de publicité.

Loin donc d'être une objection à l'emploi de la publicité, ce proverbe doit être compris de la manière suivante : la bonne marchandise constitue par elle-même un facteur de publicité qui est excellent, et c'est lorsqu'on vend de bonne marchandise que la publicité donnera son maximum de résultats. Mais, sans publicité, une bonne marchandise n'attirera qu'un minimum de clients.

Au surplus, un pendant du proverbe précédent vient écarter tous les doutes, en proclamant la puissance de la publicité. Le voici : « L'enseigne fait la chalandise. » Ce qui signifie que c'est la réputation qui entretient la clientèle. Or, la publicité n'est pas autre chose que le moyen systématique et rationnel de créer et de développer la réputation d'une maison de commerce.

D'ailleurs, le simple bon sens fait prévoir la nécessité de la publicité, et le milliardaire Vanderbilt n'en était que le porte-parole lorsqu'il disait : « Comment donc le public pourra-t-il savoir qu'on a quelque chose de bon à lui présenter, si on ne fait pas de publicité ? » Et, d'autre part, on a constaté plus ... s fois qu'à la suite des grèves de journaux le chiffre des affaires avait fortement baissé dans les régions où la grève avait lieu, ce qui prouve l'influence sur les achats de la publicité par la presse.

Si je me suis attardé à réfuter cette première objection faite à la publicité, c'est pour fournir aux professionnels des diverses carrières publicitaires les éléments d'une argumentation destinée à persuader les commerçants récalcitrants que la publicité est de nos jours indispensable, — et non pas seulement une publicité rudimentaire, mais surtout la publicité la plus perfectionnée qu'il soit possible d'avoir. A cela aussi doit servir l'examen des deux autres erreurs.

II. — La seconde erreur vient du public, qui n'apprécie pas la publicité à sa valeur. Trop de gens disent ou pensent : « C'est de la publicité ; donc ça ne m'intéresse pas. » Ils s'imaginent que la publicité est une tromperie, et qu'elle ne peut que leur être nuisible, les amenant à acheter des marchandises de qualité inférieure, qui ne répondent pas aux perspectives que le marchand fait reluire. Ici se pose la question de la moralité de la publicité.

A cela il n'y a qu'une réponse à faire : la publicité est morale ou immorale, honnête ou malhonnête, suivant l'emploi qu'on en fait, suivant la moralité ou l'immoralité de ceux qui s'en servent. Et alors ce n'est plus faire le procès de la publicité ; c'est faire le procès du commerce lui-même, où il y a, c'est certain, des pratiques répréhensibles.

Mais ce n'est pas parce qu'un commerçant fait de la publicité qu'il sera malhonnête; c'est parce qu'il sera malhonnête que sa publicité sera abusive. En elle-même, la publicité n'est ni honnête, ni malhonnête : elle n'est qu'un porte-voix. Elle est semblable à la langue, qui est la meilleure ou la pire des choses suivant ce qu'on lui fait dire.

Si le public a été, et trop souvent, hélas ! abusé par la publicité, la faute en est aux commerçants malhonnêtes, d'une part, et, d'autre part, à la légèreté avec laquelle le public a accueilli leurs allégations trompeuses. Un public a la publicité qu'il mérite par son intelligence ou par sa moralité. Mais la conséquence des abus de confiance commis par des commerçants se servant de la publicité pour répandre leurs promesses mensongères a été un état d'esprit de défiance générale à l'égard de la publicité ou, comme on dit en mauvaise part, de la réclame. Il est naturel que chat échaudé craigne même l'eau froide.

Cependant une distinction s'impose: toutes les fois qu'il s'agit d'achats dont la nature est de ne pas se renouveler, c'est-à-dire toutes les fois qu'un seul achat de la part d'une personne assure au vendeur un bénéfice suffisant pour qu'il n'ait pas besoin que la même personne effectue chez lui des achats ultérieurs, il y a particulièrement lieu d'être sur ses gardes. C'est spécialement le cas de la publicité financière et de la publicité des spécialités pharmaceutiques et autres articles de ce genre. Dans le premier cas, le désir de s'enrichir et, dans le second, le désir de guérir sont des mobiles d'achat d'une force exceptionnelle qui font tomber trop de naïfs dans les pièges que leur tendent les flibustiers de la finance et du charlatanisme.

Mais, quand il s'agit d'articles de consommation courante, répétée et normale, celui qui fait de la publicité a d'autant plus d'intérêt à bien servir son client qu'il fait plus de publicité, parce que, si le client n'était pas content, il ne reviendrait pas, et, qui plus est, se plaignant d'avoir été trompé, il ferait au marchand une publicité à rebours, une contre-publicité, dont l'effet serait d'autant plus funeste au marchand que la publicité de ce dernier aurait été plus retentissante. Voilà pourquoi, d'une manière générale, l'emploi de la publicité est plutôt une garantie de la valeur de la marchandise.

De notables industriels s'en sont bien rendu compte, eux qui ont proclamé que faire de la publicité pour une marchandise reconnue inférieure, c'est aboutir à discréditer cette marchandise et à en entraver la vente. On comprendra qu'il en soit ainsi, si l'on veut bien songer que la publicité, c'est, au fond, comme une lumière qu'on projette crûment sur un objet : quoi qu'on fasse, les défauts en sont éclairés non moins que les qualités ; s'il était resté dans l'ombre, les défauts en eussent été moins sensibles. Ce n'est que dans les coins ou sous le manteau qu'on peut propager des choses louches, sans risquer d'ameuter le public contre soi. Une mauvaise marchandise ne résiste pas au grand jour de la publicité.

Dès le xviiiᵉ siècle, Franklin s'en était bien aperçu, lorsqu'il déclarait : « Mon fils, fais tes affaires avec des gens qui font de la publicité, car

ils sont intelligents et, toi, tu n'y perdras rien. »
Mais, pour qu'il en soit ainsi, pour que la publicité soit une présomption de bonne qualité, il est
nécessaire que cette publicité existe depuis un
certain temps et aussi qu'il y ait sur le marché
plusieurs articles concurrents. Alors intervient
ce que j'ai appelé la loi de garantie de la publicité
et qui peut se formuler ainsi : — *A publicité de
valeur égale, la bonne marchandise chasse la
mauvaise.*

Il suffirait que ceux qui vendent de bons articles
fassent une publicité de valeur au moins égale à
celle que font les charlatans pour que les produits offerts par ces derniers disparaissent du
marché. Ajoutons qu'il serait à souhaiter que,
chaque fois qu'il se fait une publicité trompeuse,
le client trompé ou, mieux encore, les commerçants honnêtes, poursuivent le délinquant. C'est
l'intérêt du public comme celui des marchands
et surtout celui des professionnels de la publicité
que soit dénoncée et traquée la publicité malhonnête, parce que, le public ayant perdu la foi dans
la publicité, l'action de celle-ci en devient bien
moins efficace.

Et, par là, le public se prive du bénéfice de
tout ce que la publicité peut lui apprendre et lui
présenter d'intéressant. Sans la publicité, on ne
connaîtrait que beaucoup plus lentement les
inventions, innovations, perfectionnements d'ordre pratique et utilitaire qui caractérisent l'époque
où nous vivons ; sans elle, on n'aurait pas mille
occasions de se renseigner ou de faire des acquisitions utiles. Instrument d'éducation et de documentation journalière, la publicité a été appelée

à bon droit la locomotive du progrès. C'est pourquoi le consommateur aura tout profit à donner à la publicité l'attention qu'elle mérite, au lieu de la repousser de prime abord parce que c'est « de la publicité ». S'il la prend au sérieux, la publicité pourra l'instruire dans cette chose — si difficile et si importante — qu'est l'art d'acheter. Au fur et à mesure que son sens critique s'aiguisera, les commerçants malhonnêtes en seront pour leurs frais... de publicité malhonnête.

Le seul reproche qu'on pourrait adresser à la publicité, du point de vue social, c'est qu'elle pousse parfois à effectuer des achats qui sont hors de proportion avec les ressources des gens. Les modernistes à outrance ont beau prétendre que ce n'est là qu'un stimulant au travail, qui engage à travailler davantage afin de se procurer l'argent nécessaire à ces achats, il n'en est pas moins certain que l'argent se dépense plus vite qu'il ne se gagne et qu'il en résulte dans les ménages des embarras sérieux. Cette conséquence funeste ne sera écartée que lorsque l'homme, — qui, en l'espèce, est le plus souvent une femme, — aura assez de force de caractère et de discernement ménager pour résister aux tentations déraisonnables lui venant de la publicité.

Mais c'est là, précisément, un point qui montre bien la puissance de la publicité, — puisque dans ce cas elle irait jusqu'à l'excès, — et ce nous est un argument de plus contre les commerçants qui refusent de reconnaître l'utilité de la publicité.

III. — Il faut avouer que ces récalcitrants sont de plus en plus rares ; et, le plus souvent, ils ne peuvent se résoudre à recourir à la publicité que

parce qu'ils ne savent pas du tout comment il
faut la pratiquer. A moins que, passant d'un
extrême à l'autre, ils ne tombent dans la troisième
erreur, qui est la plus grave de toutes, à savoir :
un excès de crédulité, une confiance irraisonnée
en la publicité, succédant à l'excès d'incrédulité,
et qui aboutira à toutes sortes de dépenses infructueuses. Se laissant prendre aux offres des intermédiaires, — qui ne voient dans toute affaire de
publicité qu'une commission à empocher, sans se
soucier du résultat, — ils gaspilleront à la diable
leur argent et seront tout étonnés que « la publicité ne rapporte pas davantage ». Après quoi, bien
entendu, déçus par cette première expérience, ils
garderont contre la publicité une rancune bien
explicable, bien explicable... par leur naïveté.
C'est ainsi que des maisons de commerce ont jeté
par la fenêtre des centaines de mille francs et
jusqu'à des millions, dans le vain espoir de les
voir rentrer, avec usure, par la porte.

On a estimé, depuis déjà longtemps, à une
époque où la publicité était bien moins concur-
rencée qu'aujourd'hui, et dans un pays où elle est
faite bien plus sérieusement qu'en France, aux
Etats-Unis, que 75 o/o des dépenses de publicité
étaient stériles ; et, d'autre part, on y a trouvé
que, en 1907, il y avait moins de gens faisant, dans
un grand magazine, de la publicité que vingt ans
auparavant, mais, en revanche, le nombre des
pages de publicité y avait considérablement augmenté, — les commerçants qui avaient continué
d'en faire en faisant beaucoup plus. Cela revient
à dire que le taux de mortalité des annonceurs
est très élevé, ce qui est la conséquence directe

de l'incurie avec laquelle tant de commerçants font
leur publicité. Ici intervient ce que j'ai appelé la
loi de progression ou la loi de perfectionnement de la publicité et qui peut s'énoncer de la
sorte : — *A marchandise de valeur égale, la
bonne publicité chasse la mauvaise.*

C'est donc qu'il ne suffit pas de *vouloir* faire de
la publicité, il faut encore *savoir* la faire. Autrement, la publicité ne rapportera que des satisfactions de vanité. La publicité ne vaut que par l'intelligence et l'habileté qu'on lui consacre, tout
comme n'importe quelle autre activité humaine ;
par elle-même elle ne saurait opérer des miracles.

Le développement et l'importance
de la Publicité moderne

Ces trois erreurs ne se produiraient plus si l'on
voulait bien considérer, en observant la vie des
affaires, ce qu'est au juste la publicité. On verrait alors qu'il n'y a rien de plus simple, rien de
moins mystérieux et que la publicité actuelle et
moderne, la publicité perfectionnée, n'est que le
développement logique, l'aboutissement conscient, de faits très naturels. Aussi vieille que l'humanité, la publicité a fait son apparition dans le
monde la première fois que deux hommes ont
essayé de se faire mutuellement savoir qu'ils
avaient quelque chose à échanger. Publicité par
gestes, par signes ou par paroles, cette publicité
primitive n'en était pas moins de même nature
que la publicité la plus savante et la plus raffinée
de notre époque: il n'y a entre ces deux formes

de publicité qu'une différence de moyens, de science et de perfectionnement.

Dans un article de la revue *La Publicité* (n° de décembre 1919), M. Emile Paris, Inspecteur général de l'Enseignement technique, a excellemment indiqué cette évolution de la publicité, lorsqu'il distingue une « publicité naturelle », à laquelle est venue s'ajouter une « publicité complémentaire », ces deux publicités constituant par leur ensemble la « publicité intégrale », c'est-à-dire la publicité perfectionnée. Au fur et à mesure que se développait l'humanité, les formes de publicité devenaient plus riches, plus compliquées, plus retentissantes. Et ainsi, de la publicité primitive, qui ne consistait guère qu'à exhiber la marchandise, soit personnellement, soit dans une boutique, soit au dehors, on est arrivé, par l'emploi successif des diverses publicités complémentaires que faisait éclore le progrès humain, à la combinaison des multiples formes actuelles en quoi consiste la publicité intégrale.

Pour en arriver à ce point, il a fallu trois grandes conditions générales qui ne se sont réalisées que très tardivement :

1° Il fallait d'abord une condition politique : la liberté commerciale ; car sans liberté, pas de concurrence, et sans libre concurrence la publicité ne peut pas prendre son plein essor. La publicité ayant besoin d'un régime de liberté, il a fallu la fin de l'Ancien Régime, il a fallu la Révolution, pour que soit réalisée la condition politique de son libre développement.

2° Il fallait ensuite une condition économique : ce fut l'avènement de la grande production. Car lorsque les marchandises sont en petit nombre, c'est le consommateur lui-même qui va trouver le marchand, sans que celui-ci ait besoin de se mettre en peine d'aller rechercher et relancer le client. Il fallait donc les grandes découvertes de la mécanique, de la vapeur et de l'électricité qui ont décuplé et centuplé la production, jusqu'à faire régner en permanence un état normal de surproduction, pour que la publicité acquière toute son importance comme agent essentiel de l'écoulement des marchandises.

3° Enfin il fallait des conditions techniques favorables à la diffusion de la publicité. Ça a été le résultat d'une triple étape :

a) Invention de l'imprimerie, au xve siècle.

b) Création du premier journal, au xviie siècle.

c) Fondation du journal à bon marché et à grand tirage, au xixe siècle.

Gutenberg, qui assura l'essor de l'imprimerie, Théophraste Renaudot, qui fonda la *Gazette de France*, en 1631, et Emile de Girardin, qui créa en 1836 *La Presse*, le premier journal à bon marché, faisant appel aux annonces, peuvent être regardés respectivement comme l'ancêtre, le grand-père et le père de la publicité française.

On voit que les trois conditions requises ne se trouvèrent réunies que sous le règne de Louis-Philippe. Et c'est, en effet, à partir de cette époque, que la publicité française, outillée de toutes pièces, s'est mise en marche à pas de géant. Il suffit d'ouvrir les yeux pour constater que la publicité contemporaine revêt les formes les plus diverses. A domicile, on reçoit toutes sortes d'imprimés ou d'écrits de publicité : lettres, circulaires, prix-courants, dépliants, catalogues, brochures, prospectus, échantillons, publications multiples, etc. On lit un journal ou une revue : la publicité y apparaît, masquée ou à découvert, de la première à la dernière ligne. Dans la rue, ce sont les affiches, les pancartes, les panneaux, les devantures, étalages, enseignes, annonces lumineuses, hommes-sandwichs, distributeurs de prospectus, publicité des tramways, des voitures de livraison, etc. Dans les théâtres, les établissements publics, les gares, les chemins de fer, les campagnes, de la pointe des Pyramides aux cataractes du Niagara, sans compter les imprimés qui tombent du ciel par la voix des avions, et les appels de la publicité téléphonique, et les primes et les concours et les Expositions et les visites des voyageurs de commerce, et les conversations des amis et connaissances, partout et toujours, intervient l'universelle publicité, qu'Emile Faguet qualifiait si bien de moderne Protée et que des économistes et journalistes ont saluée du titre souverain de « Sa Majesté la Publicité ».

Il y a là toute une multitude de manifestations, qui, en apparence, semblent le chaos, mais que, précisément, le rôle de l'expert en publicité va être de soumettre aux lois d'un juste emploi, ou, comme disent les Américains, aux lois de l'*effi-cience*, alors que, nous, nous dirons aux lois de l'efficacité.

Des statistiques ont été publiées qui montrent l'importance du mouvement d'affaires déclanché par la publicité contemporaine. Ces statistiques varient beaucoup, car, jusqu'à présent, les moyens ont manqué pour les établir scientifiquement, sur les bases d'une exactitude suffisamment approchée. Elles ne peuvent donc être considérées que comme une indication très générale ; mais elles sont surtout utiles parce qu'elles font ressortir excellemment l'importance relative de la publicité des principaux pays. On peut accepter les chiffres suivants, comme émanant des sources les plus autorisées, pour une moyenne annuelle se rapportant soit aux environs de 1913, soit aux environs de 1920, abstraction faite des vicissitudes dues à la guerre mondiale de 1914-1918.

D'après cela, la dépense annuelle des Etats-Unis en publicité serait de 3 à 5 milliards de francs ; celle de l'Angleterre de 2 milliards ; celle de l'Allemagne de 1.500 millions à 2 milliards ; et celle de la France de 160 à 200 millions.

La seule chose à retenir de ces chiffres, — mais elle est d'une signification capitale au point de vue commercial, — c'est que la France fait beaucoup moins de publicité, énormément moins, que les grands pays commerçants. Quelqu'un de très qualifié, du fait même de sa situation, le directeur de *L'Argus de la Presse*, écrivait en 1914 : « La France est fort en retard sous le rapport de la publicité. Les Etats-Unis, l'Angleterre, l'Allemagne, la Hollande, la Belgique même (et nous ajouterons encore, toutes proportions gardées, la Suisse) lui ont depuis longtemps damé le pion sur ce chapitre. » Et la stricte vérité, qui plus est, nous oblige à constater que non seulement c'est la France qui fait le moins de publicité mais qu'encore c'est elle qui la fait le plus mal.

La conséquence de cette infériorité, tant qualitative que quantitative, de la publicité française, c'est l'infériorité de la France en matière commerciale, et notamment en matière d'exportation. D'autre part, cette double infériorité a une origine commune, qui est la faiblesse relative, chez le Français d'aujourd'hui, de l'esprit d'entreprise, du sens et du goût des affaires, de l'esprit d'initiative commerciale. Commerce et publicité sont indissolublement liés. Tant vaut la publicité, tant vaut le commerce, et réciproquement. De sorte qu'on peut énoncer la loi suivante, vérifiée, d'ailleurs, par l'étude du commerce des différentes nations : *le développement économique d'un pays est directement proportionnel au développement de sa publicité, et inversement.*

La publicité est une science et un art

Comme dans presque toutes les branches de l'activité humaine, en publicité la pratique a précédé la théorie, et c'est de la pratique qu'est née la théorie, ce qui donne à celle-ci toute la valeur de l'expérience. D'abord, certains commerçants et certains industriels, généralement les plus avisés, se sont mis à faire de la publicité, par à-coups, à titre d'essai, sans trop savoir où ils allaient, jusqu'au jour où, rectifiant et systématisant, grâce aux données de l'expérience, leur manière de faire, ils ont été en mesure de procéder avec méthode. Puis, sur cette expérience, sont venues se greffer les observations, constatations, généralisations et études de tous ceux, — industriels, commerçants, professionnels de la publicité, économistes et psychologues, — qui ont réfléchi sur la question. Et ainsi peu à peu on s'est demandé quels étaient les procédés et les méthodes de publicité qu'il fallait adopter ou écarter pour avoir de bons résultats.

Tout cela a été répandu et mis en lumière d'abord dans des articles de journaux et de revues, puis dans des livres, puis dans des conférences et dans des cours de publicité. Et, de même que l'avènement de la publicité moderne, en tant que pratique, peut se placer entre 1830 et 1840, de même la théorie de la publicité date de 1880 à 1900.

Ce qui précède nous permet de répondre à une question, souvent débattue, par des gens qui ne semblent pas trop s'être rendu compte de ce qu'est, exactement, un art ou une science. En effet, il s'agit de savoir si la publicité mérite d'être considérée comme un art ou comme une science. Il n'y a qu'une réponse possible, et elle est extrêmement facile : c'est que la publicité est à la fois un art et une science. Elle est une science, parce que le mot, si mal compris, de science ne signifie pas autre chose qu'étude réfléchie d'un sujet. Tout dans l'univers est objet de science, parce que tout peut être soumis à une étude. Et donc la publicité est devenue science depuis qu'elle a été étudiée d'une manière méthodique.

Et la publicité est, en même temps, un art, parce qu'elle réalise des créations qui nécessitent des qualités personnelles de vision, d'imagination, et d'interprétation. Il y a, en publicité, deux choses très distinctes : il y a la théorie, et il y a la pratique. En tant que théorie, la publicité est une science, et en tant que pratique, elle est un art. La théorie de la publicité cherche, *en joignant l'observation à la réflexion*, à découvrir des règles, des procédés, des indications, — ce qu'on appelle des lois, — qui permettent de rendre la publicité efficace ; c'est là, proprement, le but de toute science : la découverte des lois qui régissent un ordre de faits. Et la pratique de la publicité cherche, elle, uniquement, à réaliser, d'une manière concrète, la publicité la plus efficace, par l'application, consciente ou inconsciente, des lois, cachées ou connues, qui régissent la matière ; et c'est là, proprement, le but de ce qu'on appelle un art.

Seulement, il faut noter qu'il y a deux sortes de praticiens en publicité : il y a ceux qui ignorent tout de la science, de la théorie, des lois de la publicité et qui agissent d'après leur seule expérience personnelle et en s'appuyant sur leurs seuls dons, sans mettre à profit le résultat des études, de l'expérience et des découvertes d'autrui. Cette façon de faire n'est admissible que pour ceux qui ont la vocation innée, le don de la publicité, et qui sont des génies de la publicité ; encore leur tâche serait elle considérablement facilitée si, au lieu de procéder par intuition et tâtonnements, ils prenaient soin de connaître ce qu'enseigne l'expérience d'autrui se présentant sous la forme des études consacrées à la publicité.

Mais, pour la généralité des praticiens de la publicité, qui ne peuvent prétendre avoir autre chose que du talent, sans atteindre au génie, l'étude préalable, systématique et théorique de la publicité s'impose impérieusement. Entre un technicien de publicité qui n'a jamais rien lu sur la théorie ou

la science de la publicité et celui qui est au courant
des travaux consacrés à la question il y a la
même différence qu'entre un peintre sans culture
artistique, qui s'est formé tout seul, et celui qui a
reçu l'enseignement des meilleures Ecoles ou
Académies des Beaux-Arts, où professent les meilleurs maîtres : quatre-vingt-dix-neuf fois sur
cent, celui qui en est réduit à tout inventer par
lui-même ne vaudra pas celui qui joint à ses
dons naturels la science accumulée par ses
aînés.

Et, en publicité, la part de la vocation ou du
don est bien moins considérable que dans n'importe quel art : tout le monde peut devenir un
bon chef de publicité, un bon expert en publicité,
pourvu qu'on soit intelligent, instruit et docu-
menté sur la question. Ici la connaissance des
principes, et leur application intelligente ont plus
d'importance que les dons naturels ; en tout cas,
les dons naturels, s'ils s'accompagnent d'ignorance, — ce qui est trop souvent le cas, même en
l'absence de tout don naturel, — ne peuvent pas
atteindre la plénitude des résultats qu'apportera
seule la connaissance de la publicité. Et, d'autre
part, on ne saurait opposer la pratique ou l'expérience de la publicité à la théorie ou à la science
de la publicité, puisque la théorie n'est que la
conséquence, la confirmation, la consolidation, la
généralisation, la vulgarisation de la pratique, et
la somme des expériences partielles. Ici ce n'est
pas la pratique qui est dérivée de la théorie, mais
c'est la théorie qui est dérivée de la pratique, et
qui, par conséquent, apporte aux praticiens, non
pas des règles arbitraires, mais le fruit de l'expé-

rience acquise et des constatations journalières de la pratique.

Ceux qui répugnent à voir dans la publicité une science sont ceux qui ne connaissent d'autres sciences que les mathématiques. En effet, la publicité n'a rien de commun avec les mathématiques, parce qu'elle n'a pas à établir des mesures abstraites, qu'elle a à envisager non seulement des quantités, mais surtout des qualités. Ses éléments ne sont pas des chiffres ou des matériaux mesurables, ce sont des idées, des sensations et des sentiments, des facteurs humains.

Science à caractère psychologique par ses moyens et à caractère économique par son objet, la publicité offre autant de certitude et d'évidence que n'importe quelle autre science sociale, pourvu qu'on ne veuille pas l'enfermer dans des formules trop étroites, incompatibles avec la mobilité et l'instabilité de la vie de l'esprit et de la vie des affaires. Comprise telle qu'elle doit être, la publicité est à la fois la psychologie, la logique et la mécanique de la vente.

Seulement, il ne faut pas prendre pour argent comptant tout ce qu'écrivent les théoriciens de la publicité, parce qu'ils sont susceptibles de se tromper, n'ayant pas toujours étudié suffisamment les questions dont ils traitent. Et puis la science de la publicité peut toujours faire de nouveaux progrès, parce qu'on fait toujours de nouvelles observations et de nouvelles études. Mais, si la publicité est ainsi toujours en voie de développement et de perfectionnement, il n'y a là qu'une chose très ordinaire, qui se passe également dans toutes les autres sciences, et qui n'enlève rien à la valeur des études publicitaires. Bien que, sur certains points, les divers auteurs qui étudient la publicité puissent diverger, tout le monde est aujourd'hui d'accord sur les points principaux ; et le présent ouvrage se flatte de donner, en raccourci, l'exposé de tout ce que l'on sait, à l'heure actuelle, en matière de publicité. Et on en sait suffisamment pour qu'il soit possible d'affirmer que les bases de la théorie qu'il présente ne changeront jamais : le fondement de la méthode publicitaire est aujourd'hui fixé. Il ne reste plus qu'à enseigner cette méthode à tous les commerçants et à tous les industriels, ce qui, à n'en pas douter, — étant donné les lacunes que présente encore le développement intellectuel de la société actuelle, — demandera beaucoup de temps. Mais pourquoi s'en étonner, puisqu'il fallut, en France, arriver à Descartes et au xvii⁰ siècle pour avoir l'exposé d'une chose aussi essentielle que la méthode rationnelle de penser, alors qu'aujourd'hui encore une multitude de gens font comme si cette méthode restait à découvrir ?

Les *frais de publicité* et le *prix des marchandises*

Il n'en est pas moins déplorable de constater qu'un si grand nombre de commerçants et d'industriels ont sur la publicité des notions très vagues ou très inexactes, comme l'a prouvé l'examen des trois erreurs capitales que nous avons signalées plus haut. Une autre erreur est celle qui condamne la publicité parce qu'on prétend qu'elle élèverait le prix des marchandises en obérant le coût des opérations de vente. Jamais opinion n'a été plus fausse, car il est impossible de trouver un seul article dont le prix ait augmenté, lorsqu'on s'est mis à faire de la publicité à son sujet ; bien au contraire, le plus souvent, l'emploi de la publicité a entraîné une baisse des prix, ce qui est d'ailleurs tout naturel, puisque la publicité est une manifestation de la concurrence, et que la concurrence, comme on sait, tend à abaisser le prix des marchandises.

Mais alors qui supporte les frais de publicité ? D'une part, ce sont ceux qui ne font pas de publicité ou ceux qui la font mal, parce qu'ainsi léur vente diminue ou ne se développe pas, ce qui est au détriment de leurs bénéfices. Et, d'autre part, la publicité, augmentant la vente de ceux qui la font bien, augmente par le fait même leurs profits, dans une mesure qui permet de récupérer largement les frais de publicité, sans qu'il soit nécessaire de mettre ces frais sur le compte du consommateur. La publicité doit être considérée comme un perfectionnement de l'outillage de vente, et, à ce titre, elle produit les mêmes résultats heureux que l'emploi des machines, de la vapeur ou de l'électricité qui, loin de faire monter les prix de revient, permettent de fabriquer à meilleur marché.

D'ailleurs, si la publicité devait entraîner pour le consommateur un supplément de dépense, ce ne serait pas sans compensation pour lui, puisque ce ne serait que le prix légitime payé en échange des services que lui rendrait la publicité en lui facilitant ses achats, en le documentant sur les articles mis en vente, et en lui garantissant la qualité, la distinction ou l'élégance de ce qu'il achète. Mais, en fait, le consommateur n'aura à supporter les frais de publicité que dans les cas exceptionnels où la publicité ne serait pas suivie d'un accroissement de la consommation. Le coût de la publicité rentre dans l'ensemble des frais de vente, et c'est dès lors les résultats de la vente qui en opèrent l'amortissement.

La publicité et le monde des affaires

En 1920, la revue *La Publicité* a fait une enquête pour savoir ce que pensaient de la publicité des parlementaires, des diplomates, des industriels, des commerçants. Le résultat en a été pitoyable. Sur une vingtaine de personnes, deux ou trois seulement ont été capables de répondre à une question aussi simple que celle-ci : que pensez-vous de la publicité ? La jugez-vous nécessaire pour la réussite des affaires et pour l'expansion nationale ? Une personnalité aussi notable que M. Paul Doumer, qui tout le temps a été dans les affaires administratives, politiques ou financières, sénateur, plusieurs fois ministre, président de la Chambre et gouverneur général de l'Indo-Chine, s'est borné à avouer, très aimablement, « qu'il n'y connaissait rien et qu'il n'y comprenait pas davantage ». Le marquis de Dion, propriétaire d'une grande marque d'automobiles, a répondu que « ces questions ne l'intéressaient pas ».

M. André Citroën, le grand industriel, a fait une réponse du même genre. Quoi d'étonnant si la publicité de tant de grosses maisons de commerce est souvent si mal faite et si misérable ? Ces maisons-là réussissent grâce aux capitaux

immenses qu'elles ont, mais non pas grâce à leur
intelligence commerciale. Or, la publicité, qui est,
précisément, l'intelligence commerciale poussée
à son extrême développement, cherche, par une
organisation perfectionnée des méthodes de vente,
à porter à son maximum le rendement des capitaux investis dans une entreprise.

En revanche, M. Ernest Cognacq, directeur-pro-
priétaire des Grands Magasins de la Samaritaine,
semble avoir une trop grande confiance dans la
publicité, puisqu'il ne se préoccupe pas de la
manière dont on la fait ; ce serait alors tomber
dans la troisième des erreurs signalées antérieurement : « La publicité répondit-il à l'enquêteur,
est une des conditions essentielles de l'extension
de maisons comme la nôtre. Bien que je n'aie pas
approfondi cette question, je crois que sans publicité il n'est pas d'affaires possibles. » Jusqu'ici,
c'est tout à fait juste. Mais la suite a besoin d'une
restriction : « Et je crois que plus on en fait, plus
elle rapporte. En tout cas je n'ai jamais entendu dire
d'une publicité qu'elle ait été infructueuse. » La
restriction à apporter à ceci, c'est que ce n'est pas
seulement la quantité qui importe en publicité ;
c'est aussi la qualité : il ne suffit pas de faire de
la publicité n'importe comment ; il faut aussi la
bien faire.

Par contre, aux Etats-Unis, nous voyons le
président de l'Association des Professionnels de
la Publicité devenir ministre, sous la présidence
de M. Wilson ; nous voyons le successeur de
celui-ci à la Présidence de la République, M. Har-
ding, devenir membre du Club de Publicité de
Washington, en déclarant que, pendant toute sa

vie active d'homme d'affaires, il avait appris à apprécier l'importance de la publicité ; nous voyons surtout les psychologues et les économistes les plus savants consacrer à l'étude de la publicité de longs travaux, et nous voyons la publicité enseignée dans un très grand nombre d'Universités. En Autriche, c'est un économiste remarquable, M. Viktor Mataja, qui a été plusieurs fois ministre, qui s'est fait le champion de l'étude de la publicité dans les pays de langue allemande. En Allemagne, les nombreuses écoles des Hautes Etudes commerciales font une place de plus en plus grande à l'enseignement de la publicité, et les Facultés de Droit ou des Sciences économiques accueillent favorablement des thèses intéressantes sur cette question.

En France aussi, il n'est que juste de le reconnaître, le nombre de ceux qui apprécient comme il convient la publicité, surtout depuis la guerre, tend à s'accroître considérablement. On a commencé à se douter que l'un des grands instruments de l'expansion commerciale allemande au xxe siècle, c'était la publicité, sous ses multiples formes. Un professeur et économiste réputé, M. Henri Hauser, a demandé, dans un retentissant article publié par *Les lectures pour tous*, qu'on forme en France « des docteurs en publicité ». Dans des cours d'Etablissements aussi illustres que le Collège de France et le Conservatoire National des Arts et Métiers, il a été parlé, quoique brièvement, de la publicité. Enfin, l'enseignement, public ou privé, de la publicité progresse lentement, mais sûrement. C'est pourquoi l'industriel ou le commerçant qui refuserait de se faire une idée exacte de ce qu'est la publicité, non seulement sacrifierait ses intérêts pécuniaires, mais encore ferait, de plus en plus, figure de retardataire, alors que c'est, précisément, pour le commerce et pour l'industrie que la publicité est faite.

Le vocabulaire de la publicité.

Nous terminerons ce chapitre en donnant un petit vocabulaire des termes les plus usuels employés en publicité.

1. Celui qui fait de la publicité pour son compte, pour son commerce ou son industrie, est appelé *annonceur*.

2. On dit aussi parfois *annoncier*, *réclamier*, ou *réclamiste*. Ces mots sont mauvais, parce qu'*annoncier* désigne, selon la définition même que donne le petit dictionnaire Larousse, « celui qui est chargé des annonces dans les journaux », c'est-à-dire celui qui s'occupe de leur impression ; d'autre part, *réclamier* et *réclamiste* sont plutôt pris en mauvaise part.

3. En effet, ils viennent du mot *réclame* qui, d'après l'usage courant, a un sens péjoratif. Cependant, en Allemagne et en Belgique, ce mot-là n'est pas pris en mauvaise part et est, exactement, le synonyme de publicité. En bon français, il vaudra mieux réserver le mot *réclame* à la mauvaise publicité, à la publicité tapageuse et turbulente.

4. *Annoncer* signifie faire de la publicité, quelle que soit la forme de publicité employée.

5. Le chef de publicité, le technicien de publicité, celui qui s'occupe de la publicité d'autrui, peut être dit un *publicitaire* (adjectif substantivé).

Ainsi le *publicitaire* est celui qui travaille pour l'*annonceur*.

6. Le mot *publicitaire*, en tant qu'adjectif, si-gnifie : relatif à la publicité. Ainsi nous dirons indifféremment : la technique publicitaire, ou la technique de la publicité.

7. C'est à tort qu'on fait du mot *publiciste* un synonyme du substantif *publicitaire*,du technicien de publicité. Le publiciste, selon la définition même du Larousse, est « celui qui écrit sur la po-litique, sur l'économie sociale, etc. », ou, dans son sens le plus large, ce mot est un synonyme de journaliste. Cela n'a rien à voir avec le techni-cien de publicité, qu'il faut appeler *publicitaire*, et non *publiciste*.

A rejeter aussi le néologisme barbare *publiciter*, signifiant faire de la publicité.

8. De même, l'*afficheur* est celui qui pose les affiches, et l'*affichiste* est celui qui les dessine ou qui les imprime.

9. Il y aurait tout intérêt à remplacer le mot de publicité par un mot qui soit mieux vu du public, qui ne porte pas le poids de la suspicion, de la répugnance, de la mauvaise réputation qui va parfois jusqu'à s'attacher, non seulement au mot réclame, mais même au mot publicité. Le mot propagande serait excellent, s'il n'avait pas déjà un sens spécialisé, réservé qu'il est plutôt à la dé-signation de la publicité qui est faite pour répan-dre une opinion, une doctrine, une idée ou pour soutenir une œuvre dont le but est plus désinté-ressé que le commerce ou l'industrie. Il faudrait donc parler de propagande industrielle ou com-merciale, de propagandiste industriel ou commer-

cial, ce qui n'est pas aussi commode que l'emploi d'un mot unique.

10. En anglais et en allemand, les mots qui signifient publicité n'ont pas ce léger caractère de dépréciation qui s'attache, malgré tout, à notre mot de publicité. Aujourd'hui que la publicité est devenue chez nous une chose de plus en plus sérieuse et scientifique, il serait opportun de lui refaire une virginité, en la rebaptisant d'un mot qui ne comporte plus aucune tare originelle. En Allemagne, M. Hans Weidenmüller, professeur de publicité à l'Ecole des Hautes Etudes Commerciales de Leipzig et à l'Académie Humboldt à Berlin, a créé, il y a quelques années, le mot d' « acquisition de la clientèle », qui est aujourd'hui adopté de tous comme synonyme de publicité ; le technicien de publicité devient alors un « acquisiteur de clientèle ». Mais, en français, nous ne pouvons pas nous contenter d'une pareille expression en plusieurs mots, — laquelle pourrait également se traduire, du reste, par « recrutement de la clientèle » et « recruteur de clientèle ». Ce qu'il nous faut, c'est un mot unique.

Faute de mieux, je proposerais, au choix, les mots de *clientographie* ou d'*offertographie*, qui sont faciles à comprendre, puisque le premier signifie la science, l'étude du client, en même temps que la recherche écrite du client, et que l'autre signifie la science, l'étude de l'offre, sous-entendu commerciale, en même temps que la présentation écrite d'une offre commerciale. Or on sait que la publicité moderne est plutôt écrite que verbale ; voilà pourquoi *clientographie* ou *offertographie*, la partie principale servant très souvent à désigner le tout, peut fort bien désigner toutes les formes de publicité, c'est-à-dire la publicité tant verbale qu'écrite.

Du reste, rien de plus facile que de trouver un mot qui s'applique à la fois à la publicité écrite et à la publicité parlée. Il n'y a qu'à dire *clientologie* et *offertologie*. Et ces quatre mots-là ont l'avantage d'être formés sur le modèle de la terminologie qui sert à désigner un grand nombre de sciences, telles que la géographie, la géologie, la cosmographie, la philologie, etc. Sans compter qu'on pourrait dire encore *clientonomie* et *offertonomie*, de même qu'on dit *astronomie* ou *économie* politique, cette formation nouvelle signifiant l'étude des lois de la clientèle ou de l'offre commerciale. A moins encore qu'on ne préfère, tout simplement, les mots de *publicographie, publicologie,* ou *publiconomie.*

Faire de la publicité deviendrait alors faire de la clientographie, de la clientologie, de la clientonomie, ou de l'offertographie, de l'offertologie ou de l'offertonomie, ou de la publicographie, publicologie ou publiconomie.

L'adjectif « publicitaire » aurait pour synonymes clientographique, clientologique, clientonomique, ou offertographique, offertologique, offertonomique, ou publicographique, publicologique ou publiconomique.

De même, le substantif « publicitaire » aurait pour synonymes clientographe, clientologue, clientonome, ou offertographe, offertologue, offertonome, ou publicographe, publicologue ou publiconome.

Mais il faut remarquer que le mot publicitaire,

adjectif ou substantif, n'a pas besoin d'être remplacé comme le mot publicité, parce qu'il est de formation récente, que c'est un mot technique, qui n'offre pas les inconvénients du mot publicité.

Rien ne serait plus aisé encore que de dire *prospectographie, prospectologie, prospectonomie,* les mots de prospection, de prospecter et de prospecteur servant à désigner la recherche des clients, c'est-à-dire la publicité.

Je ne donne ici ces exemples que pour engager les professionnels à chercher un mot, meilleur encore, qui, une fois trouvé, sera facile à propager dans le monde de la publicité et au sein du public, et qui ainsi lavera la publicité de toutes ses anciennes compromissions, dues à l'abus ou à l'usage malhonnête qui, trop souvent, en a été fait.

Il est certain que, pour désigner une science nouvelle, il serait profitable de disposer d'un mot nouveau.

CHAPITRE II

LA VALORISATION DE LA PUBLICITÉ

Les besoins et les désirs

Pour qui ne veut pas se payer de mots et qui prend la peine de se placer nettement en présence des réalités commerciales, c'est-à-dire des conditions dans lesquelles s'effectue tout achat, la théorie de la publicité est d'une merveilleuse simplicité, et il ne saurait y avoir deux théories.

Il faut savoir, d'abord, — ce que la plupart des personnes, et même des professionnels de la publicité, ignorent encore, — que le succès de la publicité ne peut avoir que l'un ou l'autre de ces deux fondements : soit le besoin, soit le désir de la chose à vendre. En effet, on n'achètera une chose que parce qu'on la désire ou qu'on croit en avoir besoin. Nous ne ferons entre le besoin et le désir qu'une différence : c'est que le besoin est un désir devenu irrésistible et que le désir est un commencement de besoin. On désire tout ce dont on a besoin, et on finit par avoir besoin de tout ce qu'on désire vivement. Le besoin naît du désir, comme le désir suit le besoin.

Si l'on préfère, le besoin est le désir des choses nécessaires, comme le désir est le besoin des choses superflues, qui, par le fait même qu'elles

sont désirées, si elles sont suffisamment désirées,
finissent par être considérées comme nécessaires.
La conséquence de cela, c'est que la publicité
cherchera d'abord à montrer en quoi et comment
l'objet à vendre répond aux besoins et aux désirs
du public auquel on s'adresse. Ces besoins et ces
désirs sont, évidemment, multiples ; et le cas le
plus favorable est celui dans lequel on a affaire à
un besoin déjà existant, à un besoin intense. Il
n'y a alors qu'à prouver que l'objet à vendre répond bien à ce besoin, qu'il est capable de le
satisfaire.

Un besoin existant de façon nette et pré-
cise, le besoin d'une chose, est comme un appel
impérieux vers une satisfaction ; c'est comme un
vide dans notre être qui demande à être comblé
d'urgence. Selon son degré d'intensité, ce besoin
devient irrésistible. Dans ce cas, la tâche de la
publicité consistera à découvrir le besoin, à le
mettre bien en évidence, et à en accroître l'inten-
sité par l'évocation des satisfactions que donnera
l'objet à vendre.

Le second cas est moins favorable, puisqu'ici il
n'y a pas encore de besoin actuel, qu'il n'y a qu'un
besoin latent et virtuel, et qu'il s'agira donc de
l'éveiller, de le révéler à lui-même, de lui donner
conscience de son être, en somme de le créer.
Cela n'est possible qu'en faisant parler le
désir, qui est comme la faculté d'éprouver sans
cesse de nouveaux besoins. Le désir, c'est une
source infinie de besoins ; c'est la porte toujours
ouverte sur de nouvelles satisfactions. L'homme
est essentiellement un être de désir ; il désire
presque tout ce qu'il voit, tout ce qu'on lui pré-

sente, et c'est ainsi que, par la voie du désir, de
cet appétit permanent d'acquisitions et de pos-
sessions, toute offre de marchandises peut se trans-
former en besoin.

L'étude de l'article à vendre

Il résulte de cela que l'annonceur doit montrer
en quoi sa marchandise est désirable. Cela suppose la connaissance approfondie de cette marchandise. La première tâche de l'annonceur sera
donc l'étude de la marchandise à vendre, afin d'y
trouver des motifs de désirabilité. Mais, cela suppose en même temps la connaissance des besoins
et des désirs de la catégorie de gens à qui l'on
offre cette marchandise ; car ces besoins et ces
désirs varient à chaque instant et dans chaque
endroit, non pas dans leur nature, mais dans la
façon dont il s'agit de les satisfaire. Donc l'étude
simultanée de la marchandise et du public à
qui elle est offerte, voilà le fondement essentiel et
indispensable de tout travail publicitaire.

Nous pouvons procéder de deux manières, qui
aboutissent au même résultat, en partant soit de
la marchandise, soit du public. Si nous partons
de la marchandise, nous nous demanderons en
quoi et pourquoi elle mérite d'être achetée ; la
réponse sera toujours une des suivantes : la marchandise mérite d'être achetée :

1º Soit parce qu'elle offre tel avantage nouveau,
qu'elle réalise tel progrès ou telle amélioration ;

2º Soit parce qu'elle a telle qualité, telle utilité
ou tel agrément qui n'existent pas ailleurs au
même degré ;

3° Soit parce qu'elle est à bon marché.

Il s'agira donc, par l'analyse détaillée de l'article à vendre, de trouver les raisons qui font que cette marchandise peut être considérée comme vendable. Mais cela n'est possible que si nous avons bien soin de comparer notre marchandise avec celles qui sont en concurrence avec elle. Ici se présente le facteur concurrence qui est capital en publicité, car, s'il n'y avait pas de concurrence, la difficulté de la publicité serait extrêmement réduite. Il suffirait de faire connaître qu'on a tel article à vendre, qui est de nature à satisfaire tel besoin ou tel désir, pour que le public, sous l'action de ce besoin ou de ce désir, vienne en chercher la satisfaction dans l'achat du seul article pouvant la lui offrir. Mais c'est là un cas exceptionnel.

D'une manière générale, le problème se complique dans la mesure où la concurrence est considérable. Il ne suffit plus maintenant de trouver que l'article à vendre a des qualités et une valeur intrinsèques ; il faut montrer que ces qualités et cette valeur sont supérieures à ce qu'on rencontre ailleurs. L'analyse de l'article à vendre doit donc toujours être conduite de façon à chercher les supériorités, de quelque ordre qu'elles soient, qu'il présente par rapport aux articles concurrents.

L'étude du public

Une fois que cette analyse de l'article à vendre est terminée, nous nous demanderons quel public sera de nature à l'acheter, — à l'acheter pour cette raison que, étant données les conditions actuelles du marché, y compris l'action de la concurrence, cet article répondra à ses besoins mieux que les articles concurrents, ou lui offrira des satisfactions qu'il ne trouvera pas ailleurs au même degré.

Les besoins et les désirs du public résultent de ses instincts, de ses sentiments, de ses passions, de ses opinions, de ses habitudes, de ses tendances, de ses coutumes, de ses usages, de ses idées, de ses goûts, de ses préférences.

Un public a toujours certaines dispositions physiques, intellectuelles ou morales, un certain état d'esprit, une certaine mentalité, une certaine façon de vouloir vivre sa vie et d'y chercher des jouissances plutôt que d'autres, bref ce que nous appellerons du nom général de préférences.

Ces préférences sont elles-mêmes conditionnées par un certain nombre de facteurs dont les principaux sont la race, la nationalité, le climat, l'éducation, le rang et le milieu social, la profession et la richesse. Connaître son public, c'est, précisément, savoir quelles préférences il a, en raison, précisément, de toutes les influences qui agissent sur lui, qui commandent ses actions et qui le portent à désirer faire tels achats et à préférer dans telles marchandises ceci à cela. Lorsque nous aurons terminé cette analyse de notre public, nous saurons à qui nous devons nous adresser pour faire accepter notre marchandise, et comment nous aurons à nous y prendre pour avoir prise sur ce public et pour nous en faire écouter.

Dès lors la publicité à faire sera toute déterminée, et les moyens de publicité à employer s'en déduiront logiquement.

Il suffira de choisir ou de créer des moyens de publicité qui atteignent le plus grand nombre possible de gens susceptibles d'acheter notre article, en leur disant pourquoi ils doivent l'acheter. Ceci se ramènera toujours à leur exposer les *supériorités* de notre article, en tenant compte des *préférences* que nous avons constatées chez eux ; autrement dit, tout reviendra à leur présenter notre article de manière que les *supériorités* que nous indiquons dans notre article, — *supériorités* appréciées et estimées de ce public en raison de ses *préférences* connues de nous, — le conduisent à la *préférence* de cet article et à son achat subséquent.

La désirabilité de la marchandise

En sens inverse, si nous partons de l'analyse du public, au lieu de l'analyse de l'article à vendre, nous nous demanderons, après avoir constaté les besoins et les désirs de ce public, — que nous exprimerons par le terme unique de préférences — qu'est-ce qui, dans l'article à vendre, présentera des supériorités de nature à satisfaire ces besoins, ces désirs, ces préférences. Ce dernier point de vue peut être extrêmement utile à l'industriel, au fabricant, en l'engageant à produire des articles présentant des supériorités qui répondent aux préférences du public ainsi reconnues. Ceci permet d'orienter la fabrication dans le sens le plus favorable à la vente, et l'expérience acquise par un expert en publicité sous le rapport de la connaissance des besoins, des désirs, des préférences du

public, devient ainsi précieuse non seulement pour
la vente des articles déjà fabriqués, mais encore
pour la détermination préalable des qualités à
donner à un article qu'on se propose de fabriquer
et dont on veut que la vente soit le plus aisée à
mettre en œuvre.

Dans le cas le plus fréquent, l'expert ou le chef
de publicité est mis en présence d'un objet déjà
fabriqué, qu'il s'agit de vendre tel qu'il est. Dans
ce cas, le rôle du publicitaire doit se borner à
découvrir dans l'article tel qu'il est des points de
supériorité, des points de désirabilité ou, comme
disent les Américains, des points de vente.

Mais dans tous les cas, le succès de la publicité
nécessite la connaissance approfondie de la marchandise à vendre et des conditions de cette vente,
c'est-à-dire du public susceptible d'achat. Le chef
de publicité ne sera bien outillé pour venir à bout
de sa tâche que s'il a entre les mains ces trois
éléments : technologie de la marchandise, connaissance de l'état actuel du marché, et exacte
psychologie de la clientèle. Ces trois choses sont
indispensables au succès, puisque la technologie
de la marchandise fournira les points de supériorité, que l'état du marché renseignera sur la force
et la nature de la concurrence, et que la psychologie de la clientèle fera connaître les préférences
du public. C'est pourquoi la collaboration, ou
plutôt la documentation, des services de fabrication et des services de vente est nécessaire au
chef de publicité, qui, sans cela, disposerait d'indications erronées ou insuffisantes. C'est à lui à
demander aux services de fabrication et aux services de vente les renseignements dont il a besoin

pour établir les points de supériorité de l'article
à vendre en concordance avec les préférences du
public ; et c'est dans la mesure où ces divers services renseigneront exactement et complètement
le chef de publicité que les assises de cette dernière seront solidement constituées. Or, la nécessité de cette liaison entre les divers organes qui
travaillent tous en vue de la vente est, malheureusement, beaucoup trop méconnue, ce qui
donne lieu à des erreurs inévitables.

Quoi qu'il en soit, nous pouvons poser cette formule, qui est le point de départ de toute publicité
rationnelle :

Supériorité de la marchandise + Préférences
du public = Désirabilité = Fondements de la
publicité.

La marchandise par rapport à la concurrence

Maintenant, il peut se faire que l'article à vendre
n'offre aucune qualité qui puisse être considérée
comme une supériorité par rapport à la concurrence. Dans ce cas nous ne sommes pas dans une
position avantageuse, puisque, entre nous, nous
n'avons aucune raison valable, réelle, évidente,
de faire préférer cet article à ses concurrents. C'est
comme si nous avions une mauvaise cause à dé-
fendre. Alors, le chef de publicité n'aura rien dans
le fond de la cause elle-même qui puisse lui servir
de point d'appui : c'est à son éloquence personnelle seule, indépendamment de la bonté de la
cause qui lui est confiée, qu'il demandera le
moyen de convaincre ses juges, c'est-à-dire le
public.

Si la partie adverse, c'est-à-dire les concurrents, fait une publicité égale en qualité et en quantité à la sienne, le chef de publicité en question ne pourra pas s'étonner que les résultats qu'il obtiendra soient forcément médiocres. La faute n'en est pas à lui ; elle en est à l'infériorité de la marchandise. Mais, si la publicité faite par les concurrents est inférieure à la sienne en qualité ou en quantité, rien n'est perdu ; alors la supériorité de la publicité suppléera à l'infériorité de la marchandise, pourvu que le public ne se soit pas rendu compte par lui-même de cette infériorité de la marchandise. Car, le jour où le public se rend compte que, à prix égal, on lui vend une marchandise inférieure à d'autres, il n'y a rien à faire pour le décider à en reprendre ; au contraire, plus on le sollicitera, moins il en voudra, et plus il déblatérera publiquement contre cette marchandise, en en ruinant la réputation.

C'est dire qu'une marchandise tranchement mauvaise ne supportera pas l'emploi de la publicité, de même qu'un cheval trop faible se dérobe sous une charge trop puissante. La conclusion à tirer de ce fait, c'est qu'un chef de publicité consciencieux déconseillera l'emploi de la publicité pour une pareille marchandise, — cette publicité ne pouvant que se tourner en une contre-publicité que ferait, au détriment de la marchandise, l'acheteur déçu et mécontent. Il n'y a que deux solutions possibles : ou bien on tâchera d'écouler la marchandise en silence, sans attirer sur elle l'attention, ce qui ne ferait qu'attirer l'attention sur ses défauts et, par conséquent, la déprécierait encore davantage ; ou bien, on abaissera sensiblement le prix de la marchandise, ce qui permettra d'employer la publicité, en insistant, non pas sur la marchandise elle-même, mais uniquement sur la baisse de prix. Il y a toujours des gens qui feront passer le bon marché avant la qualité, et le désir d'acheter à un prix exceptionnellement bas leur fera passer condamnation sur la médiocre valeur d'une marchandise qui leur aura donné l'impression qu'elle ne leur aura pas coûté cher et que, par conséquent, ils ont fait une bonne affaire. C'est sur une clientèle semblable que comptent les industriels qui fabriquent sciemment ce qu'on appelle de la camelote.

Maintenant, comment s'y prendra le chef de publicité pour écouler une marchandise de valeur moyenne qui n'offre ni points de supériorité, ni infériorité tombant facilement sous les sens du public? C'est bien simple : il n'aura qu'à chercher, par l'analyse de l'article à vendre, tout ce qui peut se dire en faveur de cet article pour le rendre désirable. Et il insistera surtout sur les points favorables dont la publicité des concurrents n'a pas fait usage, même si ces points sont encore plus développés dans les articles concurrents. En effet, ce qui importe ce n'est pas l'existence de telle qualité, de tel avantage, de tel perfectionnement dans l'article à vendre; c'est uniquement le fait que le public soit mis en mesure d'apprécier cette qualité, cet avantage ou ce perfectionnement. Tant que le public ignore que telle chose dans une marchandise constitue une qualité, un avantage, un perfectionnement, tant qu'on ne le lui a pas dit, ce sont là comme des valeurs mortes, inexistantes, qui n'auront aucun effet sur la désirabilité de la marchandise et, par conséquent, sur sa vendabilité.

Le chef de publicité qui saura donc le premier attirer l'attention du public sur une particularité de sa marchandise, même si les marchandises concurrentes présentent un avantage égal sinon supérieur, donnera à son produit une apparence de supériorité, qui tiendra lieu d'une supériorité réelle. Cette supériorité apparente viendra uniquement de ce que les concurrents auront négligé de prendre les devants et de mettre en relief les qualités de leurs marchandises, qualités cependant supérieures ; mais, restant dans l'ombre, n'étant pas signalées et mises en lumière par une publicité appropriée, ces qualités sont de peu d'utilité pour l'accélération de la vente.

En somme, là où le chef de publicité ne trouve pas de points d'appui réels dans la supériorité de la marchandise à vendre, il est obligé d'en inventer. Et il ne pourra le faire que tant que la publicité des concurrents sera moins bien conçue que la sienne propre. Voilà pourquoi, pour ne pas lutter à armes inégales, avec une marchandise inférieure, le chef de publicité usera de son influence pour obtenir que la marchandise soit modifiée, qu'elle soit améliorée, qu'elle ait quelque particularité, quelque caractéristique, quelque qualité spéciale, sur laquelle il soit possible de bâtir l'argumentation publicitaire. Et c'est pour cela que la publicité représente un ferment de progrès industriel d'une valeur considérable et qui est encore beaucoup trop méconnu. Cette action de la publicité sur le perfectionnement de la production se développera dans la mesure où

les chefs de publicité, par leur compétence et par
les services rendus aux commerçants et aux industriels, gagneront en influence, en prestige et en
autorité.

Le prix de la marchandise comme facteur publicitaire

Ici, cependant, se présente au publicitaire une
première difficulté. C'est qu'un achat est toujours
une dépense d'argent ; et, dès lors, il ne suffit pas
d'avoir montré que l'objet proposé est désirable,
il faut montrer qu'il est plus désirable que la
somme d'argent correspondant à son acquisition.
Pour que l'achat se réalise, il faut que l'acheteur
éventuel ait, d'abord, l'argent à ce nécessaire et
puis qu'il veuille le consacrer à cet achat ; il faut
qu'il préfère la marchandise offerte à l'argent
qu'il devra donner en échange. Suivant que nous
aurons affaire à une clientèle riche ou pauvre,
qui est obligée ou non de faire des économies,
nous adopterons une tactique différente.

Avec les gens qui ne « comptent » pas, qui dé-
pensent largement sans regarder au prix, nous
ne parlerons jamais de prix dans notre publicité,
le prix étant ici une question secondaire. Nous ne
tirerons donc pas argument de la modicité de nos
prix, puisque cette clientèle veut toujours avoir
ce qu'il y a de plus cher, ce qu'il y a de meilleur,
sans s'inquiéter de ce que cela coûte. Alors notre
argumentation sera basée uniquement sur la qualité de nos produits, sur le fait qu'ils sont recher-
chés par le monde riche, élégant, et que notre
maison a la spécialité, l'exclusivité de la clien-

tèle mondaine, riche, élégante. Bref, nous ferons ici appel à l'esprit de classe, de clan, de caste, d'orgueil, de luxe et de vanité, et non pas à l'esprit de calcul ou d'économie.

Il ne sera alors question du prix qu'au moment de la conclusion de l'achat, comme une simple condition qui en marque la réalisation. Si nous avons su convaincre notre client que nos articles sont ce qu'il y a de mieux pour le « beau monde » et les « gens du bel air », il ouvrira sa bourse automatiquement.

Mais ce cas ne peut être qu'exceptionnel. Le plus souvent nous aurons affaire à des gens pour qui la question du prix est capitale. Dès lors il y a deux alternatives possibles. Dans la première, notre article est réellement bon marché, comparativement aux articles similaires. Il faudra alors, dans toute notre publicité, mettre ce bon marché bien en évidence, et cela en montrant, par des chiffres comparatifs, que ce bon marché est bien réel, de manière que ce bon marché soit bien évident pour le public. Le prix, étant ici synonyme de bon marché, constitue un argument de première valeur, qu'il y a lieu de faire valoir le plus possible, sans préjudice, du reste, des autres arguments sur lesquels on trouvera à s'appuyer.

Dans la seconde alternative, nous supposons que nous avons affaire à un article relativement cher, à un prix dont il n'est pas possible de tirer parti comme argument. Dès lors, notre publicité ne fera nulle part mention de ce prix : la simple vue d'un pareil prix serait, en effet, de nature à effaroucher bien des gens, en les empêchant de prêter attention à tout ce que nous pourrions dire en faveur des divers avantages et qualités de la marchandise justifiant ce prix et même un prix supérieur. Nous tiendrons donc ce prix caché jusqu'à ce que le client éventuel vienne dans notre magasin, ou nous ait fait part de son adresse; car, alors, nous aurons le moyen de lui prouver, verbalement ou par écrit, que notre prix n'est pas trop élevé, parce qu'il est justifié par telles et telles raisons. Ici nous aurons prise sur le client, puisque nous l'aurons devant nous, tandis que, si nous l'avions effrayé par la communication prématurée de notre prix, il ne nous aurait ni écrit, ni visité.

Cette distinction, pourtant si simple, entre les cas où il faut faire connaître de prime abord ses prix et ceux où il convient de les tenir cachés jusqu'au moment où l'on puisse s'expliquer avec le client, est un principe ignoré de bien des commerçants, qui, à tort et à travers, font ou ne font pas connaître leurs prix, et qui, même quand ils les font opportunément connaître, oublient d'en rendre le bon marché évident aux yeux du public. Ils supposent, à tort, que le simple énoncé d'un chiffre, sans commentaire ni comparaison, sera pour le public synonyme de bon marché.

Le fond et la forme de la publicité

Ainsi, le fond de la publicité sera constitué par l'exposé des supériorités, apparentes ou réelles, faisant valoir la désirabilité de l'article à vendre, compte étant tenu de la concurrence, des conditions du marché, des ressources du public et du prix qu'on lui demande. C'est là, en quelque sorte, l'argumentation, qui doit persuader le public de l'intérêt qu'il a à conclure l'achat. Et, comme nous l'avons déjà dit, reste à présenter au public cette argumentation de telle sorte qu'il soit atteint et qu'elle agisse sur lui.

Rien de plus simple que le principe général qui régit la présentation de cette publicité. Le voici, en un mot : il faut demander au public le moindre effort, et pour cela lui faciliter, de toutes les manières, la vision, la compréhension et l'assimilation de la publicité. Il faut partir de cette hypothèse que le public ne s'intéresse pas à la publicité, qu'il ne désire pas la voir et qu'elle est pour lui une importunité. Le fait est que la tâche de l'annonceur n'est pas agréable, puisque, en somme, c'est lui qui sollicite le public, qui en veut à sa bourse, et qui cherche à l'amener à conclure un achat dans lequel ce public troquera son bel argent comptant contre un produit dont, malgré tout, il n'a pas encore expérimenté les avantages.

Donc toutes les ressources du style, de la rédaction, de l'illustration, de l'imprimerie et des diverses techniques de la présentation et de la reproduction matérielles, devront être mises en œuvre, afin que la désirabilité de l'article à vendre, telle qu'elle résulte de l'argumentation publicitaire, soit encore accrue par l'agrément qui résultera pour le public de la forme sous laquelle la publicité se présentera à lui. C'est-à-dire qu'il faudra amener le public *à voir* la publicité sans qu'il ait besoin de la *regarder*, et tout combiner de manière que son œil ét son cerveau aient le moins de travail à accomplir pour

prendre connaissance du message qu'on désire
lui transmettre. L'attention du public doit donc
être attirée, gagnée, retenue, sans qu'il lui en
coûte aucune peine. C'est comme un breuvage
amer qu'on doit faire prendre à un patient, et
dont on déguise l'amertume sous la douceur de
quelque adjonction sucrée. La forme de la publicité consistera, comme on dit, à dorer la pilule,
pour la faire mieux avaler. La publicité emprun-
tera ainsi toutes les séductions de la littérature,
de l'art et de l'esthétique pour faire apparaître
plus séduisante la désirabilité de l'article à
vendre. Ainsi la publicité peut être définie l'art
de porter à son maximum la séduction exercée
par une offre d'ordre commercial.

La conservation de l'impression publicitaire

Mais il ne suffit pas que la publicité produise
une impression suffisamment favorable; il faut
encore conserver cette impression jusqu'au moment où doit se décider l'achat. Un simple
coup d'œil jeté sur les conditions dans lesquelles
s'opère une vente nous apprend tout de suite que
le public tient compte surtout de la nécessité où
il se trouve d'acquérir une chose, et, par conséquent, les circonstances de temps et de lieu ont
une grande importance.

Si le public, lorsqu'il voit notre publicité, n'a
pas un besoin actuel de notre article, il faut quand
même préparer son esprit à l'acquisition future,
pour que, cette acquisition se réalisant, elle se
porte sur notre article. Au moment où le public
éprouve le besoin de l'achat, il faut qu'instanta-

némeut, automatiquement et spontanément il
pense à notre article comme étant celui qui peut
le satisfaire le mieux. C'est donc en facilitant à la
mémoire la conservation de l'impression public-
taire qu'on arrivera à faciliter la vente future,
sinon immédiate ; ce résultat sera obtenu, d'une
part, par la formation d'une impression publicitaire suffisamment forte pour s'ancrer et persister
dans la mémoire et, d'autre part, par la répétition
des actes de publicité.

Le facteur confiance

Il semble maintenant que le cycle publicitaire
soit terminé. Cependant il y manque encore l'élément principal. Songeons quel est l'état de l'opinion publique à l'égard de la publicité. C'est la
défiance et la méfiance. N'oublions pas qu'une
affirmation qui n'est pas appuyée de preuves a
peu de chances d'être crue. Rien ne serait plus
facile que de prétendre que notre article est le
meilleur de tous, en s'entourant de toutes les
séductions de l'art et de l'éloquence ; mais cela ne
suffira pas pour qu'on nous croie. Il faudra que
nous prouvions que ce que nous avançons est
vrai, ou du moins vraisemblable. Il nous faudra
apporter des attestations, des références, des
preuves, ou des moyens quelconques qui permettent au public de se convaincre lui-même de
la véracité de nos affirmations. Il faudra gagner
la confiance du public, et nous ne la gagnerons
qu'en montrant que ce que nous disons est exact
et susceptible d'être contrôlé par le public lui-
même.

Et, désormais, nous voilà en possession de tous les éléments qui feront le succès de notre publicité. Nous savons comment nous y prendre pour asseoir notre publicité sur des fondements inébranlables. Nous aurions beau écrire des volumes et des volumes, qui pourraient même être d'une extrême utilité ; ils ne feraient jamais que développer et dérouler les conséquences des grands principes qui sont la clef de voûte de la publicité rationnelle, systématique et efficace. Appliquer ces principes, c'est être dans la voie infaillible du succès ; les ignorer ou s'en écarter, c'est marcher à l'aventure, sans but, ni guide, ni fil conducteur.

Les principes du succès publicitaire

Résumons donc ici ces principes généraux, que nous n'aurons plus qu'à observer fidèlement et scrupuleusement :

1° Toute publicité doit présenter l'article à vendre comme étant le plus désirable pour le plus grand nombre possible d'acheteurs éventuels. Il faut pour cela tenir compte de la concurrence et des préférences du public, c'est-à-dire montrer les supériorités apparentes ou réelles de l'article à vendre en s'appuyant toujours sur les préférences du public, de manière à lui persuader que notre article mérite sa préférence ;

2° Toute publicité doit se faire voir, se faire lire, se faire comprendre et se faire aimer du public avec le minimum de peine et le maximum d'agrément ;

3° Toute publicité, dans le cas où la vente ne s'effectue pas tout de suite, doit faciliter la vente future en conservant dans la mémoire, le plus vivace possible, une impression favorable à l'article à vendre;

4° Toute publicité doit inspirer au public auquel elle s'adresse le maximum de confiance, en donnant le moyen de vérifier l'exactitude de ses affirmations.

La substitution de la représentation publicitaire à la présence de la marchandise

Nous pouvons encore présenter la doctrine publicitaire sous une autre face, en rattachant plus profondément la publicité, aussi perfectionnée qu'elle soit et aussi artificielle qu'elle paraisse, à ses origines primitives et naturelles. Ce sera le moyen de faire mieux comprendre l'essence même de la publicité et les améliorations qu'elle est susceptible de recevoir au fur et à mesure que l'humanité se développe. Et en même temps ce sera le moyen de montrer comment s'y prendre pour exposer toute la désirabilité de l'article à vendre.

Pour quelle cause, en effet, désire-t-on acheter un objet, une marchandise? C'est, essentiellement et uniquement, parce qu'on la connaît, qu'on en a l'expérience et qu'on sait qu'elle est de nature à vous donner des satisfactions et des jouissances plus grandes ou plus indispensables ou plus urgentes que la possession de la somme d'argent contre laquelle on l'échange Mais comment connaître une marchandise et ce qu'elle pourra faire pour nous, sinon en la voyant, en la touchant, en s'en servant, en la goûtant, en la maniant, en en faisant l'essai ? Donc, — et tout part de là, — la marchandise est à elle-même son premier et son plus puissant moyen de vente et de publicité. C'est la présence de la marchandise devant le public qui engagera celui-ci à acheter et qui fera à celle-là la publicité la plus efficace. L'action de la marchandise sera doublée par la façon dont elle sera placée, présentée et mise en valeur ; cela nécessite l'existence d'un magasin, d'une vitrine, d'un étalage, ainsi que celle d'un vendeur chargé de donner des explications, de faire valoir la marchandise, d'aiguiller vers l'achat et d'en accélérer la réalisation.

Et, pour donner tout son effet, cela suppose que la marchandise sera montrée en action, en mouvement, dans les divers usages auxquels elle sert et avec les satisfactions, les jouissances et les résultats que procure son emploi. Ainsi la connaissance de la marchandise sera complète et elle exercera son plus grand effet de séduction.

La conséquence de cela, c'est que, pour accroître la vente, il faudrait accroître les magasins de vente, afin que la marchandise soit partout présente et qu'elle puisse excercer partout sa séduction maximum. On conçoit que le procédé serait trop coûteux. Et alors, pour aller au-devant de l'acheteur, pour l'attirer, pour le tenter, que va-t-on faire ? On commencera par déplacer la marchandise, sous forme de modèles, de spécimens, d'échantillons, d'exemplaires identiques à l'original ou de types réduits, et, à l'aide de voyageurs de commerce ou de représentants, on visitera la clientèle, de manière à lui faire connaître la marchandise à domicile. Ingénieux procédé par lequel,

sans attendre que le public aille à la marchandise,
la marchandise va au public, de même que, la
montagne n'allant pas au voyageur, c'est le voyageur qui va à la montagne.

Et l'extension logique de ce procédé, ce sont,
simplement, les foires, les marchés, les Expositions. Nous avons là le premier stade de la
publicité, le stade de la publicité naturelle et primitive, celui de la publicité par la marchandise elle-
même. Jusqu'ici il n'est pas de commerçant ou
d'industriel qui se refuse à employer ces procédés, qui, procédés commerciaux normaux et ordinaires, n'en sont pas moins des procédés de
publicité au premier chef. Le commerçant ou l'industriel qui ne recourrait pas à l'emploi de ces
procédés, du moins à celui du plus primitif de
tous, le magasin et le vendeur, cesserait d'être
commerçant. Par conséquent, qu'il le veuille ou
non, du fait qu'il ouvre une boutique et qu'il
donne à connaître, par le moyen le plus rudimentaire qui se puisse, qu'il met quelque chose en
vente, tout marchand fait, bon gré mal gré, de
la publicité : il en fait, comme le Bourgeois Gen-
tilhomme faisait de la prose, sans le savoir. Mais
il faut avouer qu'il se borne à employer les
moyens de publicité les plus coûteux, les plus
primitifs, les moins modernes, les moins perfec-
tionnés. Cette publicité-là, c'est ce que M. Emile
Paris appelait la « publicité naturelle » (1). Or,
le progrès de la technique commerciale a consisté,
précisément, à greffer sur cette publicité naturelle une « publicité complémentaire », qui est la

1. Voir p. 33.

publicité au second degré, la publicité vraiment moderne, celle à laquelle on pense presque exclusivement lorsqu'on parle de publicité. Mais, on aurait tort de séparer cette publicité complémentaire de la publicité naturelle, car elle n'est que le prolongement, l'extension le perfectionnement, naturel et logique, de cette dernière. Et ainsi nous aboutissons à la publicité rationnellement développée, qui est, en effet, la publicité intégrale.

En effet, même cette « mobilisation » de la marchandise grâce à l'intervention du commis-voyageur serait trop coûteuse, trop encombrante, trop lente, pour pouvoir aller atteindre le client partout. Et, d'ailleurs, elle ne permettrait pas de relancer successivement, à intervalles très rapprochés, les personnes réfractaires, car le voyageur, après avoir été évincé une fois ou deux, ne serait plus reçu, ne serait plus admis à renouveler son offre. C'est alors qu'on a trouvé un biais, un moyen merveilleux, qui est la publicité au second degré, la publicité moderne proprement dite, et voici comment.

Puisque le transport de la marchandise elle-même offre trop d'inconvénients, il n'y a qu'à *représenter* la marchandise, au lieu de la *présenter*, qu'à la *reproduire*, au lieu de la *produire* en personne. Il n'y a qu'à en donner une image, à remplacer sa *présence* par sa *représentation*. Et voilà le tour joué. Grâce à l'écriture, au papier, à la presse et à tous les moyens de reproduction graphique, typographique et photomécanique, nous avons tout ce qu'il nous faut pour faire connaître partout notre marchandise, telle qu'elle est. La rédaction, le texte, nous servira à remplacer le voyageur et le vendeur, pour donner toutes les explications désirables et préparer l'achat ; et le dessin, l'illustration, nous servira à donner l'image de la marchandise, comme si elle était réellement là. Nous avons donc deux langages à notre disposition : le langage de l'illustration, qui parle surtout aux yeux, et le langage des mots, qui parle surtout à l'esprit, de même que les moyens de vente primitifs, ceux de la publicité au premier degré, parlaient aux yeux par la présence de la marchandise et parlaient à l'esprit par l'intervention du voyageur et du vendeur.

On comprend immédiatement l'immense progrès qui a été ainsi réalisé, la véritable révolution commerciale qui en est résultée, puisque, désormais, nous pouvons présenter partout, et partout à la fois, et dans le temps et dans l'espace, et toujours et sans cesse, la marchandise que nous désirons vendre. C'est la multiplication infinie de la marchandise ; c'est l'universalisation de la séduction exercée par la présence matérielle des articles à vendre. C'est comme si l'univers entier devenait un immense et unique magasin dans lequel sans dérangement, sans sortir de son domicile, chacun pourra voir et connaître ce que nous lui offrons.

C'est là un de ces faits qui montrent bien dans quel sens opèrent le progrès et la civilisation : ils opèrent dans le sens de l'affinement, de la spiritualisation, de l'intellectualisation, de l'immatérialisation des instruments de travail et de vente. Là où autrefois il fallait déplacer la marchandise matérielle, on se contente aujourd'hui de faire circuler une marchandise fictive, une marchandise figurée, un simulacre de marchandise, qui ne consiste qu'en une représentation intellectuelle, une représentation imagée et verbale de la marchandise réelle. Et ainsi on s'affranchit de plus en plus des contraintes étroites du temps et de l'espace, des liens rigides de la pesanteur, et l'on fait travailler les délicats rouages de l'intelligence là où autrefois l'on était l'esclave de la matière brute. La publicité est par là l'une des multiples incarnations de l'intelligence et du progrès modernes.

Ce que doit être là représentation publicitaire

Mais cette substitution de la publicité figurative, orale ou écrite, à la présence de la marchandise n'est efficace qu'à une condition : c'est que la *représentation* de la marchandise équivaille réellement à la *présence* de cette dernière. Ceci nous fournit l'indication la plus importante qui puisse nous être donnée pour l'établissement de notre publicité. C'est que notre publicité ne doit pas être quelque chose d'abstrait, de vague, de livresque, de paperassier : elle doit produire en nous les mêmes impressions que produirait la présence de la marchandise, et exercer sur nous la même action que le ferait la présence du vendeur. C'est en cela que consiste, proprement, l'art de la publicité, dont le triple élément est le subtil emploi du style, de l'illustration et de la typographie. Il faut que tout s'anime et vive devant nous, et que nous n'ayons pas seulement à lire des phrases, à voir de froids caractères d'imprimerie et à regarder des reproductions graphiques ou plastiques, mais que nous ayons l'évocation complète et profonde de l'article à vendre et de ses divers usages, qualités et avantages.

Par la rédaction, par l'illustration et par l'imprimerie, la publicité doit parler à la fois à tous nos sens, comme le ferait la marchandise elle-même : elle doit parler non seulement à notre esprit, mais encore à nos yeux, à notre odorat, à notre ouïe, à notre goût et à notre toucher. Si c'est un melon que la publicité a à nous présenter, il ne suffit pas qu'elle nous fasse penser qu'il s'agit d'un fruit que l'on mange ; il faut que nous en ayons la couleur, le parfum, la saveur, le contact frais, luisant, lisse ou rugueux, le son mat et plein de promesses friandes. Il faut que sa chair juteuse et sucrée, que ses belles tranches dorées et fondantes nous fassent venir l'eau à la bouche et le désir au cœur. Ainsi nous aurons l'avant-goût de l'agrément qu'il nous donnera, et il nous sera difficile de résister à la séduction. C'est nous-même — c'est tout notre être avec tous nos sens — qui ferons naître en nous la volonté de l'achat ; c'est nous-même qui nous imposerons, au besoin, le sacrifice de la dépense à ce nécessaire.

Et, s'il s'agit d'une chose que nous ne connaissons pas encore, c'est toujours la même méthode qui doit nous faire participer par avance aux joies de la possession de l'article que la publicité a charge de nous vendre. Si nous ne nous figurons pas au préalable quel agrément ou quelle utilité nous pouvons attendre de cet article, comment pourrions-nous le désirer ? Et plus cette préfiguration sera vive et profonde, plus profond et plus vif sera notre désir d'achat. On comprend que cette préfiguration sera d'autant plus vive et profonde que l'article nous sera mieux représenté et présenté dans ses rapports directs et immédiats avec le plaisir ou l'utilité que nous en attendons, c'est-à-dire qu'il faudra nous montrer non pas seulement ce qu'est l'article, mais surtout ce qu'il est capable de faire pour nous. Or cela ne peut se faire qu'en nous exposant les heureux résultats que produit l'usage ou l'emploi de cet article.

On voit donc que le fondement de la publicité la plus perfectionnée est le plus naturel et le plus solide du monde, puisque la publicité consiste uniquement à faire agir les séductions de l'article à vendre sur le plus grand nombre de gens. Nous pourrions dire que la publicité est l'art de produire le maximum de séduction sur le maximum d'acheteurs éventuels, — ce maximum de séduction ne pouvant résulter que du maximum d'habileté avec lequel sera présenté au public ce que, étant donné ses préférences, il considérera comme supérieur à tout article concurrent ou à tout autre achat nécessitant la dépense d'une même somme d'argent. Dès lors, combien sont puérils les commerçants et industriels qui, faisant forcément de la publicité naturelle, de la publicité au premier degré, — parce que c'est là une chose inhérente à la condition même d'industriel ou de commerçant, — ne pratiquent pas également les formes modernes de la publicité perfectionnée, basée sur l'emploi de l'imprimerie, publicité qui n'est que l'art de présenter sa marchandise au maximum de clients et avec le maximum d'habileté ! Condamner la publicité, c'est en même

temps condamner tout commerce tendant à
développer au maximum son chiffre de vente.

Ainsi présentée, la doctrine de la publicité,
doctrine se bornant à regarder la réalité commerciale et à en tirer les déductions utiles à la
vente, est d'une luminosité et d'une simplicité
qui ne peuvent que lever toutes les objections et
écarter tous les doutes que, faute d'être exactement renseigné, on nourrissait à l'égard de la
publicité. Tout s'y déroule, de fil en aiguille,
comme une série infrangible de maillons bien
ordonnés, comme une suite de conséquences, de
déductions et de corollaires qui, pour tout esprit
intelligent voulant bien prendre la peine de réfléchir, auront la clarté de l'évidence. Des principes inébranlables que nous venons de poser
dérivera l'infinité des applications, par le seul
effet de la logique et de la connaissance des réalités commerciales. Quoi qu'on dise et quoi qu'on
fasse, la publicité ne peut pas être autre chose, et
son succès ne peut venir que de la justesse et de
l'opportunité avec lesquelles on fera l'application
de ces principes.

Les limites de la Publicité

On voit que, somme toute, le rôle de la publicité est borné par son essence même. Lui demander des miracles, c'est ne pas savoir ce qu'elle
est ; la regarder comme une chose mystérieuse,
c'est s'exposer à l'utiliser à tort et à travers. L'action de la publicité est limitée par la nature même
de la marchandise qu'elle a à vendre ; elle ne peut
faire désirer cette marchandise que si, vraiment

celle-ci a quelque chose de désirable ; mais son œuvre, qui est immense, est alors de découvrir ce qu'est cette chose-là, et de la faire valoir de toutes les manières. Où la marchandise est mauvaise, la publicité, si bonne soit-elle, ne peut que rencontrer d'insurmontables obstacles. Tant vaut la marchandise, tant vaudra la publicité, pourvu que l'habileté du publicitaire sache montrer tout ce que vaut cette marchandise, — la fonction même du publicitaire ne pouvant être que de montrer, de toutes les façons, tout ce que vaut cette marchandise.

La publicité n'est donc qu'un art de transmission, de présentation, d'expression et d'interprétation ; la publicité n'est qu'un message, une nouvelle, une information présentée de manière à obtenir un effet de recommandation ; le publicitaire n'est qu'un solliciteur, un interprète, un traducteur, un héraut, un messager. Il est celui qui sait faire parler la marchandise de la manière la plus éloquente et la plus favorable au déclanchement de l'achat, mais il ne peut que cela : faire parler les qualités de la marchandise dans le langage qui exercera le plus de séduction sur le public. Bref, il n'est qu'un porte-parole.

Les conditions de valorisation de la Publicité

Mais, pour être un porte-parole efficace, il faut réunir mille conditions. La science de la publicité, c'est précisément l'étude de ces conditions, de même que l'art de la publicité, c'est la réalisation des moyens qui tiennent compte de ces conditions. Cela va nous permettre de faire encore mieux com-

prendre ce qu'est exactement la publicité. Elle
n'est, au fond, un art et une science qu'en tant
qu'elle met en œuvre et combine les enseigne-
ments et les pratiques d'un certain nombre d'arts
et de sciences. Elle n'est donc, si l'on veut, que
le point de croisement d'un certain nombre
d'arts et de sciences, que l'application de ces arts
et de ces sciences au développement de la vente.
Ces sciences et ces arts, nous avons déjà vu ce
qu'ils sont. Ils peuvent se ranger sous les rubriques suivantes :

1º Savoir trouver les arguments de vente : ce
qui implique la connaissance de la logique, de la
psychologie, de la technologie et des sciences
économiques ;

2º Savoir rédiger : ce qui implique l'art du
style ;

3º Savoir illustrer : ce qui implique la connaissance de l'esthétique et des beaux-arts ;

4º Savoir imprimer et reproduire : ce qui implique la connaissance des arts graphiques et de
techniques diverses ;

5º Savoir diffuser la publicité : ce qui implique
la connaissance des organes de presse et autres
moyens de diffusion.

M. Henri Hauser a écrit justement : « Géographie, psychologie, sociologie, économie politique,
il faut tout cela et bien d'autres choses encore
pour faire de bonne et fructueuse publicité. » On
comprendra dès lors quel est le rôle propre de la
publicité : c'est de tirer parti de tous les progrès
des divers arts, sciences et techniques pour mieux
faire valoir les marchandises qu'il s'agit de
vendre. La publicité, pour atteindre son but, qui

est la vente, doit se servir de tout ce que l'esprit humain offre de ressources, de possibilités et d'inventions. Ainsi la publicité atteindra son maximum de valeur, d'utilité et d'efficacité ; ainsi la publicité se valorise.

J'ai qualifié cette théorie de théorie de la valorisation. La valorisation de la publicité, voilà l'objet de la science et de l'enseignement de la publicité. Ce livre-ci est fait pour montrer comment on doit s'y prendre pour valoriser la publicité. Entre les tâtonnements du praticien, qui agit au jugé, au hasard, d'après une expérience personnelle toujours coûteuse à acquérir, et la méthode de celui qui applique rationnellement et systématiquement la doctrine de la valorisation, il y a la différence qu'il y a entre l'empirisme et la science, entre la routine et l'art conscient de lui-même. La valorisation de la publicité, c'est la combinaison de toutes les connaissances et de toutes les expériences humaines, autant sur le terrain commercial que sur tous les autres terrains de la vie sociale, en vue d'atteindre à la maximisation du rendement publicitaire.

Le propre des fonctions du conseil en publicité, de l'expert en publicité ou du chef de publicité, c'est, précisément, de savoir comment s'y prendre pour valoriser la publicité dont il est chargé. Il ne saurait être question d'exiger de lui qu'il fasse tout par lui seul, qu'il sache dessiner ou imprimer, comme rédiger et juger de la valeur publicitaire d'un journal ; pour les qualités d'exécution qui lui manquent, illustration, typographie ou rédaction, il s'assurera la collaboration de spécialistes, de techniciens en chaque matière. Mais, c'est lui qui sera responsable des résultats de leur travail, et il faut qu'il puisse savoir ce que valent, comme effet publicitaire, leurs diverses réalisations, et les faire modifier jusqu'au moment où elles atteignent le point voulu. C'est lui le maître du jeu, le général en chef, qui donne des instructions pour que s'exécute le plan de campagne qu'il a tracé ou approuvé, et les divers techniciens sont comme ses officiers d'état-major qui assurent l'exécution de ses ordres. C'est lui qui aura la gloire du succès, mais aussi la culpabilité des revers essuyés.

Si, en outre, il a les aptitudes spéciales qui lui permettent de tout faire par lui-même, il n'en sera que plus utile, et ses services n'en seront que plus grands. Mais alors il cumulera les fonctions de chef de publicité avec celles des divers techniciens, et méritera une rémunération plus élevée. En revanche, les techniciens de la rédaction, de l'illustration et de la typographie qui travaillent pour la publicité doivent, s'ils ne sont pas orientés et guidés par un expert ou un chef de publicité, avoir eux-mêmes les connaissances de cet expert ou de ce chef de publicité. Dans ce cas, ils peuvent, eux-mêmes, être considérés comme cumulant la tâche de celui qui commande et contrôle avec celle de celui qui exécute et réalise. Sinon, la valeur publicitaire de leur travail sera incomplète.

Bref, la valorisation de la publicité résulte de la collaboration de celui qui conçoit avec celui qui exécute ; peu importe que cette collaboration s'effectue entre plusieurs personnes ou entre plusieurs talents d'une personne unique. Il y a ce

qu'on pourrait appeler un point de vue publicitaire, une notion publicitaire, un concept publici·
taire. Ce point de vue, cette notion, ce concept
estindispensable au succès de la publicité'; et ce
qu'il est, dans son essence, ce petit livre a pour
objet de l'exposer, et il suffit à l'exposer. Mais on
conçoit que l'exposé détaillé des techniques de la
rédaction, de l'illustration et de la typographie
pourrait remplir des volumes et des volumes,
puisque, comme nous l'avons vu, les progrès de
tous les arts, de toutes les sciences et de toutes
les techniques peuvent être mis à contribution
pour valoriser la publicité, — la publicité n'étant,
au fond, que l'art de valoriser l'offre et la présentation d'une marchandise par cette mise à contribution permanente et continuelle.

Le domaine de la publicité, c'est l'univers.
Voilà pourquoi, pour faciliter la tâche de ceux
qui parcourent la carrière publicitaire, on a pris
des points de repère, des jalons, des coordonnées
qui permettent de reconnaître sûrement la route
à suivre. Ces coordonnées, ce sont les principes
et les règles qui sont énoncés et résumés dans ce
manuel. Et ceux qui réussissent en publicité ne
font qu'appliquer ces règles ou ces principes,
qu'ils le sachent ou qu'ils l'ignorent ; mais le
meilleur moyen de les appliquer, c'est encore de
les connaître méthodiquement et d'avance, et c'est
pour cela que l'étude d'an bon manuel de publicité est indispensable à celui qui veut réussir
dans une carrière si facile en apparence, mais
qui, en réalité, exige une vaste culture de l'esprit, des dons de finesse et de pénétration très
développés et surtout un jugement sain et un

suprême bon sens. Avec cela, tout homme est certain de faire de bonne publicité ; sans cela, tout marche au hasard, c'est-à-dire plutôt mal. Ce qui manque le plus parmi les professionnels de la publicité, c'est l'intelligence commerciale : ce petit livre a surtout pour objet de la développer.

La Publicité suggestive ou persuasive

Plusieurs auteurs américains et en France, particulièrement, M. O.-J. Gérin, spécialiste de beaucoup de mérite, ont basé la publicité sur la suggestion, et ils ont dit que la publicité devait être suggestive. Au fond, ils ont raison ; mais, malheureusement, le mot choisi prête à des confusions, car il est tout ce qu'il y a de plus indéterminé. Il y a mille façons d'entendre le mot de suggestion, et la place nous manque pour traiter en détail de la question. Ce qu'il faut simplement savoir, c'est qu'en publicité le mot de suggestion doit signifier ceci : la publicité sera efficace, lorsqu'elle exercera l'influence la plus forte, la plus pressante et la plus intime possible sur l'esprit du public. Mais comment exercera-t-elle cette influence? Nous l'avons indiqué. Elle l'exercera en persuadant le public qu'il a intérêt à acheter notre article : les moyens de persuasion sont ceux que nous avons indiqués. La publicité atteindra son but si elle sait être persuasive, et elle sera persuasive, en employant les moyens de valorisation que nous avons indiqués.

Voilà pourquoi, pour raison de clarté française, nous préférons substituer au mot trouble, confus et ambigu de suggestion, le mot de persuasion ; et, si nous disons que la publicité doit être suggestive, nous entendrons par là qu'elle doit être persuasive. Et elle sera d'autant plus persuasive qu'elle saura mieux revêtir une argumentation solide des formes insinuantes et agréables qui résulteront du concours harmonieux des divers arts de l'expression et de la présentation dont nous avons parlé. Suggestif doit donc vouloir dire ici : convaincant, quant aux arguments, et artistique, évocateur, vivant, quant à la forme.

La suggestion suprême, c'est que, comme nous l'avons dit, la *représentation* publicitaire équivaille à la *présence* même de l'article à vendre et qu'elle produise autant d'effet que cette présence, c'est-à-dire qu'elle suscite la même force de désir. Et la persuasion suprême, c'est d'amener le public à se persuader lui-même qu'il a intérêt à acheter l'article offert ; tout ce manuel n'est que l'exposé de la méthode qui conduira à faire agir sur le public la plus grande, la plus logique et la plus naturelle des forces mentales, qui est l'auto-persuasion. Si nous disions auto-suggestion, cela pourrait signifier exactement la même chose, — comme cela pourrait signifier aussi la méthode exactement contraire. Tellement le mot « suggestion » peut donner lieu à des malentendus ! Voilà pourquoi il convenait ici de bien spécifier que la suggestion publicitaire ne peut être que la persuasion, la persuasion par la logique, par la psychologie et par l'art, la persuasion normale et naturelle, qui ne prête à aucun équivoque, et dont tout ce manuel indique les moyens et la mise en œuvre.

DEUXIÈME PARTIE
ÉTUDE DES MOYENS DE PUBLICITÉ

CHAPITRE PREMIER
LA CLASSIFICATION DES MOYENS DE PUBLICITÉ

Il faut d'abord se bien persuader de ceci, que les moyens de publicité qu'il est possible d'employer ne sont pas limités en nombre et qu'ils sont toujours susceptibles de s'accroître au fur et à mesure que se développent les progrès des diverses techniques et applications scientifiques. Chaque jour, des inventeurs prennent des brevets pour la protection de quelque nouveau dispositif de publicité. Mais, d'une manière générale, ces dispositifs ne font que perfectionner, dans quelque détail de réalisation, les procédés actuellement existants.

Nous rangerons les moyens de publicité en des rubriques différentes suivant l'endroit où chaque moyen vient atteindre le public, et ainsi nous distinguerons cinq grandes catégories :

I. — Les moyens de publicité qui atteignent le public lorsqu'il est en présence de la marchandise elle-même, des endroits où elle est en vente et des personnes qui s'occupent de la vente.

Les principaux de ces moyens sont:

1º Le nom de la marchandise et de la maison de
vente, ce qu'on appelle le nom commercial, la
marque de fabrique ou de commerce ;

2º L'emballage ou le paquetage de la marchandise ;

3º L'aspect et la disposition extérieure du magasin de vente, où nous distinguerons les moyens
suivants :

a) L'enseigne et les plaques indicatrices ;

b) La façade du magasin ;

c) L'étalage, vitrines et devantures.

4º L'organisation intérieure du magasin :

a) Comptoirs et rayons de vente :

b) Commodités et agréments qu'offre aux visi-
teurs le magasin : entrée libre, téléphones, salons
de thé, concerts, garde des enfants, etc.

5º Les conditions de vente ;

a) Prix fixe ;

b) Vente à crédit ;

c) Reprise de la marchandise ;

d) Livraison à domicile, et conditions d'envoi.

6º Le personnel de vente :

a) Le personnel du magasin ; son éducation
commerciale et ses manières à l'égard du client.
Amabilité et promptitude du service ;

b) Les représentants, commis-voyageurs et
voyageurs de commerce, conférenciers et démons-
trateurs.

7º La politique de vente et ses amorces particulières :

a) Les primes, cadeaux et concours ;

b) Les timbres, tickets ou coupons donnant
droit à une prime ;

FIG. 1

Annonce bien incomplète, comme information. De quelle sorte de manteaux s'agit-il ? Pour hommes ou pour dames ? Pourrons-nous croire, vraiment, que ces manteaux se trouvent dans toutes les bonnes maisons ? Maisons de quoi ? Confections, grands magasins, fourrures ? Qui les fabrique ?

Leur nom vient-il du nom d'une personne : M. Vincès ? Ou est-ce là le mot latin qui signifie : tu vaincras ? Dans ce cas, il ne faut pas d'accent sur la lettre *e*. Quel rapport a ce lion chargé d'ans et de poils avec des manteaux ?

Au reste, l'annonce est d'une bonne visibilité, et matériellement bien équilibrée.

c) Les ventes spéciales, expositions spéciales, semaines ou jours spéciaux de vente ;

d) Les soldes, liquidations et ventes au rabais.

8° Les foires et marchés.

9° Les Expositions et Concours officiels.

a) Les formes anciennes des Expositions ;

b) Les formes modernes des Expositions : Expositions ambulantes (trains et bateaux-exposition) ; Foires d'échantillons.

10° Les échantillons, la dégustation et l'envoi de la marchandise à l'essai.

Tout cela a une énorme importance au point de vue publicitaire, car tout cela facilite la vente, crée et accroît la réputation de la marchandise ou de la maison de commerce, et surtout sert de matière, de fond d'argumentation, à la publicité écrite ou orale.

Cette première catégorie de publicité, c'est la publicité naturelle, la publicité d'essence directe et primitive, la publicité que se fait à elle-même la marchandise par sa constitution, sa présentation, et ses conditions et circonstances de vente. C'est la publicité automatique, la publicité au premier degré, celle qui résulte d'une bonne organisation de la vente, sans parler des qualités de la fabrication ; c'est, d'un seul mot, la publicité par la marchandise.

En général, cette publicité-là n'est pas considérée par les commerçants et industriels comme de la publicité, et ils ne lui font aucune objection. Aussi les erreurs et les insuffisances qu'on relève sur ce terrain ne proviennent pas d'un parti-pris ou d'un préjugé, mais simplement d'un manque d'initiative, d'un manque d'intelligence commerciale, de l'indolence, de l'apathie ou de la négligence.

Nous ne dirons qu'un mot de cette catégorie de publicité, car elle ne rentre pas, à proprement parler, dans le cadre de la publicité moderne ; et elle devrait être comprise dans l'étude de l'organisation commerciale en général, qui déborde les limites de notre manuel.

Le seul principe que nous puissions ici poser, en dehors des principes du chapitre précédent et de ceux des chapitres suivants qui s'appliqueront aussi à cette publicité, est celui-ci :

Donnez à tous ces moyens de publicité qui dérivent de l'aspect de votre marchandise ainsi que de votre organisation commerciale, un caractère de supériorité, de personnalité et de distinction telles que le public vous accordera sa préférence, parce qu'il éprouvera l'impression que c'est chez vous qu'il sera le plus avantageusement et le plus agréablement servi.

II. — Les moyens de publicité qui atteignent le public chez lui, à domicile. En voici les principaux :

1º La publicité par la presse, avec toutes ses variétés que nous examinerons en détail.

2º La lettre personnelle, la lettre-circulaire et le prix-courant. Ces moyens-là constituent ce qu'on appelle la vente par correspondance et les systèmes modernes de relancement individuel de la clientèle.

3º Le catalogue.

4º Le prospectus et le dépliant.

5° La brochure, le livret-guide, l'encartage et la publicité par le livre.

III. — Les moyens de publicité qui atteignent le public dans la rue ou à l'extérieur de chez lui. Nous distinguerons :

1° L'affiche fixe et ses formes diverses (pancartes, panneaux, tableaux-réclame) dans les villes, les gares, le métropolitain, le long des routes et des chemins de fer, dans les campagnes.

2° L'affiche mobile et circulante :

a) Dans les tramways, wagons du métropolitain et des chemins de fer, voitures publiques et autres moyens de locomotion;

b) Dans les voitures de livraison et voitures-réclame ;

c) Les hommes-sandwichs.

3° La distribution de prospectus et d'objets-réclame.

4° La publicité par des objets, animés ou non, représentant la marchandise, sa fabrication ou son mode d'emploi.

5° Les annonces et affiches lumineuses.

6° Les annonces imprimées sur le sol.

IV. — Les moyens de publicité qui atteignent le public à l'intérieur des cafés, hôtels, restaurants, théâtres et autres lieux publics.

V. — A ces quatre rubriques, nous en ajouterons une cinquième, englobant tous les moyens de création plus récente, et qui nécessitent l'intervention des diverses applications de l'électricité ou de la mécanique moderne. Nous citerons : la publicité cinématographique, télégraphique,

Fig. 2

Annonce qui s'impose sympathiquement à l'œil par sa cueilleuse de fruits et par la ligne de tête. En dehors de cela, l'annonce est complètement ratée. Il nous faut lire tout le texte pour savoir qu'il s'agit d'une boisson analogue aux amers et aux bitters. Bien que ce texte soit heureusement placé dans un losange, avec beaucoup d'aération autour, il est extrêmement difficile à lire, parce qu'il constitue un pâté de lettres capitales. D'autre part, les fruits contenus dans le panier ressemblent très peu à des mandarines ; il en fallait moins, mais mieux dessinées. La bouteille n'a rien de caractéristique, et dans la grisaille où elle se trouve, avec le verre et le siphon, elle ne représente rien de savoureux. Dire que le *Mandarin* précède toujours un bon repas (phrase, également, d'une typographie défectueuse), c'est maladroitement laisser supposer qu'il ne doit se consommer que quand on a à faire un bon repas. En réalité, il aurait fallu dire : *indispensable à un bon repas*, ou : *grâce à lui, tous les repas deviennent bons* ; ou encore : c'est **le** *Mandarin* qui fait l'appétit *et les bons repas*.

téléphonique, phonographique et la publicité par l'aéronautique.

L'importance de chacun de ces moyens de publicité est extrêmement variable ; et ce qu'il s'agit maintenant de savoir, ce sont les conditions dans lesquelles leur emploi est efficace et doit être recommandé

CHAPITRE II

LA PUBLICITÉ PAR LA PRESSE
L'ANNONCE

L'étude de la publicité par la presse se subdivisera, naturellement, en autant de parties qu'il y a de catégories différentes d'organes de presse et qu'il y a, dans chacune de ces catégories, de modes différents de publicité.

Nous répartirons les organes de presse de la façon suivante :

1° Le journal.

2° La revue.

3° La presse technique.

Les modes de publicité que nous rencontrons dans le journal peuvent se ramener aux trois suivants :

1° L'annonce.

2° La chronique.

3° L'écho.

L'Annonce

Ce qui distingue l'annonce, c'est soit sa forme, soit son emplacement.

La forme caractéristique de l'annonce, c'est que son aspect la différencie, à première vue, de tout ce qui dans le journal est information, nouvelle, ou article, c'est-à-dire de ce qui n'est pas publicité. L'annonce peut donc se définir une forme de publicité qui, au premier coup d'œil, se donne comme publicité; c'est la publicité qui ne se déguise pas, qui, par sa forme même, et avant toute lecture, veut se faire reconnaître comme de la publicité. Cet aspect matériel de l'annonce résulte de l'emploi d'un ou plusieurs des éléments suivants: la variété de forme et de grosseur des lettres entrant dans la composition de l'annonce, les espaces blancs et le cadre entourant l'annonce.

Ainsi disposé, un texte de publicité se reconnaîtra pour une annonce, où qu'il soit placé. Dans les journaux français, l'annonce est généralement cantonnée exclusivement à la fin du journal, dans les dernières pages; il y a une région, nettement déterminée, où finit ce qu'on appelle la partie rédactionnelle du journal, et au-dessous de laquelle tout ce qu'on rencontre n'est plus que de la publicité: cette publicité, c'est l'annonce. Mais l'annonce, telle que nous l'avons définie, par sa forme, par son aspect, peut se trouver également placée n'importe où, dans n'importe quelle page, et même à côté du titre du journal, et jusqu'au-dessus de ce titre; c'est ce qui arrive fréquemment dans les journaux étrangers.

En dehors de cette catégorie d'annonces, qui est de beaucoup la plus nombreuse, et qu'on peut appeler l'annonce par définition, l'annonce *ipso facto*, ou l'annonce proprement dite, il y a ce que nous pourrions appeler l'annonce par emplacement et qui est, simplement, un texte de publicité qui, dans sa forme, ne se distingue pas d'un texte rédactionnel, du texte ordinaire du journal,

Fig. 3

Cette annonce n'a que le contenu d'une carte de commerce : indication des produits vendus, avec l'adresse du marchand. Mais le dessinateur de l'annonce, voulant lui assurer une originalité exagérée, en a compliqué à plaisir la lisibilité : c'est un fouillis, un désordre de lettres, qui n'a rien de sympathique.

Un contresens complet, c'est d'employer des fonds noirs, des vernis glacés, pour évoquer des choses aussi légères et aussi délicates que des soieries et des fanfreluches. En revanche, les noms des tissus sont excellents, et l'imitation de l'écriture féminine, dans le dessin des lettres de ces noms, est agréablement suggestive de la légèreté de ces tissus. A côté de cela, les pesantes massivités des mots précédents *(créateurs des tissus)* détonnent comme un couac dans un allégro. Enfin l'absence de cadre vertical enlève à l'annonce toute unité optique, de sorte qu'un regard rapide risque de voir là trois, ou même quatre, annonces différentes.

AXOS. — Manuel de Publicité.

mais qui, se trouvant placé à la fin du journal, dans la partie du journal réservée exclusivement aux annonces par définition, devient, par le fait même, une annonce.

Nous adopterons donc cette définition générale : on appelle annonce la publicité qui, soit par sa forme, soit par son emplacement, se donne, directement et sans déguisement, comme de la publicité.

Les Américains ont une excellente façon de définir l'annonce : ils l'appellent la publicité étalée ou la publicité déployée. On comprend tout de suite que cet étalement ou ce déploiement qui caractérise l'annonce, et qui résulte de l'un ou de plusieurs des trois éléments que nous avons déjà indiqués (variété de forme ou de grosseur des lettres entrant dans la constitution de l'annonce, espaces blancs et cadre), ait un but nettement déterminé : il s'agit par là de capter le regard du lecteur, d'attirer son attention visuelle sur l'annonce, et ainsi de lui imposer, pour ainsi dire, la vision de l'annonce.

Cet étalement ou ce déploiement de l'annonce, qui entraîne un agrandissement de l'espace que sans cela occuperait un texte de publicité, a pour objet de rendre bien visible ce texte, qui, présenté de la façon ordinaire, risquerait de passer inaperçu du lecteur du journal, généralement peu enclin à consacrer beaucoup de temps à la lecture de la publicité.

Les arguments à employer dans l'annonce

Les questions qu'il faut résoudre à propos de l'annonce sont les suivantes: qu'est-ce qu'on y met? Comment on la rédige? Comment on l'imprime? Quelle forme matérielle on lui donne? Comment on l'illustre? Quelles dimensions on lui choisit? Comment on la place? Comment on l'emploie?

La première chose à faire est de savoir ce qu'il faut dire dans l'annonce, quel sujet elle aura, qu'est-ce qui en sera le fond, bref, les arguments qu'il faudra trouver pour agir sur le public.

L'argumentation de l'annonce dépend du rôle qui est assigné à chaque annonce par le plan de campagne de publicité, c'est-à-dire de la place qu'elle occupe dans l'ensemble de la publicité. Mais, quel que soit ce rôle, on peut considérer que le principe auquel est soumise l'argumentation de chaque annonce reste le même. Il faut que chaque annonce présente une argumentation suffisamment forte et suffisamment intéressante pour que, par elle-même et à elle seule, l'annonce fasse sur les lecteurs du journal une impression telle que l'article à vendre leur paraisse désirable.

Toute annonce doit donc se suffire, et produire l'effet voulu, comme si elle était seule, comme si le lecteur ne devait pas en lire d'autre. La campagne de publicité a pour objet de présenter, par tous les moyens possibles, l'ensemble des arguments possibles au maximum de gens susceptibles de s'intéresser à l'article à vendre. La tâche de chaque annonce sera de présenter ainsi une partie de la totalité des arguments ; mais cette partie de l'argumentation générale doit être assez puissante pour qu'à la lecture de cette seule annonce le lecteur du journal trouve que l'article vaut la peine d'être acheté.

Présenter dans chaque annonce l'ensemble des arguments possibles ne serait pas bon, parce que cette multiplicité d'arguments enlèverait à chacun d'eux une partie de sa force. Quand on présente quelque chose comme réunissant toutes les qualités à la fois, le public devient sceptique ; et il soupçonne tout de suite une exagération. Puis la multiplicité des arguments empêcherait de donner à chacun l'importance, le développement qu'il faut pour que chaque argument fasse impression. Il faut noter que la capacité ou la volonté d'attention du lecteur du journal est limitée ; l'attention se disperse et se gaspille dans la mesure où elle porte sur un plus grand nombre d'objets, et l'impression qui en résulte est d'autant plus vague et superficielle. Enfin, si nous présentions tous les arguments dans une seule annonce, nous n'aurions plus de matière neuve pour les annonces suivantes, et nous serions condamnés à ressasser toujours les mêmes arguments, en n'ayant, comme éléments de variété, que le style, la présentation matérielle ou d'autres moyens étrangers à ce qui fait la valeur principale de l'annonce et qui est une argumentation judicieusement choisie.

FIG. 4

Dans cette annonce, un point très intéressant à relever, c'est qu'elle dit " une des meilleures, parmi les très bonnes „ ce qui est incomparablement supérieur au banal " la meilleure „ ou " la meilleure de toute „. Malheureusement, l'annonce ne contient rien qui vienne à l'appui de cette affirmation pure, et rien n'indique non plus pourquoi cette cigarette possède " l'arome d'un fin tabac „. *Foyer* n'est pas bon, comme nom de cigarette, non plus que les noms anglais des deux sortes dont il est question. *La demander partout*, est une formule mauvaise, parce qu'elle fait supposer que cette cigarette ne se trouve pas en vente partout, et qu'il est nécessaire d'en faire spécialement la demande pour que le débitant se la procure. Enfin, une faute grave de l'illustration, c'est que la cigarette est presque invisible, alors que le fumeur y occupe trop de place. On croirait, à première vue, qu'il s'agit d'une annonce pour tailleur et non pour cigarette. Violation du principe qui demande que, dans l'illustration, la chose prépondérante soit l'article à vendre.

La disposition des arguments

D'une manière générale, on peut dire qu'il ne faut pas présenter dans une même annonce plus de trois, quatre ou cinq arguments à la fois. Il faut que l'argument placé en tête soit le plus fort de tous, car c'est de cette seule façon qu'on sera certain d'intéresser le lecteur à l'annonce. Puis viendra un argument moins important. Et l'argument final doit être, au contraire, très fort, presque aussi fort que l'argument initial, car c'est lui qui doit produire l'impression décisive. S'il y a cinq arguments, voici dans quel ordre les arguments doivent être rangés : 1º le meilleur ; 2º le moins bon ; 3º celui qui vient le troisième en valeur ; 4º celui qui est le quatrième en valeur ; 5º celui qui est le second en valeur. Et, s'il y avait encore davantage d'arguments, il faudrait toujours observer le même ordre, de telle sorte que l'argument le meilleur soit placé en tête, que l'argument qui est le second en valeur soit l'argument de clôture et que l'argument qui est le troisième en valeur soit placé au milieu, les arguments moins bons étant intercalés entre les trois arguments précédents, mais de telle manière que les meilleurs de ces arguments intercalaires soient placés entre l'argument central et l'argument final, les autres arguments intercalaires étant placés entre l'argument initial et l'argument central.

Cette disposition des arguments s'explique par le fait que l'intérêt suit une courbe, une ondulation dont les trois points importants sont, dans l'ordre d'importance, le commencement, la fin et le milieu, — les autres points compris entre ces points cardinaux n'étant que des points de remplissage.

Les conditions de succès de l'argumentation

Les arguments choisis pour chaque annonce tiendront compte des conditions suivantes :

1° Ils seront ceux que le public du journal en question trouvera les plus forts, en raison de ses désirs, de ses besoins, de ses préférences, de telle sorte que cette argumentation donnera à ce public l'impression que l'article à vendre est, pour lui, ce qu'il y a de meilleur et de plus désirable.

2° Les arguments déjà employés par les concurrents seront à éviter ; car ils auront perdu de leur valeur par l'usage qui en a été fait. Si nous sommes réduits à employer ces arguments, faute d'arguments meilleurs, nous devrons les présenter sous une forme qui ne fasse pas songer aux maisons ou aux articles pour lesquels ils ont déjà été employés ; sinon, d'une part, ils profiteraient de nouveau à ces maisons ou à ces articles, et, d'autre part, nous aurions l'air de n'apporter qu'une doublure, un succédané, une copie de ces articles. On voit donc qu'au moins par sa forme notre argumentation doit être originale, afin de donner l'impression que nous offrons au public des articles qui, par quelque point, sont supérieurs à tous les autres, et par conséquent plus désirables pour les lecteurs de l'annonce et, en même temps, plus accessibles.

3° Il faut que l'argumentation de l'annonce inspire confiance, c'est-à-dire que le public n'ait aucun doute sur la véracité de ce qu'on lui dit. Le meilleur moyen pour cela, c'est de mettre dans l'annonce des attestations, des références, des chiffres, des faits précis, mais de telle manière qu'on offre au public des indications qui lui permettent, s'il le désire, de contrôler l'authenticité de tout cela.

Comme, dans une annonce, qui est forcément réduite, toutes ces preuves exigeraient trop de place, il suffira souvent d'inviter le lecteur à demander une brochure ou tel document qui apportera en détail les garanties d'où naîtra la confiance dans l'annonce. Le fait d'offrir au public de lui permettre de vérifier ainsi l'exactitude de ce qu'on lui dit constituera un commencement, une apparence de garantie, d'où naîtra forcément un premier élément de cette confiance si indispensable.

4° Il est bon pour accélérer l'achat d'offrir au public un avantage spécial, si petit soit-il (réduction de prix, prime, menu cadeau quelconque), pourvu que l'achat s'effectue d'ici à une certaine époque.

5° Comme, malgré toute la longueur qu'on pourra donner à l'annonce, celle-ci ne permettra pas d'apporter toutes les explications et tous les arguments qui peuvent être nécessaires pour convaincre le lecteur et l'amener à l'achat, il est essentiel de trouver un moyen pour engager le lecteur à vous envoyer son nom et son adresse. Car, une fois en possession de ce nom et de cette adresse, on sera dans la situation la plus favorable qui soit pour exercer sur lui l'action la plus efficace, soit au moyen de lettres personnelles, soit en le

FIG. 5

Une marque d'automobiles qui annonce " un succès sans égal „ devrait bien donner quelques précisions à ce sujet, indiquer ce qu'elle entend par là. La typographie du nom de la marque assure à l'annonce une grande visibilité, mais pourquoi avoir omis de boucler les O et les D ? Pour ceux qui ne connaissent pas déjà ce nom, il est mal commode à déchiffrer. Il est excellent d'offrir son catalogue, mais il serait encore préférable de dire, d'un mot, pourquoi ce catalogue est désirable. Le cadre, quoique n'ayant aucun rapport avec l'automobilisme, est suffisant.

faisant visiter par un agent ou un voyageur de la maison.

Ce moyen, ce sera, tout bonnement, l'offre de quelque chose de peu coûteux (brochure, catalogue, prospectus, échantillon, spécimen) qui sera envoyé au lecteur sur simple demande. D'une part, il faut que la chose ainsi offerte allèche suffisamment le lecteur pour qu'il la demande et, d'autre part, cette condition remplie, il faut qu'elle coûte le moins possible, pour ne point obérer inutilement le budget de la maison. Il faut également que la chose offerte présente quelque rapport avec l'article à vendre, pour être bien certain que seuls la demanderont ceux qui sont susceptibles de s'intéresser à l'achat de cet article. Si la chose offerte était, par elle-même, d'un réel intérêt pour un public autre que celui qui peut désirer acheter l'article à vendre, on s'exposerait à recevoir des demandes d'une quantité de gens qui, ne s'intéressant pas du tout à l'article à vendre, occasionneraient des frais inutiles de relancement, par lettres ou par visite personnelle, sans que cela aboutisse jamais à un achat.

Pour tout dire, le rôle de l'argumentation dans l'annonce, qui est un rôle capital et encore trop méconnu, est uniquement celui de déclancher le désir de la chose à vendre et d'engendrer la volonté de l'achat, en activant la réalisation de cet achat.

La rédaction de l'annonce

Une fois le fond de l'annonce trouvé, il s'agit de le revêtir de la rédaction la mieux appropriée. Le

rôle de la rédaction, dans l'annonce, c'est de
mettre en valeur l'argumentation de l'annonce.
Ainsi la rédaction contribuera à accroître le désir
de l'article à vendre et, en même temps, soutien-
dra assez longtemps l'intérêt intellectuel et re-
tiendra assez longtemps l'attention consacrée à
l'annonce pour la faire lire jusqu'au bout.

Le grand principe qui règle le style de l'annonce, c'est que ce style doit être vivant, évocateur, suggestif, — suggestif signifiant ici expressif, animé et coloré au point de mettre réellement
sous nos yeux et de faire percevoir par tous nos
sens l'article à vendre, comme s'il était effective-
ment présent là devant nous, de manière qu'il
produise en nous des impressions presque aussi
intenses que le ferait sa propre présence. C'est,
pour une très grosse part, par le style que doit se
réaliser le principe fondamental exposé plus
haut (1), qui veut que la représentation publicitaire équivaille à la présence de l'objet à vendre,
et que la perception publicitaire équivaille à la
perception même de cet objet.

Le secret de ce style est, exactement, le secret
du style de l'écrivain et, si possible, du grand
écrivain. Le meilleur rédacteur d'annonces sera
celui qui sait le mieux écrire ; pour arriver à ce
résultat, il faut le don, la vocation, l'aptitude, en
même temps que l'apprentissage, l'expérience et
le travail. Il ne rentre pas dans le cadre de cet
ouvrage d'enseigner comment on peut améliorer
son style et arriver à bien écrire, même quand on
n'est pas doué pour cela.

1. Voir page 75.

Les caractères particuliers du style publicitaire

Reste à dire que ce style doit présenter quelques caractères particuliers, qui résultent de la nature même de l'annonce :

1° Ce style doit être adapté à la mentalité et à la culture du lecteur du journal, c'est-à-dire qu'il doit être, avant tout, dans le ton voulu par cette mentalité et cette culture. Il doit être compris sans effort, et en même temps il doit être assez familier au lecteur pour que celui-ci le trouve agréable. Il évitera donc les expressions trop compliquées, trop techniques, trop littéraires que le lecteur comprendrait difficilement. D'autre part, il doit donner l'impression qu'il s'agit là non pas d'un morceau de littérature, mais d'un appel personnel adressé au lecteur et destiné à lui faire connaître quelque chose qu'il sera de son intérêt de savoir pour réaliser un achat avantageux. Cependant, il vaudrait mieux employer un style un peu trop soigné, un peu trop cultivé, un peu trop élégant qu'un style trop trivial, farci d'expressions trop vulgaires, trop populaires, trop incorrectes.

2° Il faut que le style de l'annonce soit le plus

Suite de la légende de la figure 6 :

françaises seront tentées de faire l'essai d'un produit pareil dont elles ne savent rien de précis. En Amérique, le public est plus familiarisé avec des préparations de ce genre et comprend plus facilement ce qu'elles sont.

Le nom du produit est bien placé. Le cadre est trop frêle. On aurait gagné à constituer le cadre de l'annonce avec la forme de la boîte elle-même, au lieu d'insérer dans l'annonce une boîte qui sera trop petite pour que le lecteur puisse déchiffrer facilement le texte et les dessins qu'elle porte.

FIG. 6

La rédaction de cette annonce est très insuffisante, parce qu'elle reste dans le vague. On ne nous dit pas s'il s'agit d'un reconstituant ou d'un suraliment, ou d'un déjeuner, comme le cacao ou le chocolat, ou d'une farine nutritive, ou d'un ingrédient pour bonifier les préparations culinaires! Que vient faire cet " expressément destiné à l'alimentation „ ? Il est bien certain que, si c'est un produit alimentaire, il ne faut pas éveiller en nous l'idée que ce pourrait en même temps être autre chose. *Expressément* semble laisser croire que ce n'est pas naturellement qu'il en est ainsi, qu'il a fallu un effort exprès pour que ce soit un aliment. Peu de cuisinières personnel possible, en ce sens qu'il doit donner l'impression que l'annonce n'est point faite pour une foule, pour une masse anonyme, pour un public, mais au contraire qu'elle est faite pour chaque lecteur en particulier. Elle doit donc se présenter comme une conversation, comme un entretien particulier entre l'annonceur et une seule personne, qui est, chaque fois, chaque lecteur de l'annonce ; elle doit avoir quelque chose du caractère personnel et individuel d'une lettre, d'une communication, d'une missive, d'un message particuliers.

Par conséquent, le style de l'annonce doit employer la seconde personne de préférence aux autres ; y dire *vous* vaudra mieux qu'y dire *je*, ou *il*, ou *on*.

3° Pour que ce style gagne encore en force active et persuasive, il faut qu'il soit franc et énergique, qu'il sache employer l'impératif, non pas comme forme de commandement, ce qui serait un contre-sens, mais comme forme de la sollicitation, de l'exhortation, de l'invitation. *Faites ceci, achetez cela*, serait mauvais, si l'on se bornait à cette formule trop impérative ; mais comme conclusion d'un raisonnement (*Par conséquent, achetez ceci*), ou comme début d'un raisonnement (*Faites ceci parce que...*), l'impératif redevient très bon.

Suivant que le public du journal sera primitif ou plus délicat, plus ou moins sensible aux nuances, on variera le clavier des sollicitations. La brusquerie, le tranchant, le coupant de l'impératif s'atténuera en futur (*Vous ferez ceci* ou *Vous allez faire ceci*), ou en conditionnel (*Si vous fai-*

siez ceci, ou *En faisant ceci*). C'est le doigté du rédacteur de l'annonce qui lui indiquera la touche sur laquelle il frappera de préférence.

Enfin il y aura plus d'énergie, mais aussi moins de souplesse, dans les formes positives (*Faites, Vous faites, Vous allez faire* ou *Vous ferez telle chose*) que dans les formes négatives qui expriment la même idée, mais en la présentant d'une façon opposée, à l'aide d'une négation (*N'oubliez pas, Ne manquez pas de faire telle chose*, ou *Ne faites pas*, en employant alors un mot qui signifie le contraire de la chose précédente).

Ce sont, du reste, là des subtilités, des nuances de style dont on aurait tort de s'exagérer l'importance.

4° Au contraire, le principe suivant est capital, et beaucoup trop ignoré. On peut répartir en deux catégories les lecteurs de l'annonce, et par conséquent l'annonce doit être rédigée de façon à exercer son action sur chacune de ces catégories.

Il y a d'abord les gens qui s'intéressent au sujet de l'annonce et qui veulent des renseignements détaillés. Pour ceux-là il n'y a qu'à présenter les choses clairement et nettement ; ils liront toute l'annonce, aussi longue soit-elle. Mais à côté de ces lecteurs, chez qui préexiste un intérêt suffisant pour faire lire l'annonce, il y a un nombre de gens, généralement plus considérable, qui ne voudront pas prendre la peine de lire toute l'annonce, parce qu'ils n'ont pas le temps, ou que l'objet de l'annonce ne les intéresse pas. Comment s'y prendra-t-on, dès lors, pour que l'annonce ne reste pas pour eux lettre morte et qu'ils en retiennent quelque chose ?

Il n'y a qu'un moyen : c'est de condenser en une, deux ou trois formules, très fortes, l'essentiel de l'annonce. Ces formules seront aperçues en un clin d'œil; elles adhèreront facilement à la mémoire, et peu à peu elles familiariseront les indifférents avec l'article offert ou avec quelqu'un de ses avantages essentiels, et, ainsi, il pourra se faire, lorsque le besoin d'un article de ce genre se fera sentir, que précisément une de ces formules recommande et impose l'achat de l'article en question.

Ainsi comprise, l'annonce sera à double effet, à double percussion, et sa valeur sera considérablement accrue.

5° Il va sans dire qu'il faut condamner l'emploi des formules toutes faites, comme « le meilleur, le meilleur marché, concurrence impossible, prix sans précédent, affaire sensationnelle, etc. », qui sont devenues banales au point de n'avoir plus aucune signification.

Ce qu'il faut, c'est, au contraire, chercher une formule neuve, exprimant la même idée, — laquelle doit être toujours quelque supériorité de l'article appréciée comme telle par le public, en raison de ses besoins, de ses désirs ou de ses préférences. Mais, bien entendu, cette formule ne doit venir qu'après une argumentation en établissant le bien-fondé. A cette condition également, on pourrait régénérer l'emploi des formules précitées (« le meilleur, le meilleur marché, etc. »), pourvu qu'on fasse une vaste publicité qui impose partout, après l'argumentation appropriée, l'acceptation, comme une vérité démontrée, d'une formule de ce genre: «... *Voilà pourquoi* le produit X est le meilleur. »

FIG. 7

Annonce à laquelle son originalité donne un aspect suffisamment visible. En revanche, la disposition oblique des mots et la forme des lettres du nom central s'opposent à la commodité de la lecture. Le cadre et l'aspect des mots *buvez* et *Kneipp* font songer à des perles, des colliers, de la dentelle ou de la verroterie, et pas le moins du monde à une boisson. Il était, cependant, facile de trouver un cadre adéquat, en le constituant avec des grains de café, des tasses et des soucoupes ou quelque chose qui rappelle le *Kneipp*.

Au demeurant, le lecteur ne sait pas exactement ce qu'est le *Kneipp* : un remède, une boisson courante, etc. ? Dire qu'il est meilleur que les tisanes *insipides*, ce n'est pas lui attribuer un grand mérite : être meilleur que *l'insipide*, ce n'est pas être bon !

Au total, l'annonce est dépourvue de toute puissance persuasive.

6° De même, il est excellent de faire appel à l'intérêt. Mais employer la phrase passe-partout: « *Votre intérêt est de...* » a le tort d'exprimer une idée juste sous une forme usée, de sorte que c'est amoindrir la valeur d'un pareil appel. Il faut pour cela trouver une phrase neuve.

Egalement, la formule « *goûtez et comparez* », qui fut excellente tant qu'elle fut dans la fleur de sa nouveauté, a besoin d'être rajeunie et rafraîchie de manière à retrouver l'originalité que lui a fait perdre l'abus qui en a été fait.

7° D'une manière générale, on peut dire que le style de l'annonce doit être tout le contraire de ce qu'on pourrait appeler le vieux style prospectus, et qui consiste simplement à présenter des énumérations sous forme de tronçons de phrase, n'ayant entre eux aucun lien et d'où les verbes sont exclus.

Voici un exemple de ce style-tronçon, de ce style émasculé, invertébré, qui se borne à reproduire la sécheresse des inscriptions, des enseignes ou des écriteaux des devantures des boutiques: « *Produits des Alpes. — Chartreuse la Délicieuse jaune ou verte. — Kümmel, anisette, curaçao, menthe, etc. — Excellentes liqueurs essentiellement hygiéniques, digestives. — Préparées soi-même sans difficulté et d'une façon très économique. Prix de la boîte, etc. — Envoi franco, etc. etc. — Maison gros et détail, veuve X, etc.— Médailles Argent, Vermeil. — Plusieurs diplômes d'honneur. — Premier grand prix exposition internationale, etc.* »

A noter en passant que l'énumération des récompenses de ce genre ne signifie plus rien,

étant donné qu'on est habitué à en voir partout.
Pour que la mention de ces choses-là reprenne de
la valeur, il faut spécifier les raisons pour lesquelles ces récompenses ont,précisément,quelque
valeur de supériorité par rapport à la concurrence ; c'est-à-dire qu'il faut faire ressortir les
conditions dans lesquelles ces récompenses ont
été obtenues,conditions mettant bien en évidence
la supériorité de l'article en question.

Ce style amorphe, mécanique, aussi embryon-
naire que le sont les vers de terre dans la série
des animaux, doit être remplacé, au contraire,
par le style expressif, dynamique, suggestif,
littéraire, qui repose sur la combinaison de
phrases organiques et organisées, à forme originale et personnelle, mettant en valeur l'idée
exprimée, comme un vêtement riche et de coupe
parfaite.

9°La seule différence notable qu'il y ait entre le
style de l'écrivain, le style purement littéraire, et
le style de l'annonce, c'est que ce dernier style doit
être plus condensé, plus concentré, plus concis,
plus sobre, plus bref, parce que, d'une part, plus
une annonce est longue, plus elle coûte cher, et,
d'autre part, plus elle est longue, plus elle demande à la masse des lecteurs une dose d'attention
dont la plupart se fatigueront.

Donc pas de longueurs superflues, et que tout
mot dans l'annonce trouve sa raison d'être dans
le fait qu'il est nécessaire à l'effet que doit produire l'annonce.

La typographie de l'annonce

Quand le texte de l'annonce est trouvé, il s'agit de le disposer typographiquement et de lui donner la forme matérielle qu'il aura dans le journal, lorsqu'il sera imprimé. Pour cela il faut savoir donner ses instructions à l'imprimeur, afin que l'annonce ait l'aspect matériel que l'on désire, c'est-à-dire afin que cet aspect matériel corresponde bien à l'office qui lui est dévolu dans l'annonce. Se borner à rédiger son texte et puis se fier à la compétence de l'imprimerie serait insuffisant, car, malheureusement, un trop grand nombre d'imprimeurs ne réfléchissent pas du tout aux conditions que doit remplir la présentation matérielle de la publicité et se contentent de travailler au petit bonheur, suivant leur goût personnel, en suivant des traditions, des usages qui n'ont rien à voir avec les principes de la publicité.

Voilà pourquoi le spécialiste de la publicité, bien que n'étant pas un spécialiste de l'imprimerie, doit être capable de diriger et de contrôler le travail de l'imprimeur. Et pour cela il est

---

Suite de la légende de la figure 8 :

flèches un emploi mal compris, car ici, au lieu d'attirer l'attention sur un point désiré, elles coupent presque l'annonce en deux.

A quoi se rapporte : *sans connaissances spéciales*, ainsi isolé entre deux filets parallèles ?

Qu'est-ce que cette poudre ?

Peu nous importe qu'en Angleterre " les plus modestes ménages puissent faire, etc... „

La multiplicité des formes de lettres est défavorable à la facilité de la lecture. Et surtout rien, dans cette annonce, ne fait appel à notre gourmandise ou à nos désirs culinaires. Au total, annonce travaillée, mais d'efficacité bien médiocre.

FIG. 8

Cadre trop léger. Texte mal rédigé ; on a de la peine à trouver le complément du verbe *faire*. Mieux vaudrait dire *poudre Borwick* que *Borwick's poudre*. La communauté du P dans les mots, *poudre* et *pâtisserie* ne sert qu'à compliquer la lecture ; pourquoi ne pas avoir étendu cette communauté au mot intermédiaire *pour* qui commence aussi par un *p* ? Comme lisibilité, ce serait la même faute, mais ce serait plus logique et plus original. Il est fait des deux

nécessaire qu'il ait quelques notions de typographie. L'idéal serait que l'imprimeur connaisse
les exigences de la publicité, pour que la tâche
du chef de publicité soit ainsi facilitée : il en
résulterait de grands avantages à la fois pour
l'annonceur et pour l'imprimeur.

La présentation matérielle et typographique
de l'annonce doit atteindre un double objectif :
elle doit d'abord *faire voir* l'annonce, sans
même qu'on prenne la peine de la regarder, et
elle doit la *faire lire* jusqu'au bout, sans qu'il
en résulte aucune fatigue pour l'œil du lecteur.

Le premier objectif, — la visibilité de l'annonce, — est atteint surtout grâce à l'emploi
d'espaces blancs, grâce à un cadre, grâce à l'illustration et grâce au choix de dimensions et d'un
emplacement appropriés. Et le second objectif,—
la lisibilité de l'annonce, — est atteint par le
juste choix des lettres typographiques et par leur
disposition convenable. Voyons d'abord comment
il faut s'y prendre pour que l'annonce soit lisible.

Les conditions de lisibilité de la lettre
d'imprimerie

La base de l'imprimerie, c'est la lettre, ou,
comme on dit, le caractère (sous-entendu typographique). Les fondeurs de caractères ont fabriqué, et fabriquent sans cesse, un grand nombre
de formes de lettres, parmi lesquelles il s'agira
de choisir les plus lisibles. Les conditions de
lisibilité de la lettre ont été jusqu'à présent étu-
diées par des oculistes, des hygiénistes, des
psychologues, des imprimeurs et autres spécia-

listes, sans qu'on soit encore arrivé à des conclu
sions d'une précision absolument rigoureuse.

Ce qu'il faut retenir de ces études, c'est que,
d'abord, chaque lettre doit avoir une grosseur
suffisante pour être lue, individuellement, avec
aisance et, ensuite, que la lettre doit avoir des
traits assez forts, pas trop grêles, et enfin que la
moitié supérieure de la lettre est la partie qui
doit être principalement accusée et développée,
car, dans la lecture, ce qui importe, ce n'est pas le
bas de la lettre, mais le haut, l'œil reconnaissant
les lettres surtout d'après leur partie supérieure.

Il vaut mieux également que l'ouverture, la
largeur de la lettre, soit assez forte, c'est-à-dire
que la lettre soit plutôt large que haute.

En dehors de cette règle générale, il y a un
autre principe essentiel, qui veut que soit banni
de la lettre tout arbitraire, toute fantaisie, toute
déformation plus ou moins artistique. En effet,
notre œil est habitué, depuis notre enfance, à
trouver pour chaque lettre un type uniforme, un
schéma optique qui nous permet tout de suite de
distinguer les lettres entre elles. Il faut donc que
dans toutes les formes de caractères typographiques que nous adopterons le lecteur retrouve
les éléments, les proportions et l'équilibre qui lui
sont familiers. Ce qui rend si difficile à déchiffrer
l'écriture manuscrite, c'est, précisément, que chacun en prend plus ou moins à son aise avec la
physionomie de chaque lettre, de sorte que certaines écritures déforment l'aspect schématique
de la lettre au point qu'on ne peut plus l'identifier.

Les principales sortes
de caractères typographiques

Parmi les nombreuses espèces de caractères typographiques qu'il est possible d'utiliser. en publicité, nous distinguerons les caractères classiques, les caractères modernes et les lettres dessinées (1).

Les caractères classiques

Les principaux caractères classiques sont l'antique, l'égyptienne, la normande et le romain ordinaire, ou romain de type classique.

La lettre la plus simple de toutes est l'antique, qui se compose de traits uniformes, partout d'égale grosseur. Son aspect brut et nu l'a fait appeler aussi lettre bâton.

Si, dans l'antique, nous ajoutons, au haut et au bas des jambages, une terminaison, une « patte », ou, pour employer le terme technique, un empattement, nous obtenons l'égyptienne.

Si, maintenant, nous ajoutons à l'antique un empattement, comme pour l'égyptienne, et si nous donnons à la lettre des traits non plus uniformes mais présentant un contraste de parties extrêmement minces avec des parties extrêmement épaisses, nous aurons la normande. Les parties épaisses s'appellent les pleins, et les parties minces s'appellent les déliés.

Enfin, le romain de type classique, dont la variété la plus connue est le romain Didot, du

1. Voir spécimens des principaux caractères p. 3o6 à 3o8.

Fig. 9

Voici, mises en parallèle, deux annonces faites pour le même genre d'article. Toutes deux sont mauvaises; cependant la première est mille fois supérieure à la seconde. Celle-ci est funèbre; en voyant le mot *Fosse*, on pense à une fosse de cimetière. La première dit : " supérieur à tous „ ; la seconde : " le meilleur „. Qui donc croirons-nous ? Personne. Nous pouvons être presque certain que s'il y avait à la file dix annonces pour " sablés „, neuf sur dix nous diraient que leur " sablé „ est le meilleur de tous! Et puis, tellement de gens ne savent pas ce qu'est un " sablé „ qu'il serait indispensable de le leur faire connaître, en quelques mots intéressant le public à cet article.

nom des célèbres imprimeurs, possède, comme la normande, un empattement et des pleins et des déliés, mais le contraste entre ces pleins et ces déliés est beaucoup moins considérable, ce qui fait que le romain a beaucoup moins de lourdeur que la normande.

En somme, si nous faisons des pleins et des déliés et de l'empattement le moyen de reconnaître les différentes espèces de caractères, nous pourrons définir ainsi chacun de ces caractères :

1° L'antique n'a ni empattement, ni pleins et déliés ;

2° L'égyptienne a un empattement, mais pas de pleins et déliés ;

3° La normande a un empattement, ainsi que des pleins et des déliés, mais la différence de grosseur qu'il y a entre ces pleins et ces déliés est portée au maximum ;

4° Le romain ordinaire, ou romain classique, a un empattement et des pleins et des déliés, mais la différence de grosseur qu'il y a entre ces pleins et ces déliés n'est pas très considérable.

Cette classification, basée sur les éléments constitutifs de la lettre, permettra d'avoir quelques points de repère dans le chaos des formes typographiques. Une très longue expérience est indispensable pour pouvoir se reconnaître à première vue à travers la multitude des variétés de lettres. Très rares sont les imprimeurs qui sont capables de dire le nom de tous les caractères typographiques existants. Mais l'annonceur a un moyen pratique de se tirer d'affaire, même s'il ignore les noms des caractères qu'il désire employer : il n'a pour cela qu'a prendre, soit dans un catalogue de fonderie de caractères, soit dans un journal ou un autre document imprimé, un spécimen des lettres qu'il désire et à le communiquer à l'imprimeur.

Les caractères modernes

Parmi les nombreux caractères modernes, qu'on appelle encore parfois caractères de fantaisie, nous nous bornerons à citer quelques créations de la fonderie Caslon et de la fonderie Peignot.

Les principales créations de la fonderie Caslon sont le Morland et le Cheltenham.

Le Morland est une lettre extrêmement forte, lourde, massive, ayant une bonne visibilité et lisibilité, et qui rend d'excellents services en publicité.

De même, le Cheltenham est établi d'après de justes principes publicitaires, mais il est plus élégant, plus fin, plus harmonieux que le Morland.

Analogue au Morland est le Robur, de la fonderie Peignot, mais il est peut-être plus agréable à l'œil, parce qu'il est d'aspect plus régulier et moins pesant. De même, on peut comparer au Cheltenham le Grasset, de la fonderie Peignot, bien que le Grasset soit moins fort, moins corsé, et plus stylisé que le Cheltenham.

Enfin on trouve encore, de la fonderie Peignot, les caractères Auriol, qui ont plus de fantaisie, plus de légèreté, mais qui à la longue sont un peu fatigants à lire, parce qu'ils sont trop grêles et trop sautillants. On doit donc les réserver pour des textes assez courts.

Les caractères Cochin, de la même fonderie,

qui sont renouvelés du xviii⁰ siècle, et qui ont une élégance raffinée et une distinction d'un charme suprême, sont excellents à tous les points de vue.

La famille de caractères

Chaque forme spéciale de lettre donne lieu à ce qu'on appelle une famille ; une famille de caractères peut ainsi se définir l'ensemble des alphabets, des variétés d'alphabets présentant les mêmes traits distinctifs. Une famille sera plus ou moins complète selon qu'elle comprend un nombre plus ou moins grand de variétés typographiques. Voici les variétés principales qu'on peut distinguer au sein d'une même famille :

1° Il y a d'abord les petites lettres, ou lettres minuscules, qui en typographie sont appelées du terme technique de bas de casse, parce qu'à l'origine elles étaient placées dans la partie basse de la grande boîte, dite casse, où l'ouvrier imprimeur prend les lettres dont il a besoin pour composer son texte.

Il y a les grandes lettres ou majuscules, qu'en imprimerie on appelle capitales, ou encore grandes capitales, parce qu'à côté d'elles il y a de petites capitales, ayant la même forme que les grandes capitales, mais de dimensions plus restreintes.

2° Il y a les lettres romaines et les lettres italiques. La lettre en romain est la lettre droite, verticale, perpendiculaire à la ligne dans laquelle elle se trouve ; c'est la conformation ordinaire de la lettre. Au contraire, la lettre en italique est penchée, oblique par rapport à la ligne horizontale.

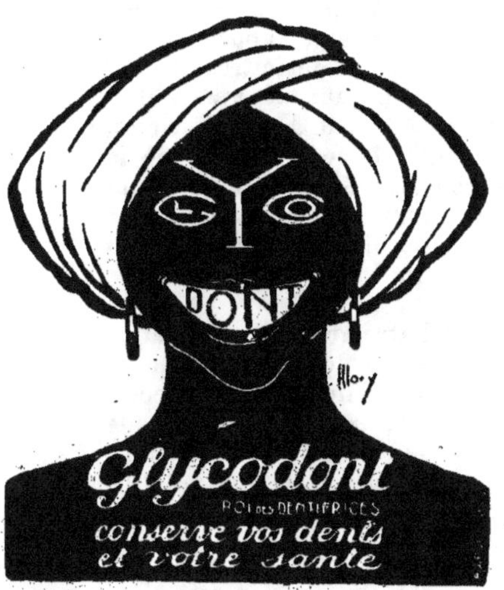

FIG. 10

En dépit de son extrême visibilité, cette annonce n'est pas bonne. Le nom du produit figuré par le dessin des yeux, du nez et de la bouche, n'est qu'un rébus sans intérêt publicitaire. Choisir un noir pour évoquer des dents dont, par contraste, la blancheur est portée au maximum, est un artifice, qui est devenu banal, et qui, pour la race blanche, ne prouve rien du tout. Dire que ce produit est le roi des dentifrices, sans en apporter aucune preuve ou garantie, est un procédé trop facile, auquel n'importe quel bluffeur n'aura pas de peine à recourir. En plus, pourquoi créer une équivoque ? Faut-il comprendre : le Glycodont conserve vos dents, et, par conséquent, votre santé, ou au contraire : ... conserve vos dents, et, en outre, votre santé, abstraction faite du point de vue dentaire ? Cela manque de clarté, autant que l'annonce manque de valeur persuasive.

On voit que le mot romain, en typographie, désigne deux choses : il désigne d'abord comme nous l'avons vu, une famille de lettres (le romain classique), s'opposant aux autres familles (l'antique, le robur, etc.) ; et il désigne ensuite, au sein de chaque famille, la forme droite de la lettre, par opposition à la forme penchée, qui est l'italique (le robur romain s'oppose au robur italique, etc.). Dans ce dernier sens, et lorsqu'on ne spécifie pas, le romain est toujours la forme normale de la lettre.

3° Il y a encore la lettre gros œil et la lettre petit œil. L'œil de la lettre désignant la masse typographique formée par l'impression de cette lettre sur le papier, une lettre gros œil sera celle dans laquelle cette masse sera plus forte que dans la lettre petit œil, c'est-à-dire que dans la lettre gros œil la partie médiane de la lettre est plus grande, plus importante, plus développée, par rapport aux extrémités montantes et descendantes, que dans la lettre petit œil. On pourrait dire que, leur hauteur étant égale, la lettre gros œil a un gros tronc et de petits bras et de petites jambes, tandis que la lettre petit œil a un petit tronc, de grands bras et de grandes jambes.

4° Enfin, suivant les modalités que présente la physionomie d'une lettre, il peut y avoir, au sein d'une même famille, des lettres grasses et des lettres maigres, des lettres larges et des lettres serrées ou allongées, des lettres noires et des lettres pâles, des lettres tigrées, c'est-à-dire présentant un mouchetage comme la peau d'un tigre, des lettres azurées, des lettres ombrées, des lettres champlevées ou éclairées, c'est-à-dire des lettres

présentant des parties à jour et comme évi-
dées.

La lettre dessinée

Quant aux lettres dites dessinées, ce sont celles
qui, n'existant pas en alphabets chez les imprimeurs, sont dessinées pour la circonstance, suivant une forme nouvelle. L'emploi des lettres
dessinées ne peut se recommander que dans une
mesure très restreinte, parce que, d'abord, c'est
une dépense supplémentaire et, ensuite, parce
que, généralement, les lettres dessinées sont moins
lisibles, moins bonnes, publicitairement parlant,
que les créations des fondeurs de caractères.

Il sera donc préférable d'en réserver l'usage
exclusif pour l'impression du nom de la marque,
de l'article à vendre ou de la maison de commerce.
Ici, dans cette étroite limite, l'emploi de la lettre
dessinée se justifiera par le caractère de nouveauté, d'originalité, de personnalité qu'elle apportera dans une annonce, caractère utile pour
bien faire ressortir l'individualité de l'article à
vendre et la personnalité de la firme qui le fabrique ou qui le vend.

L'emploi et la valeur des différentes formes
de lettres

La faute la plus courante qui soit commise
dans la typographie publicitaire, c'est qu'on ne
se préoccupe pas assez de la lisibilité de la
lettre, de sa netteté optique, de la facilité avec
laquelle elle sera identifiée. On recherche trop
dans la physionomie typographique de la lettre

ce qui peut constituer un élément de visibilité au dépend de la lisibilité, c'est-à-dire qu'on accorde trop d'importance à la bizarrerie, à l'individualité, à la variété de la lettre, au préjudice de sa clarté et de son intelligibilité. Or, il est bien certain que, la forme de la lettre étant une chose traditionnelle et conventionnelle, tout ce qui s'écarte trop de la forme traditionnelle et conventionnelle de la lettre en rend l'intelligence plus difficile.

Un caractère d'écriture ou d'imprimerie ne remplira son rôle qu'autant qu'on l'aura déchiffré, compris, lu sans fatigue optique ni effort cérébral. On ne saurait demander à la forme de la lettre d'être une peinture, une image de l'objet à vendre, et d'attirer l'attention sur elle-même, sur son contenu intellectuel, par la nouveauté et l'originalité de sa physionomie propre.

Une forme de lettre sera donc excellente, quand la lecture s'en opérera avec le plus d'aisance et le plus d'agrément pour l'œil. Si, en dehors de cela, la lettre choisie, par son physique même, réussit à exprimer, à évoquer, à suggérer quelque chose des qualités et de l'individualité de l'objet à vendre, cela n'en ira que mieux.

Ainsi une forme de lettre fine, distinguée, élégante, conviendra, tout naturellement, pour annoncer des objets de luxe, des articles élégants ; ce sera un symbole naturel d'élégance et de distinction, qui pourra, dans l'esprit de certains lecteurs, faire bien augurer de la distinction et de l'élégance de l'article à vendre. Au contraire, une typographie forte, lourde, appuyée et massive pourra évoquer l'idée de la solidité des machines à propos desquelles elle se rencontrera.

FIG. 11

Parfaite utilisation de la forme de l'objet à vendre comme cadre de l'annonce. Mais le texte n'est pas suffisamment clair. Qu'est-ce qu'on nous offre au juste ? D'abord nous croyons que c'est du lait et du sucre et du chocolat; puis nous nous apercevons que c'est du chocolat au lait. Comment " c'est instantanément prêt „ nous voudrions le savoir. D'autre part, la phrase " en été, préparé à l'eau froide „ semble être en contradiction avec l'indication précédente, puisque, s'il faut le *préparer*, ce n'est pas *prêt*. Il fallait mettre typographiquement en valeur les mots " c'est exquis „ et cela d'autant mieux que ces mots constituent la caractéristique de la marque *Elesca*. Enfin, nous ignorons ce qu'est cet *étui-tasse* qu'on nous offre pour 35 centimes : est-ce le contenant, le contenu, ou les deux à la fois ? Il ne faut jamais manquer, en publicité, d'éclairer sa lanterne.

Au reste, annonce très visible et très lisible.

La lettre ajoutera alors à sa valeur conventionnelle et abstraite de signe d'écriture une valeur sensible d'image et de signe plastique : *ut pictura littera*. Mais la qualité suffisante et nécessaire restera toujours la lisibité de la lettre, tandis que sa suggestivité, son expressivité, n'est qu'une qualité de surcroît, utile et importante, certes, lorsqu'elle se rencontre, mais qui n'est ni nécessaire, ni suffisante et qui serait condamnable si elle ne pouvait être atteinte qu'aux dépens de la lisibilité.

Ceci étant posé en règle générale, nous n'ajouterons que quelques prescriptions complémentaires, car la question de la valeur relative de chaque famille de lettres est trop subtile pour être traitée ici :

1º Une famille de lettres sera bonne lorsqu'elle sera bien lisible.

2º A lisibilité égale, il faut choisir la lettre qui est la moins employée dans le journal où paraîtra l'annonce. Cela lui donnera une plus grande visibilité.

3º S'il est possible de trouver une famille de lettres qui présente quelques caratéristiques s'harmonisant particulièrement avec les qualités de l'article à vendre, c'est cette lettre-là qu'il faudra préférer, pourvu qu'en même temps cette lettre possède des conditions suffisantes de lisibilité. Cela donnera au texte publicitaire un supplément optique de valeur d'expression.

4º Dans les textes longs, l'italique est moins lisible que le romain parce qu'il est trop grêle et trop penché pour l'œil. Il faudra donc le réserver pour mettre en valeur, par contraste avec le texte ordinaire composé en romain, quelques mots ou quelques phrases, ou encore pour la typographie des textes courts.

5° Les capitales, grandes et petites, étant moins faciles à lire lorsqu'elles forment un long texte, que les lettres ordinaires ou bas de casse, parce que l'absence de parties montantes ou descendantes en rend l'identification plus difficile, il n'en sera pas fait un usage très étendu. C'est surtout pour les titres et sous-titres qu'il faudra les réserver, ainsi que pour la mise en valeur de quelques mots ou de quelques phrases, ou pour l'impression de textes de peu de longueur.

6° Les lettres de forme manuscrite, imitant l'écriture cursive, l'écriture à la main, sont à éviter, parce que comme l'italique, qui n'en est d'ailleurs qu'une variété, elles sont d'une lisibilité inférieure à la forme consacrée et courante du caractère d'imprimerie.

7° Les lettres grasses sont préférables aux lettres maigres.

8° De même les lettres larges valent mieux que les lettres étroites ou allongées, qui sont en hauteur plutôt qu'en largeur.

9° Il vaut mieux des lettres bien rondes, bien ouvertes et bien pleines que des lettres à traits aigus, anguleux ou irréguliers et à physionomie étriquée.

Les mesures typographiques

La forme de lettre une fois choisie, reste à indiquer à l'imprimeur les dimensions qu'elle doit avoir. Ces dimensions sont établies d'après la hauteur de la lettre, hauteur calculée, pour chaque alphabet de lettres, depuis l'extrémité supérieure de la plus haute lettre jusqu'à l'extrémité inférieure de la lettre la plus basse. Cette hauteur de la lettre porte, en typographie, un nom spécial ; c'est la force de corps ou, plus simplement, le corps de la lettre.

Le corps se mesure d'après une unité typographique qui date du xviii° siècle, et qui s'appelle le point. Le point le plus couramment employé est le point Didot, qui vaut 0,376 mm. ou, en chiffres ronds, 0,38 mm. soit un peu plus d'un tiers de millimètre. Le corps, en typographie, c'est donc simplement la hauteur de la lettre évaluée en points, c'est-à-dire en autant de fois un peu plus d'un tiers de millimètre que le corps de la lettre comporte de points.

Si nous voulons prescrire à l'imprimeur l'emploi d'une lettre dont la hauteur sera sept fois un peu plus d'un tiers de millimètre, nous lui demanderons une lettre de sept points, ou, plus simplement, une lettre de corps 7 ; de même pour toutes les autres hauteurs de lettres. En attendant que soit adopté en typographie le système ordinaire de mesure, le système décimal, c'est là la façon courante en imprimerie d'indiquer les dimensions des lettres. Il est, d'ailleurs, très facile de s'habituer à cette manière de procéder. Il faut savoir aussi que les typographes emploient encore une unité de mesure plus élevée, qui est le cicéro, et qui équivaut à douze points, c'est-à-dire à environ 4 mm. 1/2 ; au lieu de cicéro, on dit également un douze, et l'on compte par douzes, c'est-à-dire par cicéros, parce que, précisément, le cicéro vaut douze points.

La longueur de la ligne d'imprimerie forme ce qu'on appelle la justification ; dans les journaux, c'est la largeur de la colonne ; elle est, dans la plupart des journaux français, de 65 millimètres, la justification se calculant de préférence d'après le système décimal. Avant de remettre une annonce à un journal, il faut savoir exactement quelle est la justification de ses colonnes d'annonce ; sinon on ne saurait pas quelle est la longueur de la ligne dont on disposera en échange de son argent.

La publicité se paie, généralement, d'après l'espace occupé dans le journal. Le prix de cet espace s'établit d'après le nombre de fois qu'il contient une ligne type, de hauteur et de longueur déterminées, prise par le journal comme base ou étalon des prix. Il suffit que nous sachions quelle est cette base, — par exemple la ligne de 7 points, ou de corps 7, avec une justification de 65 millimètres, — pour que nous sachions ce que nous coûtera l'insertion de notre annonce

FIG. 12

Lignomètre de 7 points. L'espace qu'il y a entre 2 divisions consécutives indique la hauteur occupée par la ligne de 7 points. Par conséquent le chiffre correspondant à chaque division indiquera le nombre de lignes de 7 points, c'est-à-dire de lignes contenues dans l'espace à mesurer et qu'il faudra payer, lorsque l'étalon du prix de l'espace d'annonces est la ligne de 7 points. Pour les lignomètres de 6 et de 8 points qui sont également d'un usage courant, l'écart qu'il y a entre 2 divisions est, respectivement, de 6 et de 8 points.

et l'espace exact qui nous sera fourni pour notre
argent. Autant de fois la hauteur de notre annonce
contiendra l'espace occupé par la ligne-type,
autant de fois nous aurons à payer le prix de cette
ligne-type ; et autant de fois la largeur de notre
annonce contiendra la justification-type, autant de
fois nous aurons à verser ce prix.

Le nombre de lignes-étalon qu'il y a ainsi dans
la hauteur de l'annonce forme ce qu'on appelle le
lignage. Un petit instrument très simple, nommé
lignomètre, permet de mesurer tout de suite le
nombre de lignes que comporte le lignage de l'annonce. Le lignomètre n'est qu'une règle portant
un certain nombre de divisions numérotées, dont
chacune indique le nombre de lignes-type contenues dans l'espace correspondant. Il n'y a qu'à
appliquer le lignomètre le long de la hauteur de
l'annonce, et le chiffre correspondant à cette hauteur indique le nombre de lignes en question, ce
qui permet, par une simple multiplication, de
trouver le prix de l'annonce. Suivant le corps,
c'est-à-dire la hauteur, de la ligne prise comme
base des prix, il faudra employer un lignomètre
différent, un lignomètre ligné en 6, en 7, en 8, etc.

La hauteur et la largeur de l'espace occupé par
l'annonce étant ainsi calculées, de manière à établir le prix de l'insertion de cette annonce, nous
sommes libres d'employer cet espace comme nous
l'entendrons, par des lettres de toutes dimensions,
par des blancs, par des illustrations ; cela ne chan-
gera rien au prix de l'insertion.

L'espacement et l'interlignage

Reste, à l'aide des lettres choisies, à composer les lignes et les paragraphes de l'annonce.

Si les lettres se suivent sans intervalle, sans « espace », dans l'intérieur d'un mot, on dit que les lettres sont sans espacement ; c'est la façon ordinaire de procéder. Maintenant, si l'on veut que le mot occupe plus de place, on peut laisser entre les lettres un intervalle, un espacement. Cet espacement peut être de 1 point, de 2 points etc. Plus un mot est espacé, plus il est difficile à lire ; mais, en revanche, ce qu'il perd en lisibilité, il le gagne en visibilité.

Si l'espacement des lettres ne peut être qu'exceptionnel, l'espacement des mots, lui, doit toujours exister, sinon les mots ne se détacheraient pas entre eux. L'espacement des mots, qui est de 1 point, 2 points, 3 points, etc., doit être proportionné au corps employé.

Lorsqu'on ne laisse pas entre les lignes un intervalle particulier, la composition est dite pleine, — le mot composition désignant ici l'assemblage du texte typographique. La composition est dite interlignée lorsqu'on laisse entre les lignes un intervalle de 1 point, de 2 points, etc. Il ne faut recourir à l'interlignage qu'exceptionnellement, parce que cela nécessite un espace coûteux, et que, généralement, cela n'ajoute rien à la lisibilité, bien que, cependant, cela augmente la visibilité du texte.

Les principes essentiels de la typographie publicitaire

A côté de ces indications d'ordre matériel, qui permettront à l'annonceur de comprendre le langage de l'imprimeur, et de s'entendre avec lui, voici quelques principes d'ordre publicitaire relatifs à la typographie de l'annonce et qui ont une importance considérable :

Premier principe

Dans le corps d'une annonce, il ne faut pas employer un trop grand nombre de familles de caractères. Cela nuirait à la lisibilité de l'annonce, en même temps qu'à son agrément optique.

Deuxième principe

LE SECRET LE PLUS PRÉCIEUX DE LA TYPOGRAPHIE DE L'ANNONCE CONSISTE A PROPORTIONNER LA GROSSEUR ET L'IMPORTANCE DES CARACTÈRES TYPOGRAPHIQUES A L'IMPORTANCE DES MOTS ET DES PHRASES AUXQUELS ILS SE RAPPORTENT.

Tout l'art du typographe doit mettre en valeur, en relief, en vedette, les parties de l'annonce, les arguments et les explications qui présentent le plus d'intérêt pour le public et qui sont les plus susceptibles de le porter à l'achat. L'importance *typographique* donnée aux diverses parties du texte doit se mesurer à l'importance *publicitaire* de chacune de ces parties.

Voici une faute capitale qui est très souvent commise. On place d'abord et en grosses lettres

Fig. 13

Miror, nom excellent pour un produit à récurer les métaux. Un grand effort a été fait pour obtenir une annonce originale et personnelle. La phrase " le *Miror* est un soleil sur tous les métaux „ est excellente. En revanche, c'était la dernière partie de la phrase, et surtout le mot *soleil*, qu'il fallait faire ressortir typographiquement, au lieu de réserver toute la place au nom du produit. La lettre M de MIROR est mal dessinée, et les s de la phrase ont une forme archaïque qui est désagréable. L'auréole du personnage n'évoque pas assez le resplendissement d'un soleil. En outre, on aurait gagné à donner à l'ustensile qui est frotté des dimensions plus grandes, quitte à ne point mettre à côté autant d'ustensiles. Et puis, surtout, le texte est beaucoup trop insuffisant. L'excellente phrase à laquelle il se réduit nous fait désirer un complément d'explications pour savoir où cet article est en vente, ce qu'il coûte, comment on l'utilise, etc. Il aurait mieux valu rogner la place accordée à l'illustration pour amplifier le texte.

non pas le nom de l'article à vendre, mais le nom du marchand. De la sorte, ce qui saute aux yeux, au premier regard, c'est le nom d'un Durand ou d'un Dupont quelconque ; comment peut-on penser que cela engagera le lecteur à poursuivre plus avant ? Qu'importe au lecteur le nom de ce Dupont ou de ce Durand ? Ce qui pourrait l'intéresser, c'est uniquement de savoir ce que vend ce monsieur et en quoi cela pourrait lui être utile.

Que, dans une annonce, ce qui frappe le regard soit donc le nom de la chose offerte et non pas le nom du marchand. Si l'on s'intéresse à la chose, on lira l'annonce suffisamment pour prendre note du nom de celui qui la vend. C'est l'intérêt qu'on prendra à la chose à vendre qui fera qu'on s'intéressera au nom de celui qui la vend, et non pas le nom du marchand qui peut faire qu'on s'intéressera à ce qu'il vend. Il n'y a qu'une exception ; c'est lorsque le marchand jouit d'une réputation suffisante pour qu'on soit sûr que la simple vue du nom de ce marchand (personne ou magasin) fera lire la suite de l'annonce. Mais ce n'est là qu'un cas exceptionnel. Et puis, même dans ce cas, il vaut mieux encore donner la première place à la marchandise qu'au marchand parce que le lecteur d'annonces, qui, par définition, est toujours pressé, pourra fort bien voir d'abord le nom du marchand réputé, — sans désirer lire la suite d'une annonce qui peut-être ne se rapporte pas à un article pouvant l'intéresser. Le moyen le plus sûr de faire lire l'annonce est donc d'insister typographiquement sur le nom de la marchandise plutôt que sur celui du marchand. Quel est l'objet de l'annonce ? C'est d'attirer l'atten-

tion sur la marchandise et ensuite, mais seulement ensuite, de faire savoir où elle est en vente.
Raison capitale pour que le marchand cède le
premier rang à la marchandise.

Une faute identique, et aussi très souvent commise, consiste à donner plus d'importance typographique à l'indication du remède qu'à celle de
la maladie à làquelle il s'applique, à l'indication
de la marque de l'article qu'à celle de l'article
lui-même dont il s'agit, enfin à l'indication de
l'article à vendre qu'à celle du besoin auquel il
satisfait ou de l'utilité qu'il présente et des services qu'il rend.

Il faut bien se persuader que ce qui intéresse
d'abord le lecteur, ce n'est pas qu'on lui parle
d'un remède qu'il ne connaît pas, d'une marque
qu'il ignore ou d'un article dont il ne sait pas
l'utilité, mais, au contraire, qu'on lui signale tout
de suite que ce qu'on lui offre se rapporte à la maladie dont il est atteint, au besoin qu'il éprouve et
aux désirs qu'il y a en lui. Ce n'est que l'application du grand principe de la logique et de la péda-
gogie, — la publicité n'est, au fond, qu'une éducation commerciale, mais beaucoup plus difficile
que l'éducation ordinaire, parce que l'annonceur
n'a pas sur le public l'autorité qu'ont sur les
enfants le maître ou les parents, et parce qu'ensuite cette éducation commerciale est inspirée par
l'intérêt de l'annonceur plutôt que par celui du
public, — l'application du grand principe qui veut
qu'on aille du connu à l'inconnu, et qu'on fasse
passer la connaissance du but et de la fin avant
celle du moyen employé pour les atteindre.

Il y a là un ordre logique qui place l'antécédent avant le relatif et le déterminé avant le déterminant. *Mondial Hôtel* sera moins bon que *Hôtel Mondial*, parce que, si nous ne lisons que *Mondial*, cela ne nous apprendra rien ; il faudra attendre d'avoir lu le mot suivant pour savoir qu'il s'agit d'un hôtel ; tandis que, si c'est le mot *Hôtel* qui vient en tête, cela suffira pour intéresser tous ceux qui ont besoin d'un hôtel.

En somme, la publicité se propose de montrer que l'article à vendre est synonyme de la satisfaction d'un désir ou d'un besoin. Pour que cette publicité intéresse vraiment les gens, il est indispensable d'indiquer de quel désir ou de quel besoin il s'agit, avant d'indiquer le moyen destiné à satisfaire ce besoin ou ce désir. Si on nous parle d'abord de ce moyen, nous ne saurons pas à quoi il sert, tandis que, si on nous parle d'abord d'un de *nos* besoins, ou de *nos* désirs, nous voudrons tout de suite connaître le moyen qu'on nous propose pour le satisfaire.

Suivant un autre principe de la logique, il est plus facile de passer du général au particulier (c'est-à-dire du besoin à sa satisfaction) que du particulier au général (c'est-à-dire d'une chose au besoin qu'elle satisfait). Il y a là un ordre mental qu'on ne saurait inverser sans inconvénient.

Troisième Principe

Le schéma le plus parfait d'annonce consiste à répartir le contenu de l'annonce en deux parties :

1° Une partie en grosses lettres, sous forme de titres et de sous-titres, renfermant un résumé de l'annonce, ce qu'il y a en elle d'essentiel. Lorsque

FIG. 14

Rédaction maladroite d'une annonce qui, cependant, témoigne de beaucoup de soin matériel. Ce qui frappe d'abord le regard, c'est cette monstrueuse phrase : *en vente nulle part*, qui devrait, en réalité, être libellée : *en vente nulle part ailleurs*. On a tellement abusé des rayons et des soleils que la valeur publicitaire d'une pareille illustration est bien réduite. Rares seront les gens qui s'apercevront qu'on a voulu dire que " les crèmes scientifiques Cosméa sont l'aurore d'un bonheur „; le mot *aurore* aurait dû être mis fortement en relief pour montrer que c'est lui dont le dessin illustre le sens. Rares également seront les lectrices qui prendront pour elles les épithètes de " insouciante, laide et ridée „. Enfin l'ensemble de l'annonce ne donne pas une impression en harmonie avec les termes de " scientifiques „ et de " laboratoire „ se rapportant au produit dont il s'agit ; un produit de laboratoire scientifique se présente plus franchement et avec moins de détours et de mystère.

ces titres et ces sous-titres, répandus à travers l'annonce depuis le haut jusqu'au bas, forment un sens suivi, un sens complet, l'annonce a une valeur double. Car le sujet de l'annonce se trouve exposé deux fois : une fois en grosses lettres et une fois en petites lettres.

2° Ces petites lettres forment la seconde partie de l'annonce, celle qui contient les détails, les arguments, du moins les arguments secondaires, et les explications.

Ainsi les lecteurs pressés, d'un seul coup d'œil, si peu que ce coup d'œil effleure l'annonce, auront la possibilité de lire l'essentiel de l'annonce, d'en saisir quelque chose qui forme un tout. Et les autres lecteurs, ceux que les titres et les sous-titres auront intéressés suffisamment, trouveront dans la lecture du gros du texte, qui est en petites lettres, tous les renseignements complémentaires qui peuvent les engager à acheter.

Cette disposition bipartite de l'annonce offre un avantage de plus. Elle facilite la lecture du texte qui est en petites lettres. En effet, rien n'est plus monotone et fatigant pour l'œil qu'un texte continu. L'œil a besoin, de temps en temps, de faire une pause. Et, lorsqu'ainsi il rencontre un sous-titre, une phrase en grosses lettres, cela lui permet de se reposer, de reprendre des forces, avant de continuer sa course. Les phrases en grosses lettres sont comme autant de points d'arrêt, de haltes, de jalons, comme autant d'agréables escales qui rendent la traversée moins pénible.

Ainsi, par petits paquets, un texte s'avale mieux.

Quatrième Principe

Il faut songer qu'il y a une façon normale de lire, allant de gauche à droite et de haut en bas, dont la disposition intérieure de l'annonce doit tenir compte. Tout texte qui ne peut être lu qu'en violant les lois de lecture est lu avec plus de difficultés, et risque de n'être pas lu jusqu'au bout.

Il faut donc renoncer à toutes les bizarreries, à toutes les singularités, qu'on croirait à tort ingénieuses, dans l'agencement, l'arrangement, la disposition des phrases et des mots.

Il faut qu'en commençant au haut de l'annonce et à gauche pour aller finir au bas de l'annonce et à droite, l'œil rencontre sur son chemin, tout naturellement, toutes les parties de l'annonce DANS L'ORDRE SELON LEQUEL ELLES DOIVENT ÊTRE LUES.

Il ne faut pas disposer les mots ou les phrases en travers, en diagonales, ou en lignes obliques. Il ne faut pas mettre les lettres la tête en bas, ni échelonner un mot de haut en bas ou de bas en haut, en mettant les lettrés, non pas horizontalement, les unes à la suite des autres, mais verticalement les unes au-desaous ou au-dessus des autres.

Tout cela, c'est des jongleries, des pitreries ridicules. On croit par là piquer la curiosité et l'on ne parvient qu'à réduire dans une forte proportion le nombre des lecteurs de l'annonce, parce que beaucoup de gens ne prendront pas la peine de déchiffrer ce qu'ils ne saisiront pas au premier coup d'œil, tandis que, après lecture, les

« curieux » n'auront qu'une déception de plus, puisque tout ce jeu de cache-cache n'aboutit, en fin de compte, qu'à un très ordinaire texte de publicité. Tant d'ingéniosité employée à chercher midi à quatorze heures et à nous faire prendre des « trucs typographiques » pour des sources d'intérêt publicitaire ne peut avoir qu'un effet désastreux ; la véritable ingéniosité consiste à faciliter la lecture et non pas à la rendre plus malaisée.

Cinquième Principe

Il est bon d'adopter dans ses annonces des familles de lettres, ainsi qu'un dispositif et un aspect matériel, qui se retrouvent dans toute la série des annonces faites pour la même maison ou pour le même produit. En effet, cela permettra, même avant la lecture, de reconnaître tout de suite de quelle maison ou de quel article il s'agit.

Mais ceci n'est avantageux que pour éveiller l'intérêt des gens qui ont déjà été impressionnés favorablement par les annonces antérieures faites par la même maison dans le même style. Inté-ressés par les premières annonces, ils seront portés à lire les nouvelles rien que par le fait qu'ils en auront reconnu le style typographique.

Par contre, s'il y a, comme c'est toujours le cas, des gens qui n'aient pas été intéressés par les premières annonces ou qui aient été défavorable-ment impressionnés par elles, il suffira qu'ils iden-tifient, d'après leur style, les annonces nouvelles pour qu'ils soient détournés de leur lecture. C'est pourquoi il est bon de changer, de temps en temps,

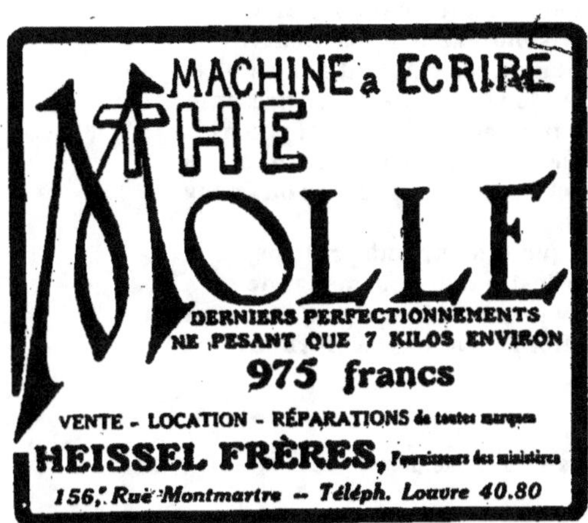

Fig. 15

Annonce de visibilité moyenne, mais de lisibilité défectueuse parce qu'il n'y a pas d'unité typographique et que les lignes arpentent et chevauchent n'importe comment le champ de l'annonce. Les mots : *machine à écrire* sont trop maigres, trop grêles tandis que le nom de la machine est d'une ampleur exagérée, et l'initiale M est d'une fantaisie outrée. En lui-même, et présenté sans autre explication, ce terme de : *The Molle*, est d'un très mauvais effet ; il aurait fallu ajouter que c'est là une marque célèbre en Angleterre ou en Amérique. La formule " derniers perfectionnements „ est trop vague. L'indication du poids n'a aucune valeur pour le public qui ne sait pas quel est le poids ordinaire d'une machine. La mention du prix serait bonne, si l'on nous faisait comprendre qu'en raison de la qualité de la machine, ce prix est avantageux. Il y a donc dans cette annonce de bonnes intentions, mais qui restent à l'état latent, faute d'une connaissance suffisante de la technique publicitaire.

l'aspect matériel et typographique de quelques annonces, afin d'essayer de rattraper l'intérêt ou l'attention qui ne s'étaient pas portés sur les premières annonces.

D'autre part, même quand l'annonce nouvelle doit donner l'impression qu'elle appartient à une série déjà connue et appréciée, il faut que sa physionomie typographique et matérielle présente quelque élément de nouveauté. Sinon on pourrait croire qu'elle est absolument identique à celles qu'on a lues déjà ; et ce serait une raison pour qu'on ne la lise pas.

Ainsi sera appliqué l'important principe de la vie de l'esprit et de l'esthétique qui demande QU'A DES ÉLÉMENTS PERMANENTS D'UNITÉ SE JOIGNENT DES ÉLÉMENTS PÉRIODIQUES DE VARIÉTÉ ET DE NOUVEAUTÉ.

Sixième principe

D'une manière générale et en guise de conclusion, qu'on n'aille pas demander à l'aspect physique de la typographie publicitaire, résultant du choix des lettres et de leur agencement, des effets d'originalité et de *visibilité* qui se réalisent aux dépens de la *lisibilité*. Se faire lire facilement, rapidement, agréablement et jusqu'au bout, c'est là toute la tâche de la lettre et de ses combinaisons. Ce n'est pas à cet élément de la typographie publicitaire qu'il appartient d'attirer l'attention du lecteur, et d'assurer la visibilité de l'annonce. A chacun des éléments publicitaires son rôle, et la publicité sera bien faite.

Le Cadre

Le cadre est, dans une annonce, un élément essentiel, dont l'importance est encore trop méconnue. Une annonce sans cadre est comme un jardin sans clôture, dont la propriété risque fort de n'être pas respectée. Un cadre est aussi indispensable à une annonce qu'à un tableau ; et l'on sait combien l'effet d'une peinture peut être grandement mis en valeur par la présence d'un cadre, — et d'un cadre bien choisi.

Dans une annonce, le cadre sert, avant tout, à en assurer la visibilité. D'une part, il délimite bien l'annonce, en marque les contours, en situe l'emplacement, attire l'attention sur elle, et, d'autre part, fait ressortir l'annonce parmi toutes les annonces voisines et empêche qu'il n'y ait une confusion optique entre des textes ou des illustrations appartenant à des annonces différentes.

Le cadre crée comme un foyer d'attention sur lequel se concentre le regard et il met dans toute sa valeur le champ visuel sur lequel doit se porter l'intérêt du lecteur. Voilà pourquoi le cadre donne à une annonce un élément de supériorité incontestable sur les annonces qui en sont dépourvues.

Quelle est la forme qu'on doit donner au cadre de l'annonce ? On a le choix entre une infinité de cadres, mais, pour qu'un cadre soit le meilleur possible, il doit remplir un certain nombre de conditions.

1° D'abord le cadre doit être suffisamment marqué, suffisamment accusé, suffisamment fort pour bien délimiter tous les contours de l'annonce.

On pourrait prétendre que toute annonce possède un cadre du fait qu'elle est comprise entre les lignes séparatrices des colonnes du journal et du fait qu'elle est séparée de ce qui suit et de ce qui précède, dans le sens vertical, par un petit filet, par un espace blanc ou par un titre. Mais cela est loin de suffire. Pour qu'il y ait réellement un cadre, il faut que, dans le haut, dans le bas et sur les deux côtés latéraux, l'annonce soit entourée de traits spéciaux, faisant corps avec elle et lui constituant comme une ceinture. Il ne suffirait pas que cette clôture existe seulement soit en largeur, soit en hauteur.

2° Le cadre étant suffisamment visible, il faut aussi qu'il satisfasse aux conditions de l'esthétique, c'est-à-dire qu'il soit suffisamment artistique et suffisamment agréable à voir. Tout au moins ne faut-il pas qu'il soit déplaisant à l'œil.

D'une manière générale, on peut dire que les formes arrondies, souples, sinueuses, ovales, elliptiques ou circulaires, sont plus agréables que les formes droites, anguleuses, rigides. Les premières flattent l'œil et le caressent, tandis que les secondes le heurtent, le choquent, lui paraissent trop sèches, trop dures, trop rudes, trop abstraites. Pour l'œil moderne, qui cherche l'élégance et le raffinement, la courbe, mieux que la droite, constitue ce qu'on a appelé la ligne de beauté.

La conséquence en est que les cadres carrés ou rectangulaires, bien que pouvant être excellents comme visibilité, manquent d'agrément, parce qu'ils n'offrent pas à l'œil cette variété, cette diversité, qui est un des éléments essentiels de la

Fig. 16

Annonce très soignée, qui attirera le regard. Mais cela restera peine perdue, car ce soin ne profite pas à l'article qu'il s'agit de vendre. La forme rigide du cadre, en couronne et avec une sorte d'aigrette, fait penser plutôt à une décoration ou à une médaille. Mieux eût valu se servir de la boîte de pastilles elle-même pour constituer le cadre de l'annonce. Mais le principal défaut provient de la disposition du texte. Il n'y a de visible que les mots : *Pastilles Tell;* le reste est noyé dans le blanc. Si on lit la première phrase : *elles sont délicieuses,* etc., on se demande : qui, *elles?* Et quand on voit : *guérissent,* on se demande : *quoi?* Pas de liaison typographique ni spatiale entre les parties d'un tout qui devrait être indivisible. Quoi de plus simple, cependant, que d'écrire : Les Pastilles Tell sont délicieuses et guérissent grippes, etc. ?

Et puis il n'y a aucun argument, aucune persuasion.

beauté ; ils sont trop simples et trop nus. Un moyen extrêmement facile de les améliorer sera d'en arrondir les coins et les angles ; cette modification, presque insignifiante en apparence, décuple presque la valeur esthétique d'un cadre, et c'est à cela qu'on reconnaît très souvent si telle annonce provient d'un technicien expérimenté ou d'un publicitaire ignorant de la technique.

Un autre moyen d'améliorer l'effet esthétique d'un cadre, c'est de lui donner une certaine irrégularité, une certaine dissymétrie. Ainsi le cadre s'enrichit d'un élément de hiérarchie, qui rompt la monotonie des formes trop unies, trop régulières, trop semblables à elles-mêmes. Cela s'obtiendra facilement en brisant le cadre, en laissant un vide, un petit espace blanc dans la continuité de l'enceinte formée par le cadre. Cette coupure dans la régularité du cadre formera pour l'œil un point d'accrochage, qui donnera à cet endroit une valeur visuelle spéciale. Il faudra en profiter pour placer près de cet endroit un passage important du texte, un de ceux sur lesquels on désire particulièrement attirer l'attention. Cette brisure du cadre marquera pour le regard soit un point de départ, soit un point final, soit un point d'arrêt central.

L'épaisseur du cadre peut être constituée par une ou plusieurs lignes, par des motifs divers de décoration et d'ornement, par tout ce que l'ingéniosité d'un dessinateur peut trouver d'intéressant. Ainsi le cadre d'un tableau présente une infinité de modèles, depuis la simple baguette jusqu'aux moulures les plus richement sculptées, variées et travaillées.

Dans l'épaisseur même du cadre, il peut y avoir
aussi des lettres et des mots, de même que la
brèche dont nous venons de parler et qui rompt
la continuité du cadre peut livrer passage à une
partie du texte ou à une illustration débordant
au delà du cadre.

3° Mais il ne faut pas oublier que l'objet du
cadre n'est pas de constituer pour lui-même un
motif artistique, ornemental ou décoratif. On ne
doit pas considérer le cadre comme un embellis-
sement de l'annonce, mais comme un moyen
d'en faire ressortir l'unité et l'individualité optique.

Par conséquent, si le cadre avait quelque signification artistique ou quelque valeur d'expression
symbolique, il faudrait, autant que possible, que
cela se rapporte à l'article à vendre, en l'évoquant
dans son ensemble ou dans quelqu'une de ses
qualités. C'est par là que le cadre suggère, en
quelque manière, l'idée de l'article à vendre, et
ce sera un élément de plus qui viendra renforcer
la puissance représentative et suggestive de l'annonce. Ainsi l'action du cadre sera complète,
lorsque le cadre est, pour l'annonce, un triple
élément de visibilité, d'agrément et d'évocation,
de matérialisation, de visualisation, de représentation et de présentation de l'article à vendre.

4° Bien entendu, un moyen de donner au cadre
toute sa valeur de visibilité, c'est de choisir un
cadre qui fasse contraste avec la généralité des
cadres qui se rencontrent d'ordinaire dans la page
du journal où l'annonce sera insérée.

C'est là un élément de variation qui ajoute à la
valeur intrinsèque du cadre une valeur extrinsèque

provenant de l'effet produit par rapport à l'entourage de l'annonce.

Un moyen pratique pour savoir si le cadre satisfait aux conditions de visibilité qu'il doit remplir, c'est de le placer sur une page du journal analogue à celle où l'annonce paraîtra, et de juger de l'effet qu'il produit, par comparaison avec les autres annonces ; il suffit d'un œil normal et d'une intelligence normale pour se rendre compte si le cadre contribue, pour sa part, à assurer à l'annonce la puissance de visibilité, d'agrément et de suggestion qu'elle doit avoir.

Il va sans dire que ce moyen-là, — la confrontation du projet ou, comme on dit, de la maquette, avec les conditions réelles dans lesquelles se trouvera la publicité exécutée, — s'applique aussi bien à l'annonce complète qu'au cadre et à toutes les autres réalisations publicitaires. C'est là un procédé très facile, qu'on néglige beaucoup trop, et qui éviterait beaucoup de dépenses inutiles.

5° Signalons enfin une forme de cadre excellente, dont les Américains ont tiré depuis longtemps un parti considérable et qui se répand en France de plus en plus. C'est l'emploi comme cadre d'une simple flèche, mais d'une flèche arrondie, recourbée, ayant presque une forme entièrement circulaire, de manière à embrasser et à entourer presque tout le contenu de l'annonce.

Grâce à la souplesse et à la sinuosité qu'elle possède, la flèche arrondie, ainsi comprise, offre mille ressources. Et son grand avantage, c'est que, grâce à son extrémité, grâce à sa pointe, elle a un pouvoir inégalé d'orientation et d'indication, dont il est facile de profiter pour attirer l'atten-

FIG. 17

Forme originale de cadre. Le malheur, c'est que la cornue qui se trouve sur la gauche ne suffit pas à faire comprendre au lecteur que la tisane des *Shakers* est obtenue par la distillation des plantes, ce qui est, en réalité, le cas, et ce qui a fait le succès de cette marque. Il aurait donc fallu ajouter quelques fleurs, feuilles ou plantes ; et cela aurait, de plus, égayé l'aspect trop austère, trop chimique, trop " laboratoire „, de cette annonce. Puis les caractères typographiques employés dans l'annonce sont si différents que la lecture en est rendue plus malaisée. On dirait qu'il n'y a que des titres et des sous-titres, et que le corps ordinaire du texte fait défaut. Enfin qu'est-ce qui nous prouve que c'est, comme on le prétend, " le remède sans égal „ ? En tout cas, ce sont ces mots qu'il fallait mettre en grandes lettres, au lieu d'exagérer inutilement la grosseur du nom du produit.

tion sur un des points importants de l'annonce, sinon sur le plus important.

Il va sans dire que l'épaisseur et le tracé de la flèche doivent répondre aux conditions de visibilité et d'agrément qui se posent pour n'importe quel autre cadre.

Les espaces blancs

Abstraction faite du cadre, la principale source de visibilité pour l'annonce consiste dans l'emploi d'espaces blancs ou, plus simplement, de blancs. Mais l'emploi des blancs est un moyen onéreux, puisqu'il laisse inemployé un espace qui coûte cher, tandis que le cadre est un moyen beaucoup plus économique. Voilà pourquoi il faut condamner absolument, comme gaspillage déraisonnable, le procédé, — très employé avant la guerre de 1914, mais qui l'est beaucoup moins, depuis la hausse des tarifs de publicité et depuis le développement des connaissances publicitaires, — le procédé consistant à ne mettre que quelques lignes ou quelques mots dans une annonce couvrant parfois jusqu'à l'entière surface d'une page ou d'une demi-page de journal.

Ce qu'il faut faire, c'est combiner le cadre et les blancs de la façon la plus économique possible. Le cadre et les blancs répondant à un but identique, l'emploi du cadre permet de n'employer qu'un minimum de blanc, et ainsi réduit le coût de l'annonce.

Le blanc ainsi employé donnera à l'annonce un complément de visibilité, mais surtout l'aérera, lui assurera un aspect plus agréable. Il faut songer que, bien souvent, les meilleurs caractères typographiques en usage dans les annonces sont beaucoup trop noirs, trop lourds, trop pesants, trop appuyés, — ce qui est nécessaire pour donner au texte tout le relief voulu ; ils ont alors besoin d'être allégés, éclairés, aérés, ce que fait admirablement l'emploi des espaces blancs.

Dès lors les blancs sont, dans l'annonce, un facteur esthétique autant qu'un facteur simplement visuel. Voici comment, d'ordinaire, ils doivent être répartis. Laisser un espace blanc en dehors du cadre est, généralement, inutile, parce que ce serait faire double emploi avec le cadre. Mais il est bon que, entre le cadre et le texte, il y ait un blanc suffisant pour que le texte n'ait pas l'air étriqué, pressé, serré contre le cadre. Et c'est à l'intérieur du texte lui-même, entre le texte et l'illustration, ou entre les diverses parties du texte que seront ménagés des blancs appropriés.

Souvent il suffira, autour des titres et des soustitres, de laisser un vide plus considérable que ne le demande l'usage ordinaire de l'imprimerie. De même un espace blanc bien placé marquera comme une pause optique au milieu de l'annonce. La répartition harmonieuse des blancs est une question assez subtile, pour laquelle il faut s'appuyer sur le sens artistique et sur l'expérience.

On peut encore laisser sur un des côtés de l'annonce, en dehors du cadre, un blanc extérieur, pas trop vaste, dans lequel on tracera une petite flèche montrant l'annonce, — flèche soit oblique, soit perpendiculaire au cadre. Ici la flèche est en surcroît du cadre, et elle a pour objet d'attirer l'attention sur l'annonce elle-même, cadre compris. Ce procédé peut être très utile, et il est recommandable de tous points, pourvu que le blanc extérieur au cadre ne soit pas exagéré, ce qui serait du gaspillage, et pourvu que la flèche indicatrice, le blanc dans lequel elle se trouve et l'annonce proprement dite, avec son cadre, composent un ensemble qui ne soit pas déplaisant à l'œil et qui ait une unité suffisante. Dans ce cas-là, on peut même supprimer le cadre, — le blanc extérieur et la flèche, droite ou oblique, en tenant lieu dans une certaine mesure.

L'illustration de l'annonce

L'illustration contribue bien à augmenter la visibilité de l'annonce, mais ce n'est point là son rôle principal. Certes, par sa seule présence, l'illustration constitue un point d'attraction visuelle, une tache, une masse offrant à l'œil un intérêt tout particulier. Par conséquent, il est hors de doute qu'une annonce illustrée sera regardée, de préférence à une annonce qui ne l'est pas ; et à cet égard, l'annonce illustrée présente une supériorité incontestable sur l'annonce non illustrée. Cette supériorité sera d'autant plus grande qu'il y aura, en même temps, moins d'annonces de ce genre.

Mais l'objet essentiel de l'illustration est ailleurs ; et c'est ce dont beaucoup d'annonceurs ou de dessinateurs de publicité ne se sont pas encore rendu compte.

D'abord, l'illustration prête à l'annonce un caractère artistique, un agrément, une vie séduisante qu'aura rarement l'annonce non illustrée.

FIG. 18

Excellent effet de blanc et de noir. L'illustration s'accorde de
façon très vivante avec le nom du produit, qui est très visible et
lisible. Pourquoi faut-il que le texte soit si rudimentaire et si
imprécis ? On nous parle simplement d'une usine modèle de torréfaction, dont la production journalière est de 10.000 kilos.

Pour le consommateur de café, ce chiffre-là ne dit rien ; et ce
qui l'intéresse, c'est moins la torréfaction du café, même si elle a
lieu dans une usine modèle, que la qualité propre et l'origine de
ce café. Comme quoi une annonce admirablement présentée, au
point de vue matériel, peut n'être que d'une efficacité très médiocre, parce que la rédaction est d'une valeur nulle.

Mais, pour qu'il en soit ainsi, il faut que l'illustration soit vraiment artistique, qu'elle soit réussie, tant au point de vue de la conception que comme exécution et reproduction. On voit trop souvent des illustrations qui font plutôt du tort que du bien à l'annonce ; leur aspect est horrible, confus, déplaisant ; c'est de la bouillie. Dans ce cas-là, mieux vaut, carrément, supprimer l'illustration. Avec les seules ressources de la typographie, du cadre et des blancs, on pourra composer une annonce non illustrée qui fera un effet meilleur qu'une illustration manquée.

Mais voici, et de beaucoup, le principal objet de l'illustration. Ce doit être d'exercer sur l'œil l'influence la plus favorable à l'achat, en même temps que d'exercer sur l'esprit en général une action persuasive aussi grande que possible. En ce sens, l'illustration doit être regardée, littéralement, comme un autre langage, un langage d'un autre genre que le langage des mots, mais ayant exactement le même but : c'est un langage graphique, artistique et pictural, au lieu d'être un langage verbal.

Par conséquent l'illustration devra doubler l'action et l'effet du texte. Autrement dit, l'illustration doit, comme le texte lui-même, être une information et une recommandation favorables à l'objet à vendre ; elle doit, elle aussi, apporter une véritable argumentation tendant à provoquer l'achat. Mais, tandis que le texte parle surtout à à la raison et à l'esprit, l'illustration, elle, parlera surtout à l'œil, à la sensibilité et au sens esthétique. L'illustration est un langage beaucoup plus borné, beaucoup moins souple, beaucoup

moins analytique et explicatif que le langage des
mots ; mais, en revanche, ce qu'elle arrive à faire
comprendre et à dire, elle le dit avec beaucoup
plus de lumière, de chaleur, de couleur, de viva-
cité et de vie que la parole écrite ou parlée.

Etant plus près de la chose qu'elle exprime que
la parole, parce qu'elle en est comme un truchement plus direct, comme une expression plus immédiate et plus objective, l'illustration a plus de
vertu suggestive et évocatrice que le langage
ordinaire, qui est plus terne, moins imagé, plus
abstrait. Tandis que le langage verbal représente
les choses par des signes conventionnels et comme
algébriques, l'illustration les représente par des
images, par des figures visuelles et concrètes,
qui sont la reproduction même de la réalité. Ainsi
l'illustration est-elle le meilleur moyen de traduire la réalité et d'appliquer le principe fondamental qui veut que la publicité équivaille à la
présence même de l'article à vendre.

L'illustration publicitaire doit donc remplir les
conditions que remplit le texte publicitaire.

1° Elle doit mettre en valeur l'objet à vendre.
Pour cela elle doit faire en sorte que l'attention,
l'intérêt et le désir se portent principalement sur
cet objet.

2° Qu'elle représente l'objet à vendre, ou simplement les heureux effets de l'emploi ou de
l'usage de cet objet, elle doit chercher tous les
moyens qui peuvent faire valoir au maximum la
désirabilité de ce dernier.

3° Beaucoup d'artistes publicitaires, ignorant
ce principe, ne donnent dans leurs illustrations
qu'une place secondaire à l'article à vendre et à

l'impression favorable qu'il doit produire. On dirait qu'ils ne savent pas que leur illustration a une portée et un caractère commerciaux. Ils se bornent à faire quelque chose de curieux, de bizarre, d'original, d'artistique, quelque chose qui attirera l'attention, sans doute, mais une attention stérile, puisque cette attention ne profitera qu'imparfaitement à l'article à vendre.

Ce qu'il faut, c'est surtout que l'illustration exprime la désirabilité de l'article à vendre, et à peine si l'on trouve trace, dans beaucoup d'illustrations publicitaires, d'une préoccupation aussi essentielle.

4° Par conséquent, l'illustration doit, autant que possible, servir à identifier l'article à vendre, afin qu'on le reconnaisse facilement. Cela donnera à l'illustration une valeur mémorative.

Il est bien certain que, plus l'illustration aura un caractère de réalité, plus elle se rapprochera de l'impression produite par l'objet lui-même et par son usage ou son emploi, et plus elle vaudra. Cela nous amène à condamner la fantaisie, l'humour, l'exagération, la bizarrerie qui font oublier qu'il s'agit là d'une chose très positive, d'une offre très réelle qui nous est faite. *Vérité* doit être la devise de l'illustration, comme ce doit être celle de toute la publicité, et comme c'est celle qu'a adoptée l'Association Internationale des Clubs de Publicité, fondée en Amérique en 1914. C'est par ce caractère de vérité et de réalité que l'illustration contribuera à assurer à l'annonce cette confiance de la part du public qui est, comme nous le savons, le facteur prépondérant du succès publicitaire.

FIG. 19

Pour améliorer considérablement cette annonce, il n'y avait qu'à la réduire au texte suivant, ablation faite de son illustration : " Imperméabilisez vos chaussures au vernis *Sacrol*. Dépôt, etc. „ La femme fait la grimace, et on nous dit qu'elle rit ! Pour nous montrer que " ses chaussures sont sèches „, on nous représente deux pieds dans l'eau ! Faute d'avoir su placer le texte à côté de l'illustration, on a coupé la femme en deux ! Mieux vaut mille fois un texte seul qu'avec une mauvaise illustration.

Il faudra que nous ayons un extrême besoin de ce produit pour que nous prenions la peine d'aller ou d'écrire à l'adresse indiquée, lorsqu'on ne nous dit rien de spécial à son sujet (ni prix, ni mode d'emploi), sinon que c'est un vernis imperméabilisateur de chaussures, indication qui restera lettre morte pour la plupart des lecteurs.

Enfin, il est évident, quoique ce soit bien trop ignoré, qu'une illustration aura beaucoup plus de valeur, si elle représente l'article à vendre, non pas au repos, à l'état d'immobilité ou d'inutilisation, mais en action, au moment où il est employé ou utilisé, et avec les résultats qu'il donne.

Bref, il faut choisir comme sujet de l'illustration publicitaire le motif, le sujet le plus favorable à l'article à vendre, celui qui représentera l'argumentation la plus forte et qui exercera l'action la plus persuasive sur l'acheteur éventuel.

5° Comme le lecteur parcourt très rapidement les annonces, il faut que l'illustration ne soit pas compliquée, qu'elle soit très facile à saisir et à comprendre du premier coup d'œil.

Outre ces conditions optiques, il faut que l'illustration satisfasse aux lois de l'esthétique, c'est-à-dire qu'elle plaise au public auquel elle est destinée, en tenant compte des goûts et des préférences artistiques de ce public.

6° Il est clair qu'une illustration, comme tous les autres éléments de la publicité, vaudra d'autant plus qu'elle se distinguera davantage des illustrations courantes et ordinaires se rapportant au même sujet. Une illustration banale, qui ne serait qu'une imitation ou qu'une répétition, qui ne dirait rien ou ne signifierait rien, ne serait que d'une utilité médiocre ; tout au plus pourrait-elle remplir l'office de masse visuelle, destinée à attirer l'attention sur le texte conjoint.

Une des fautes les plus fréquentes qui sont commises dans l'illustration des annonces, c'est de prendre une phrase quelconque du texte, surtout une locution imagée, un dicton ou un proverbe, et d'en faire le sujet de l'illustration. On comprend que, dans ces conditions, l'illustration n'a aucun rapport avec l'article à vendre et, n'ayant aucun rapport avec lui, elle ne pourra nullement lui servir d'argument ni contribuer à le faire apprécier.

L'illustration est alors comme une chose en l'air, tout à fait superfétatoire, et qui doit son origine à un caprice du style ou à une tournure plus ou moins imagée, sans lien réel avec l'action documentaire, argumentaire et persuasive qui doit être celle de la publicité.

Dans un petit ouvrage, par ailleurs très intéressant, traduit en français sous le titre de *Introduction à la Pratique de la Réclame* (Editions Polmoss, Bruxelles), M. Dettloff Mueller, professeur à l'Ecole des Hautes Etudes Commerciales de Leipzig, signale comme une bonne chose l'existence, dans une annonce bien connue en Allemagne, d'une illustration représentant un chat auquel on coupe la queue, pour attirer l'attention sur l'expression « Pour couper court », qui se trouve dans l'annonce. Mais M. Viktor Mataja, dans un petit livre paru en français sous le titre de *La Réclame dans ses rapports avec les affaires et le public* (Editions Polmoss, Bruxelles), remarque très judicieusement que cela n'a servi à rien de pratique, parce que cela n'a rien à voir avec l'objet de cette annonce ; et il cite une expérience montrant que, si beaucoup de gens avaient, en effet, conservé le souvenir de cette annonce, personne ne pouvait dire pour quel article elle était faite.

Deux intéressantes remarques

M. O.-J. Gérin a eu le mérite d'attirer l'attention du public français sur deux points, qui pour être des points de détail, n'en sont pas moins très intéressants, surtout au point de vue théorique. Ces points-là avaient été, d'ailleurs, déjà étudiés par des publicitaires américains et des psychologues français.

1° La lecture s'effectuant, comme l'écriture, de gauche à droite et de haut en bas et, d'autre part, notre attention se portant d'abord sur la chose la plus marquante dans une annonce, chose qui sera l'illustration, il s'ensuit que chaque fois qu'il y aura une illustration, cette illustration devrait être placée, logiquement, dans le haut et à gauche de l'annonce, parce qu'ainsi l'orientation naturelle du regard permettra de parcourir toute l'annonce sans aucun risque d'omission. Au contraire, si l'illustration était placée dans la partie droite de l'annonce, l'œil pourrait avoir tendance à suivre sa direction habituelle vers la droite, en sortant dès lors de l'annonce, en rattachant l'illustration à l'annonce voisine, qui est à droite de celle dont fait partie l'illustration, et en négligeant ainsi

---

Suite de la légende de la figure 20 :

été préférable de couper l'annonce après l'illustration, et de reporter le texte qui suit au même niveau que la partie supérieure de l'annonce ; cela eût facilité la lecture de cette annonce, qui est trop étroite par rapport à sa hauteur.

L'idée de l'illustration est ingénieuse, mais elle est mal réalisée, l'arbre à thé et la théière étant trop minuscules. L'argument (vente directe du producteur au consommateur) est bon ; mais il aurait besoin d'être précisé par des indications sur les plantations et l'organisation de la vente. — Dans la typographie il y a trop de capitales,

Fig. 20

Comment l'auteur de cette annonce ne s'est-il pas aperçu que le lecteur risquait de voir là trois annonces différentes, dont il ne lirait qu'une partie ou qu'il ne rattacherait pas au même produit ? 1re annonce : le texte au-dessus de l'illustration ; 2e annonce : l'illustration ; 3e annonce : le texte rectangulaire qui est au-dessous. Pour éviter cela, il fallait un cadre complet, non brisé. Il eût le texte de l'annonce, parce qu'il est à gauche de l'illustration et qu'il ne pourrait être lu qu'en reportant le regard de droite à gauche, c'est-à-dire en allant en sens inverse de l'orientation habituelle.

Et, si l'illustration était placée, non plus dans la partie supérieure de l'annonce, mais dans la partie inférieure, l'œil, suivant sa pente accoutumée, risquerait de se porter sur l'annonce qui se trouve au bas de celle à laquelle appartient l'illustration, et, de la sorte, il faudrait qu'il rebroussât chemin pour retrouver le texte se trouvant au-dessus de l'illustration.

Dans la pratique, il ne faut pas craindre de passer outre à cette détermination logique de la place de l'illustration par rapport au texte, parce que, d'une part, l'existence du cadre empêchera l'œil de sortir ainsi indûment des frontières de l'annonce, et parce que, d'autre part, la petite commodité optique que ce dispositif confère à la lecture n'a que très peu d'importance à côté des restrictions qui en résulteraient relativement aux possibilités et aux ressources spatiales dont on dispose pour la construction de l'annonce. On peut être certain que, quel que soit l'emplacement relatif du texte et de l'illustration au sein de l'annonce, le lecteur ne manquera pas de voir et de lire toute l'annonce, si elle est plaisante à l'œil en même temps que d'un contenu intéressant. L'œil a suffisamment de mobilité pour qu'il soit possible de lui offrir des annonces de structure variée, la position réciproque de l'illustration et du texte ne devant pas nuire à la lecture intégrale de l'annonce.

2° Il peut être utile de donner à un objet, à un article à vendre, une apparence particulière de force, de grandeur, de puissance, de manière à accroître l'impression qu'il produit. Pour cela il y a un « truc » dont le dessinateur tirera facilement parti. Il suffit de représenter l'objet, non plus dominé par l'œil humain, regardé de haut en bas, mais, au contraire, nous dominant, dominant l'horizon de l'observateur, c'est-à-dire regardé de bas en haut.

La vue de l'observateur ne plonge plus vers l'objet situé au-dessous de l'horizon ; elle remonte jusqu'au niveau de l'objet situé au-dessus de l'horizon ; nous avons une vue remontante ou ascendante, au lieu d'une vue plongeante ou descendante.

Ce n'est là qu'un cas particulier de notre principe général qui exige que l'illustration représente l'objet à vendre de la façon qui pourra produire l'impression la plus favorable. C'est une chose toute naturelle, mais qui cependant est encore trop négligée, que de songer à tirer parti de tous les effets et illusions optiques et de toutes les ressources de la perspective.

Les dimensions de l'annonce

En ce qui concerne les dimensions que doit avoir l'annonce, nous distinguerons deux choses : quelle doit être la grandeur de l'annonce, et puis quelle forme doit avoir l'annonce, ce qui implique la question des proportions qu'auront entre elles les dimensions.

En premier lieu, établissons ce que nous appel-

lerons le principe de grandeur nécessaire et suffisante de l'annonce. Il faut que l'annonce soit assez
grande pour être vue de tous les lecteurs du journal, et, cette condition remplie, l'excédent de
grandeur serait une dépense superflue, relativement à la visibilité de l'annonce. Il y a donc une
grandeur minima, dont l'effet est d'assurer la
visibilité de l'annonce dans la page du journal où
elle se trouve. Donner à l'annonce une surface
inférieure à cette grandeur minima serait s'exposer à ce que l'annonce ne soit ni vue ni lue par
beaucoup de gens. On ne peut indiquer de chiffres
précis exprimant métriquement cette grandeur
minima ; cela dépend de la grandeur ordinaire
des annonces du journal.

Plus une annonce est grande, plus elle a de
chances d'attirer l'attention et d'être vue la première. Mais il faut savoir aussi que, par contraste, une petite annonce placée entre de grandes
annonces attirera également l'attention, pourvu
qu'elle ait une individualité physique suffisante.

Or nous connaissons le moyen physique de
donner de l'individualité à une annonce : c'est de
se servir judicieusement des ressources qu'offrent
le cadre, les espaces blancs et l'illustration.
Plus la visibilité de l'annonce sera assurée par
les trois éléments précédents, et plus la superficie de l'annonce pourra être réduite, c'est-à-dire
qu'il en résultera une économie considérable dans
les frais d'insertion.

Ceci nous amène à cette conclusion pratique
que, quand on a su tirer un bon parti de l'illustration, des blancs et du cadre, l'annonce sera toujours assez grande pour être visible. Ce qui doit

FIG. 21

Pour savoir ce qu'offre cette annonce, il est indispensable de lire le mot " Ouate „, qui, de la façon dont il est placé, est peu visible. Si l'on omet ce mot, ce qui sera le cas de la plupart des lecteurs, on croira qu'il s'agit de charbon de chauffage, charbon recommandé pour les malades ; et alors on s'étonnera que ce combustible soit en vente chez les pharmaciens.

Donc abstraction faite d'un petit mot, difficile à voir, tous ceux qui regarderont l'image et le texte penseront qu'il est question d'un combustible et non pas d'un remède. Pour éviter cette équivoque, il fallait illustrer l'annonce, non avec un sac de charbon sur le dos d'un charbonnier, mais avec la représentation de la chaleur dont cette ouate apportera le bienfait aux malades. L'ouate *Thermogène*, avec son fameux Pierrot de la poitrine de qui jaillit une flamme, a très bien su résoudre ce problème.

En outre, aucun argument n'est donné à l'appui de cette *Ouate Bienfait*, dont le nom même accentue encore l'équivoque existant dans l'annonce ; car il est fort possible de croire que le charbon est comme une *ouate* qui produit de la *chaleur*, ce qui est un *bienfait*. Rien, en publicité, n'est pire que l'équivoque.

donc déterminer la grandeur minima de l'annonce, ce n'est pas, en fait, une question mécanique et matérielle de visibilité, puisque cette visibilité devra être assurée par d'autres éléments ; c'est simplement une question de contenu. Voilà encore un principe trop méconnu. On commence trop souvent par assigner à l'annonce certaines dimensions d'une façon tout à fait arbitraire, et puis on s'occupe de la remplir avec le texte, l'illustration, les blancs et le cadre. C'est procéder au rebours du bon sens.

Ce qui importe dans l'annonce, c'est ce qu'on y mettra, c'est le contenu : tout le reste n'est, à côté de cela, que détails secondaires. Par conséquent, ce qu'il faut d'abord savoir, —et ce par quoi il faut commencer, — c'est ce qu'on a à dire dans l'annonce pour qu'elle atteigne son but. Dans la campagne de publicité chaque annonce a un rôle strict ; et, pour remplir ce rôle, elle doit apporter telle argumentation, argumentation qui sera rédigée de telle manière, illustrée de telle autre et présentée avec tels espaces blancs et tel cadre voulus. C'est cela qui constitue la matière, le sujet, le contenu de l'annonce, et cela détermine, naturellement, la grandeur de l'annonce.

On peut marquer de la façon suivante la relation qui existe entre les divers éléments de l'annonce :

1° La première chose à savoir, c'est le rôle qu'aura à remplir telle annonce dans l'ensemble de la publicité faite pour un article ou pour une maison de commerce. C'est ce rôle de l'annonce, autrement dit, sa fonction, qui déterminera l'argumentation, les idées, les faits, à mettre dans l'annonce.

2° L'argumentation de l'annonce en déterminera la rédaction et l'illustration.

3° La rédaction et l'illustration de l'annonce en
détermineront la typographie et la disposition
matérielle.

4° La typographie et la disposition matérielle
de l'annonce détermineront l'importance qu'il
faudra donner aux blancs et au cadre.

5° Et les dimensions de l'annonce seront la
résultante de tout cela.

Nous pouvons donc poser ce nouveau principe :
les dimensions de l'annonce seront, tout naturellement, déterminées par l'espace qui est nécessaire pour mettre en valeur le texte, la typographie et l'illustration de l'annonce au moyen d'espaces blancs et d'un cadre appropriés.

Ainsi nous aurons suivi la logique qui exige que
le choix du contenu détermine le choix du contenant, et non que le choix du contenant détermine
le choix du contenu, car ce qui importe, ce n'est
pas le contenant, mais ce qu'il y a dedans. Choisir
le contenant avant de savoir ce qu'on doit y
mettre, quel volume il s'agit d'y loger, c'est s'exposer à ce que le contenant soit trop grand ou
trop petit. Dans le premier cas, l'espace occupé
par l'annonce serait trop grand ; ce serait une
dépense inutile ; dans le second cas, il serait
insuffisant pour contenir toute la matière de
l'annonce, et il faudrait mutiler l'annonce ; ou
bien elle serait trop étriquée ; elle étoufferait
dans son cadre.

Les dimensions de l'annonce étant ainsi déterminées par l'impression que doit produire l'annonce, impression qui résulte de tous les élé-

ments que nous venons de mentionner, nous pouvons faire une observation intéressante. C'est que, du point de vue de l'annonceur, l'espace occupé par l'annonce a une valeur extrêmement variable, qui sera déterminée non par une quantité métrique, par la superficie occupée, mais par l'utilisation qui est faite de cet espace et par l'effet produit par ce qu'il y a dedans.

L'espace n'est qu'une forme vide qui ne vaut qu'autant qu'on sait la remplir d'arguments, de textes, d'illustrations et d'éléments optiques ou esthétiques intéressants.

Mais, et ceci est très important, plus un annonceur a d'espace à sa disposition, plus il est en mesure, s'il sait en tirer parti, d'en obtenir une impression publicitaire dont la valeur sera plus que proportionnelle à l'espace occupé, c'est-à-dire qu'elle croîtra progressivement. En effet, pour que l'annonce soit efficace, il faut qu'elle produise un minimum d'impression. Si ce minimum d'impression n'est pas atteint, l'annonce est en pure perte ; elle n'aura servi à rien; elle n'aura exercé aucune influence sur le lecteur et il n'en restera rien dans sa mémoire. Or, pour produire ce minimum d'impression, pour loger le texte et les illustrations dont ce minimum d'impression publicitaire sera la conséquence, il faut un minimum d'espace. Et tout l'espace qui est au-dessous de ce minimum peut être considéré comme sans valeur.

Mais, si l'on ajoute à cet espace la quantité d'espace nécessaire pour obtenir l'espace minimum correspondant au minimum d'impression publicitaire, on voit que cette adjonction d'espace augmente considérablement la valeur de l'espace

FIG. 22

Cette annonce n'est qu'une carte de commerce encadrée, et mal encadrée. Le cadre écrase l'intérieur. On dirait un cadre de tableau vide, ou le châssis d'un appareil photographique, ou encore l'écran d'une salle de cinéma ou un rideau de théâtre. Rien là-dedans ne fait penser à l'horlogerie, à la joaillerie, etc. Les mots disposés verticalement (*bijouterie, orfèvrerie*) risquent de ne pas être lus, surtout celui qui s'échelonne de haut en bas. On ne saurait nier le grand soin apporté à la présentation matérielle de cette annonce, mais ce soin est en pure perte, faute de renseignements suffisants, de nature à nous faire désirer les articles de ce joaillier.

primitif, puisque de *zéro* cette valeur passe à la
valeur *un*, qui est celle du minimum d'impression.
En procédant ainsi de proche en proche, on se
rendrait compte que la valeur publicitaire de
l'espace, ou valeur utile, augmente suivant une
progression constante.

Ainsi, pour une annonce, deux fois dix centi-
mètres carrés vaudront moins que vingt centi-
mètres carrés pris en une fois, et l'espace occupé
par 100 lignes de publicité vaudra plus, publicitairement parlant, que l'espace occupé par deux
annonces distinctes de 5o lignes chacune. Ou
encore un huitième de page d'un journal aura une
valeur publicitaire supérieure à celle de deux
fois un seizième de la même page. C'est là un fait
que des expériences effectuées en Amérique ont
d'ailleurs confirmé.

Par conséquent, si les tarifs de publicité étaient
établis d'après la valeur réelle de l'espace vendu
aux annonceurs, le prix d'une insertion devrait,
non pas être proportionnel à l'espace occupé, mais
croître progressivement avec cet espace.

Si une ligne coûte 10 francs, 10 lignes devraient
coûter, non pas $10 \times 10 = 100$ francs, mais par
exemple, 120 francs, et, de même, 100 lignes devraient coûter non pas $10 \times 100 = 1.000$ francs,
ni $120 \times 10 = 1.200$ francs, mais, par exemple,
1.400 francs. Or, généralement, c'est le contraire
qui a lieu. Au lieu de subir une majoration, l'annonceur bénéficie d'une réduction au fur et à
mesure que son insertion est plus importante.
Ainsi il arrive ceci que, plus l'espace qu'achète
l'annonceur a de valeur utile, de valeur publicitaire, et moins il le paie.

Cela doit inciter les annonceurs intelligents à passer des contrats de publicité leur assurant une valeur d'espace d'autant plus grande que ce contrat sera plus important, en même temps que le prix de cet espace sera moins grand.

S'il en est ainsi, c'est parce que la plupart des tarifs de publicité ont été établis d'après l'usage commercial qui veut que, plus on achète d'une chose, moins on la paie cher. Les journaux en cela ne considèrent pas la valeur exacte du service qu'ils rendent aux annonceurs en leur vendant de l'espace ; ils ne considèrent que la commodité avec laquelle ils s'assurent ainsi en une fois de plus fortes sommes d'argent, en poussant les annonceurs à un plus grand achat d'espace.

Cependant, si le principe reste vrai que, pour l'ensemble d'une campagne de publicité, la valeur de l'espace dont dispose l'annonceur croît progressivement, il y a une restriction à faire, en ce qui concerne la valeur de l'espace occupé par une seule annonce. En effet, au delà d'une certaine dimension, l'utilité relative de l'espace, au lieu de croître, diminuera. C'est que l'esprit du lecteur sera saturé, et tout ce qu'on pourra lui dire de plus ne l'intéressera que de moins en moins. Il ne faut pas perdre de vue que le temps qu'un lecteur de journal a à consacrer à une annonce est très restreint, et qu'au delà d'une certaine limite il sera très difficile, pour ne pas dire impossible, de retenir son attention.

Par conséquent, on peut mettre en fait que le maximum de grandeur utile d'une annonce de journal ne devra jamais dépasser un quart de page ou, tout au plus, une demi-page. Tout le

reste serait de l'argent perdu, parce qu'un quart
de page ou une demi-page suffit amplement pour
dire au lecteur tout ce qu'on peut lui faire absor-
ber sans le fatiguer. Tout l'espace qui serait en
excédent de cette grandeur devrait être réservé
pour une insertion future.

Donc, on peut dire, d'une manière générale,
que la valeur publicitaire de l'espace d'un journal
croît progressivement jusqu'à ce que l'annonce soit
d'un quart ou d'une demi-page, mais qu'elle décroît
ensuite progressivement. C'est l'expérience qui
indiquera à un chef de publicité quel doit être l'op
timum de grandeur de chacune de ses annonces,
c'est-à-dire les dimensions qui permettent d'obtenir l'efficacité publicitaire la plus grande, sans
risque, pour l'annonce, de passer inaperçue, ni
sans risque, pour l'annonceur, d'employer un
espace inutile, qu'il faut chèrement acheter.

La forme de l'annonce

La question de savoir quelle forme doit avoir
l'annonce, une fois sa grandeur déterminée,
dépend de deux considérations principales : la
facilité de la lecture et de l'assimilation du contenu de l'annonce, et l'agrément de l'œil.

Une des conditions essentielles pour que la lecture de l'annonce soit facile, c'est que l'œil n'ait
pas trop à se déplacer sur l'annonce. Il en résulte
que l'annonce ne doit être ni trop étroite, ni trop
large. La longueur de la ligne de texte doit être
telle que l'œil puisse la suivre en effectuant un
parcours normal. Supposons que la ligne soit trop
longue, l'œil éprouvera de la fatigue à la parcourir

- Fig. 23

Il eût été bien préférable de renvoyer au bas de l'annonce le rectangle supérieur. Ainsi le lecteur souffrant des pieds commencerait par quelque chose qui l'intéresse (Les pieds doivent être l'objet des soins les plus minutieux, etc.), tandis que ce début barbare : *Le Bunion Reducer* risque de le rebuter. On eût remplacé avantageusement les noms anglais par des noms français ; ou, du moins, fallait-il donner la traduction de ces noms, en indiquant qu'ils désignent en Angleterre un appareil qui a fait ses preuves. La forte ligne du cadre, doublée des petites raies horizontales, ainsi que l'importance typographique donnée à la phrase centrale, suffisaient pour attirer sur l'annonce l'attention visuelle, sans qu'il soit nécessaire de la diviser malencontreusement en deux petits rectangles entre lesquels se place une sorte de tonneau. De la sorte l'annonce manque de l'unité optique indispensable.

d'un bout à l'autre. Si, au contraire, la ligne est trop courte, l'œil ne trouve pas devant lui la matière visuelle qu'il est accoutumé d'embrasser de façon normale, et il est obligé de se déplacer trop souvent du haut en bas de l'annonce.

De même, si l'annonce est beaucoup plus haute que large, si elle est étroite, le déplacement de l'œil nécessaire pour parcourir l'annonce du haut en bas ne correspondra pas à la vision normale : le mouvement horizontal de l'œil sera arrêté avant qu'il ait atteint son amplitude normale, et il faudra que l'œil décrive, pour arriver au bas de l'annonce, un nombre trop considérable de pareils mouvements, dont l'amplitude sera chaque fois écourtée par la largeur insuffisante de l'annonce. Au contraire, si l'annonce est trop en largeur, le mouvement que doit faire l'œil pour suivre toute cette largeur sera exagéré, et il en résultera de la fatigue. Bref, il faut tenir compte, pour fixer la longueur des lignes et la forme de l'annonce, de la capacité visuelle de l'œil, de façon que le champ de l'annonce corresponde à cette capacité visuelle.

Cela condamne les annonces qui ne forment qu'une seule ligne s'étendant sur toute la largeur de la page ; la lecture en exige un trop grand déplacement longitudinal de l'œil. Cela condamne aussi les annonces qui s'étendent sur une trop grande hauteur. Car l'œil doit pouvoir embrasser en entier, d'un seul regard, toute l'annonce. S'il est obligé de décrire pour cela une verticale ou une horizontale d'une trop grande étendue, il ne peut effectuer qu'avec peine un pareil trajet.

Voilà pourquoi les dimensions de l'annonce gagnent toujours à être bien proportionnées et équilibrées. Une forme quadrangulaire sera bonne ou une forme légèrement rectangulaire. le côté long du rectangle se trouvant dans le sens de la largeur plutôt que dans celui de la hauteur. La raison en est que l'œil éprouve moins de peine à se déplacer horizontalement que verticalement. Par conséquent il vaudra mieux qu'une annonce soit trop étendue dans le sens de la largeur que dans celui de la hauteur.

Et cependant c'est, généralement, le contraire qui a lieu ; la plupart des annonces pèchent plutôt par trop d'étroitesse dans le sens horizontal et par trop de hauteur dans le sens vertical que par trop de largeur et trop peu de hauteur. Cela tient surtout à ce que la largeur de la colonne d'annonces adoptée par les journaux, et qui est d'habitude de 65 millimètres, est trop faible ; l'œil embrasse normalement une largeur plus grande. Dès lors, on est porté à établir son annonce sur une seule colonne, ce qui oblige à l'étendre démesurément dans le sens de la hauteur. Mieux vaudrait de beaucoup établir son annonce sur l'espace occupé par deux colonnes, ce qui permettrait d'en réduire la hauteur de moitié, et ce qui équilibrerait beaucoup mieux les proportions de l'annonce. L'annonce doit être comme les tableaux noirs des écoles, qui sont, généralement, plus larges que hauts.

Quant à l'agrément qui doit résulter de la forme de l'annonce, certains théoriciens de la publicité, surtout en Amérique, ont recommandé l'emploi de ce que l'on appelle, en esthétique, la section d'or.

La section d'or exprime un rapport de dimensions qui serait de 5/8, c'est-à-dire que la plus petite dimension devrait être les 5/8 de l'autre. Ce rapport-là a été donné par certains théoriciens de l'esthétique comme l'expression de la plus grande beauté. On aurait tort, en publicité comme d'ailleurs dans les beaux-arts, d'attribuer à ce rapport de 5/8 entre les dimensions un caractère d'impérieuse obligation. Car lorsque les dimensions sont dans ce rapport-là, il n'en résulte aucun effet de beauté particulière. Mille rapports différents peuvent être aussi agréables à l'œil.

En publicité, la section d'or a encore moins d'application qu'ailleurs parce qu'on ne regarde pas assez longtemps les annonces ni les autres réalisations publicitaires pour apprécier une chose aussi subtile que l'agrément particulier de ce rapport-là, en admettant même qu'un tel agrément existe.

Tout ce qu'on peut retenir de la section d'or, c'est qu'un rectangle dont la largeur serait de 8 et la hauteur de 5 ne ferait pas un mauvais effet, comme forme d'annonce, parce que, ainsi que nous l'avons vu précédemment, cette forme-là est favorable à la commodité de la lecture. Mais tous les autres rapports analogues auraient une valeur égale.

Ce serait une erreur, en publicité, que de vouloir attacher une importance capitale à des vétilles ; et, si tout y était uniforme et marqué par des formules strictement mathématiques, on y perdrait l'incommensurable avantage de la variété et de l'originalité.

Pourvu que la forme donnée à l'annonce n'en-

Fig. 24

Annonce suffisamment visible. Rien, cependant, dans la disposition matérielle, n'est relatif à une montre. Il était bien facile, pourtant, de modifier légèrement l'ovale qui s'y trouve, de manière à lui donner la forme d'un boîtier de montre. D'autre part, la profusion de lettres capitales blanches rend le texte moins lisible. Des " merveilles de richesse et de perfection „, c'est une façon très vague de qualifier ces montres. En quoi donc sont-elles " des merveilles „ ? Enfin on se demande quel âge doit avoir l'horloger, s'il a été horloger de l'Empereur. Evidemment, il s'agit de Napoléon III et non pas de Napoléon Ier, quoiqu'au premier abord on puisse s'y tromper. Il serait si simple de faire, pour des montres, des annonces intéressantes, en parlant des avantages qu'offrent l'exactitude et la solidité d'une bonne montre, en laquelle on peut avoir confiance et qui ne vous coûte pas en réparations plus cher que son prix d'achat.

trave pas la commodité et la rapidité de la lecture, et pourvu que cette forme n'ait rien de déplaisant à l'œil, on a toujours le choix entre une
infinité de formes d'annonces. Et, si même cette
forme accroît la visibilité de l'annonce et si
encore elle arrive à s'harmoniser en quelque
manière avec l'article à vendre, cela n'en ira que
mieux.

Un des plus habiles praticiens de la publicité
française, M. Jep, directeur de la revue technique
La Publicité et dessinateur publicitaire de premier ordre, a constaté, par expérience, qu'une
forme d'annonce particulièrement heureuse est
celle dans laquelle le texte de l'annonce forme
comme un bloc quadrangulaire ou rectangulaire
sur lequel s'élève, à droite, au centre ou à gauche,
mais seulement sur la moitié de sa largeur, une
illustration, en face de laquelle l'autre moitié de
la largeur reste ainsi en blanc, de telle manière
que l'annonce constitue un ensemble très original, présentant à la fois beaucoup d'unité et de
variété, avec une grande facilité de lecture et un
aspect très vivant et très esthétique et surtout
un maximum de visibilité.

L'emplacement de l'annonce

Reste à nous demander quels sont les emplacements les meilleurs pour l'annonce, ceux où
elle sera le plus visible, de manière à ce qu'elle
n'échappe pas à l'attention ni à la lecture. Nous
distinguerons deux cas : les annonces situées
dans les pages remplies exclusivement d'an-

nonces, et celles qui sont situées dans les autres pages du journal.

Pour ce second cas, la réponse est facile. On pourra dire que la position d'une annonce sera d'autant plus favorable que l'annonce est plus près de la tête du journal et d'un article ou d'une illustration présentant un intérêt particulier.

D'une part, le lecteur a l'habitude de commencer la lecture de son journal par la page du titre, parce qu'il sait que c'est là que sont les nouvelles et les articles les plus importants. Et, d'autre part, quand l'annonce est placée près d'un article ou d'une illustration sur quoi se porte l'attention du lecteur, elle bénéficiera, elle aussi, d'une partie de cette attention. Et si l'annonce traite d'une chose dont il a déjà été question dans cet article ou dans cette illustration, le lecteur se trouve dans une disposition d'esprit particulièrement favorable à la lecture et à l'efficacité de l'annonce. La valeur d'une annonce est doublée par sa proximité de la rubrique à la matière de laquelle elle se rapporte.

Ainsi toutes les annonces se trouvant dans les pages de texte sont à peu près certaines d'être vues et lues, lues au moins en partie. Il est tout naturel que de pareils emplacements soient plus chers que ceux des pages dites d'annonces, et cela dans la mesure où l'on se rapproche d'un endroit du journal exerçant sur le lecteur une plus grande puissance d'attraction, c'est-à-dire devant donner à l'annonce une plus grande visibilité.

Il est loin d'en être de même dans les pages remplies exclusivement d'annonces. Ici la question est beaucoup plus difficile. S'il y a plusieurs pages d'annonces, la meilleure sera la première, puis viendra la dernière page, les pages médianes n'ayant qu'une valeur moindre, car le lecteur, surtout en France, ne se soucie pas d'ingurgiter ainsi des pages entières d'annonces. D'une manière générale, il parcourra rapidement la première page d'annonces, et se bornera à glisser sur les pages suivantes jusqu'à ce qu'il arrive à la dernière page, la page externe du journal, sur laquelle il s'arrêtera davantage, parce qu'il sent que la lecture du journal est terminée et que, dès lors, il peut consacrer quelques secondes de plus à parcourir cette page, qui marque pour lui l'épuisement de l'intérêt du journal.

Plus délicate est la question de savoir quelle est la valeur des divers emplacements au sein d'une même page d'annonces. S'il s'agissait de lecteurs n'étant pas très habitués à la lecture, on pourrait penser qu'ils procéderaient de la façon suivante : ils commenceraient la lecture par les annonces qui sont dans le haut de la page, et ils poursuivraient ainsi régulièrement la lecture continue des annonces jusqu'à ce que le temps leur manque ou jusqu'à ce qu'ils soient fatigués. Par conséquent, la partie supérieure de la page aurait une valeur décidément plus grande que la partie inférieure. Mais une telle façon de lire ne se rencontre que dans les classes populaires et surtout parmi les populations paysannes.

Voici, par contre, quelle sera la manière de faire du lecteur plus instruit et plus familiarisé avec les journaux. Il parcourra la page d'annonces, pour ainsi dire, en diagonale. D'abord, il partira du haut du journal, à gauche ; puis il glissera vers la par-

FIG. 25

Annonce qui a coûté un grand effort de présentation et d'originalité pour un résultat médiocre. Pourquoi avoir fait, avec l'initiale du nom du produit, un cadre qui ampute ainsi ce nom et qui fait que beaucoup de gens liront *Arnifer* au lieu de *Carnifer*? Ce cadre en fer à cheval serait bon pour un maréchal-ferrant, mais non pour un pharmacien. Les mots " vin de viande „ étaient à mettre en valeur. Les énumérations de maladies différentes, comme *grippe, anémie, rachitisme*, etc., sans un mot de commentaire, sont mauvaises, le public contemporain se méfiant de ce qui se donne des airs de panacée. L'adresse du vendeur étant en dehors du cadre, on risque de croire qu'il s'agit là d'une nouvelle annonce, sans rapport avec la première.

tie centrale et médiane à la fois, vers la partie qui représente le centre du journal par rapport à la hauteur et par rapport à la largeur ; et puis il descendra vers le bas du journal, à droite. Voilà, semble-t-il, les emplacements privilégiés ; le côté supérieur droit, le côté inférieur gauche et ce qu'il y a à gauche et à droite de la partie privilégiée centrale seront donc des emplacements moins favorables.

Mais cette différence de valeur entre les divers emplacements d'une même page ne peut être que très minime ; elle est plutôt théorique qu'effective. Car, en réalité, le lecteur ayant son journal ouvert devant lui, son regard se portera moins vers telle position particulière de la page d'annonces que vers les annonces qui, par leur aspect physique, leur physionomie artistique et esthétique, leur visibilité propre, le frapperont davantage. Par conséquent, on peut être certain que ce qui fera que, dans une même page, telle annonce sera vue et lue et que telle autre ne le sera pas, ce sera moins l'emplacement où chacune d'elles se trouve que la qualité technique de chacune.

Il ne faudra compter que très peu sur la visibilité provenant de l'emplacement, quand l'annonce se trouve englobée dans la masse des annonces ordinaires du journal. Ici l'annonce ne se sauvera, ne se verra, que si les facteurs de visibilité que nous avons exposés antérieurement lui assurent un relief suffisant. Il n'y a que les meilleures annonces qui auront des chances d'être vues et lues.

D'autre part, chaque annonce subit ici la réper-

FIG. 26

Exemple d'annonce ayant le tort d'embrasser trop d'articles à la fois. C'est une annonce pour un kummel, pour un anis, pour un apéritif et pour un vermouth. Rien dans tout cela ne vient nous intéresser à ces boissons, de manière à éveiller notre désir pour l'une ou l'autre d'entre elles. Se borner à nous dire que c'est " la plus fine „, " le plus suave „, " le plus aromatisé „, c'est une affirmation banale de forme et gratuite de fond. Le *Marabout*, le *Rivoli*, *Korta* sont des noms mal choisis. Le dessin des lettres de ce dernier est désagréablement bizarre. Indiquer les succursales de la maison Pernod n'aurait d'intérêt que si l'annonce s'adressait aux détaillants et non directement au consommateur.

Disposition matérielle de l'annonce assez bonne, sauf que les lignes qui sont en petites lettres gagneraient à être d'une typographie beaucoup plus forte, car c'est là l'essentiel de l'annonce, les noms des boissons ne prenant toute leur valeur que grâce à l'indication de la qualité de ces dernières.

cussion de l'action exercée sur le lecteur par les annonces du voisinage. Si une annonce est déplaisante ou provoque chez le lecteur un mouvement de mauvaise humeur ou de répulsion, toutes les annonces du voisinage auront à en pâtir, — l'œil du lecteur s'écartant brusquement du point visuel qui l'aura choqué. Voilà pourquoi plus importante que la question de l'emplacement privilégié, dans une page d'annonces, est celle de l'épuration de la page d'annonces, — toute annonce mauvaise soit esthétiquement, soit moralement, soit intellectuellement, exerçant un effet pernicieux sur les annonces voisines.

Il n'y a donc pas lieu, dans le cas des pages d'annonces, d'acheter plus cher le droit d'occuper un emplacement qualifié de préférentiel, comme cela se pratique dans certains journaux ; quelle que soit la visibilité supplémentaire due à cet emplacement, elle ne vaut pas l'argent quelle coûterait.

Mais, à l'étranger surtout, certains journaux se rendant compte du peu de propension qu'a le lecteur à lire d'affilée les pages d'annonces, ont eu l'heureuse idée de disséminer ces annonces, soit par pages entières, soit par simples colonnes, à travers tout le journal. Par exemple, la première page du journal sera une page d'annonces, en tout ou en partie, puis viendra une page de texte, puis une page d'annonces et de texte, puis une page d'annonces, etc. Ainsi chaque annonce reçoit une valeur supérieure, du fait d'un emplacement privilégié, privilégié non pas au sein de la page d'annonces, mais par suite du voisinage plus intime avec le titre et avec le texte même du jour nal. Les annonces ne sont plus alors rejetées à la fin du journal, comme une matière indésirable ; elles font corps avec la partie rédactionnelle du journal et se présentent ainsi comme un élément du journal ayant son intérêt propre. Mais nous rentrons ainsi dans le premier cas, que nous avons signalé plus haut.

En terminant ce long chapitre sur l'annonce, disons, une fois pour toutes, que les principes relatifs à l'argumentation, à la rédaction, à l'illustration et à la typographie de l'annonce s'appliquent, d'une manière générale, à toutes les autres formes de publicité.

Nous ne reviendrons sur ces points-là que dans la très faible mesure où un moyen de publicité peut demander à ce propos quelques explications complémentaires.

CHAPITRE III

LA PUBLICITÉ RÉDACTIONNELLE ET LES DIVERS ORGANES DE PRESSE

La Publicité rédactionnelle

En dehors de l'annonce, toute la publicité du journal peut être considérée comme constituant ce qu'on appelle la publicité rédactionnelle, c'est-à-dire celle qui, extérieurement, ne se distingue pas de la partie du journal provenant de la rédaction, et non des annonceurs. Tandis que l'annonce est une publicité à découvert, la publicité rédactionnelle, au moins par sa typographie, qui ne diffère pas des articles ordinaires du journal, est toujours une publicité plus ou moins masquée ou dissimulée. C'est la publicité qui voudrait avoir l'air de n'en être pas. A son caractère de typographie étalée et déployée, ou à sa position dans les pages d'annonces du journal, on reconnaît au premier coup d'œil jeté sur l'annonce qu'on a affaire à de la publicité, tandis qu'il est nécessaire de lire, et parfois jusqu'au bout, la publicité rédactionnelle pour pouvoir se rendre compte qu'il s'agit là d'une forme de publicité.

L'avantage de la publicité rédactionnelle, c'est, d'ordinaire, qu'elle bénéficie dans le journal d'une position meilleure que l'annonce, — sauf quand l'annonce est placée aux premières pages du journal, auquel cas celle ci coûte très cher, — et, toujours, qu'elle participe à l'intérêt porté par le lecteur aux articles et aux informations du journal.

La publicité rédactionnelle a ainsi beaucoup plus de chances d'être lue que l'annonce. Beaucoup de personnes, par principe, ne lisent pas les annonces, tandis qu'elles liront la publicité rédactionnelle. L'annonce a pour elle de *se faire voir*, de s'imposer au regard, mais le plus souvent le lecteur n'en emportera que quelques fragments, quelques bribes ; au contraire, la publicité rédactionnelle, qui ne sollicite pas le regard du lecteur, a pour elle de *se faire lire*, comme une information ou un article ordinaire du journal. On comprend tout de suite la supériorité qui en résulte par rapport à l'annonce, et il est logique que le journal la fasse payer plus cher que cette dernière.

La publicité rédactionnelle revêt plusieurs formes et reçoit différents noms, suivant les habitudes propres à chaque journal. C'est ainsi qu'on distingue la chronique, l'article, l'entrefilet, le fait-divers, l'écho, le communiqué, la réclame, etc. Pour savoir au juste ce que chaque journal entend par là, comme emplacement et comme forme, il faut lui demander son tarif de publicité avec les indications qui s'y rapportent, et, au besoin, avec un spécimen du journal.

En général, la réclame, ou les réclames, au sens particulier du mot — puisqu'au sens large c'est un synonyme de la publicité en général, mais avec quelques nuances — désigne la forme de publicité qui vient avant les pages d'annonces de la fin du journal, qu'elle soit séparée de ces annonces par un texte rédactionnel ou par un simple trait, et avec, parfois, des colonnes plus larges que celles des annonces. A noter aussi que les annonces sont appelées parfois clichés ou placards.

Au point de vue technique, nous ferons rentrer toutes les modalités de la publicité rédactionnelle dans la catégorie de la chronique ou de l'écho. La seule différence que nous établirons entre l'écho et la chronique, c'est que l'écho est beaucoup moins long que la chronique, et puis que la chronique peut être signée, tandis que l'écho ne l'est pas.

L'écho et la chronique publicitaires

L'écho fait généralement appel à l'actualité ; il profite de quelque événement du jour pour signaler l'intérêt que présente au public l'achat de telle marchandise ou de tel article. Tout l'art de l'écho consiste à savoir trouver quatre ou cinq phrases qui suffisent à produire une impression favorable dans l'esprit du lecteur. Comme l'écho est très court, le difficile est, précisément, d'associer le nom de l'article à vendre à quelque fait qui fasse impression. Argumentation concentrée en quelques mots, en quelque formule lapidaire, telle est la formule de l'écho. Si l'écho est banal, et c'est ce qui arrive le plus souvent, il restera... sans écho publicitaire, c'est-à-dire que, bien qu'ayant été lu, il sera presque sans valeur, faute de laisser une trace favorable dans la mentalité du lecteur.

FIG. 27

Ingénieuse utilisation, comme cadre, du dessin de l'objet à vendre. Il est à regretter que l'effet objectif de l'annonce soit diminué par la plaque noire, avec lettres blanches, qui domine le bec de la lampe. Il eût été préférable de ne pas séparer par le col de cette dernière les deux prix qui sont en regard, et dont le lecteur risque de ne pas apercevoir du premier coup le parallélisme. D'autre part, c'étaient ces prix qu'il fallait souligner typographiquement, de préférence au nom de la lampe. De même, une expression à mettre en valeur était " n'éclate jamais „. Quant à " éclaire toujours „, c'est une façon de parler qui gagnerait à être plus claire. Enfin, il eût été bon d'insister sur les points de supériorité de la marque en question.

Pour bien rédiger un écho, ainsi qu'une chronique, il faut être un véritable écrivain. Mais, tandis que l'écho, c'est l'art de la phrase, la chronique, c'est, en plus, l'art de la composition, de la construction.

Il faut que la chronique raconte une histoire, qu'elle soit un exposé ou un récit, sans caractère apparent de publicité. Elle doit intéresser le lecteur à quelque catégorie des diverses activités humaines, exactement comme s'il lisait un article d'histoire, de science, d'art, sur la mode, les mondanités, la vie sociale, les connaissances pratiques, les sports, le tourisme, etc.

Une fois l'intérêt du lecteur ainsi fortement accroché, il faut, incidemment, délicatement, adroitement, et non brutalement, ni lourdement, parler de l'article à vendre, comme si c'était, non pas une marchandise pour laquelle on fait de la publicité, mais une chose intéressante par elle-même et qu'il convient de connaître, même sans avoir l'idée de l'acheter.

Le terrain ainsi préparé, le désir s'insinuera peu à peu dans l'esprit du lecteur, et, chaque fois qu'il rencontrera de nouveau le nom de l'article en question, les semences d'impression favorable déposées par la chronique dans son cerveau germeront et mûriront, jusqu'au jour où, le besoin de cet article se faisant réellement sentir, l'achat se réalisera.

Le secret de la chronique, c'est donc de préparer le terrain de manière que le lecteur soit acquis peu à peu aux idées développées par l'auteur, si bien que, lorsqu'il est question de l'article à vendre, le lecteur en entendra parler avec la sympathie qu'il éprouve pour ce qu'il vient de lire dans la chronique.

Ici l'argumentation est, pour ainsi dire, indirecte, elle ne se fait pas pressante, elle ne sollicite pas le lecteur; elle se borne à s'insinuer et à se présenter sous le couvert de l'intérêt intellectuel, scientifique, artistique, etc., sans apparence de visées mercantiles. Pour réussir une chronique, il faut posséder tous les dons de l'écrivain et toute la compétence nécessaire pour traiter le sujet dont il s'agit. La chronique, c'est donc de la publicité à base documentaire et didactique autant qu'intellectuelle; elle veut apprendre quelque chose au lecteur ou le distraire spirituellement, de manière à présenter ensuite l'article à vendre dans une atmosphère de sympathie, et comme une chose qu'on désire, *non pas précisément faire acheter, mais uniquement faire connaître.*

La chronique peut être illustrée, comme les articles ordinaires. Si elle est signée d'un nom connu, sa lecture bénéficiera de toute l'autorité qui s'attache à ce nom. Le maître incontesté de la chronique publicitaire en France est M. Emile Gautier, qui est un véritable savant, un esprit très ouvert et un magicien du style, qui sait l'art difficile d'intéresser les multitudes.

Dans la chronique publicitaire, on se heurte d'habitude à un double écueil. En premier lieu, au point de vue du style, la chronique reste terne, banale, et il s'en dégage une impression d'ennui, qui fait que la lecture s'arrête. Et, en second lieu, ce qui est une faute beaucoup plus grave, l'histoire racontée dans la chronique n'a souvent aucun rapport avec l'article à vendre, de sorte que, quand le lecteur arrive à l'endroit où il est question de cet article, il s'aperçoit qu'on a voulu lui faire prendre des vessies pour des lanternes, et il ne lit pas plus avant. Le point critique, c'est donc la transition entre ce qui n'a pas l'air d'être de la publicité et ce qui n'est que de la publicité. Il n'y a qu'une solution opportune, c'est de préparer et de ménager cette transition dès le début de la chronique, et, dans tout le cours de celle-ci, d'atténuer autant que possible le caractère de sollicitation intéressée qui serait celui de la publicité ordinaire.

Aujourd'hui le public ne s'y trompe guère, et il n'aime pas qu'on veuille l'illusionner. Il lira une chronique publicitaire dans la mesure où celle-ci saura lui raconter des choses intéressantes, sans qu'il ait l'impression qu'on cherche uniquement à lui faire ouvrir sa bourse. La chronique est donc une publicité préparatoire, une publicité insinuante et mitigée, plutôt qu'une publicité devant emporter d'assaut la décision d'achat. Son mot d'ordre doit être : *souplesse*, non *brusquerie*.

Le choix et la valeur publicitaire d'un journal

Il s'agit maintenant de savoir comment il faut choisir les journaux dans lesquels nous ferons notre publicité. Le principe est extrêmement simple : nous choisirons les journaux qui sont le plus lus par les gens susceptibles de devenir nos clients. C'est là ce qui constituera pour nous la valeur publicitaire du journal : par combien de gens susceptibles de devenir nos clients le journal

Fig. 28

La chose à mettre en vedette, c'était la maladie, et non pas le nom du remède. Bien préférable eût été un texte de ce genre. " Toutes douleurs d'estomac sont guéries (ou : calmées) par 1 ou 2 comprimés de *Neutrol.* „ La reproduction du verre où l'on jette les comprimés n'a aucune utilité publicitaire. Dans l'aspect matériel et typographique de tout ce qui est compris entre les deux traits horizontaux il y a une uniformité désagréable, qui aurait gagné à être rompue par quelque contraste. D'autre part, la forme penchée des lettres est mauvaise. Et le nom de *Neutrol* n'est pas bon pour un remède.

est-il lu, et quelle influence a-t-il auprès de ses
lecteurs?

Si le principe est simple, dans la pratique nous
nous trouvons là en présence d'un problème très
épineux. C'est qu'en effet nous n'avons, le plus
souvent, que des moyens indirects d'apprécier la
valeur publicitaire d'un journal. Pour savoir exactement quelle est cette valeur, il faudrait savoir
par combien de gens est lu le journal et par qui
il est lu. Or, le malheur est que, jusqu'à présent,
la plupart des journaux français ne veulent pas
faire connaître le chiffre de leurs lecteurs, ou,
s'ils le font, les chiffres qu'ils donnent sont sujets
à caution.

L'annonceur est donc obligé, pour contrôler la
valeur qu'aura pour lui le journal, de se baser sur
les indications des agences de publicité, qui ne
disent pas toujours la vérité, ou sur son expérience propre, ou sur des indices divers.

Voici une brève analyse de la valeur publicitaire d'un journal :

1° La première chose qui importe, c'est la quantité de lecteurs réels qu'a le journal. Ce n'est donc
pas le chiffre d'exemplaires imprimés, c'est le
chiffre d'exemplaires vendus. Autrement dit, ce
qu'il faudrait connaître, ce n'est pas le tirage brut,
qui peut comporter beaucoup d'invendus, ou,
selon l'expression usuelle, de « bouillons », mais
c'est le tirage utile, c'est-à-dire le nombre d'exemplaires réellement vendus, ou, comme on dit encore, la circulation du journal.

2° Il faudrait également connaître la qualité de
cette circulation, c'est-à-dire comment le journal
est-il lu et par quelles catégories de gens.

a) D'une manière générale, plus un journal aura d'abonnés, par opposition au lecteur au numéro, plus sa valeur publicitaire sera grande. L'abonné a, en général, plus de confiance dans le journal, qui est « son » journal, que ce n'est le cas du lecteur au numéro, qui achète souvent tel journal pour lire tel article spécial, et puis qui le jette sans en avoir lu la publicité. Ce qui importe à l'annonceur, c'est moins le nombre de lecteurs du journal que le nombre des lecteurs de la publicité contenue dans ce journal.

b) Puis l'abonné dispose, généralement, de plus d'argent que le lecteur au numéro. Or ce qui importe essentiellement à l'annonceur, c'est de savoir, d'un côté, si celui qui lira sa publicité a les moyens d'acheter sa marchandise, et, de l'autre, s'il s'intéresse à cette marchandise. Par conséquent, si l'annonceur pouvait savoir par quelles catégories de gens le journal est lu, c'est-à-dire la profession des lecteurs, leur situation pécuniaire et familiale, leur manière de vivre, leur éducation et instruction, etc., et combien de personnes comporte chacune de ces catégories, il saurait combien de lecteurs du journal sont susceptibles de s'intéresser à sa marchandise. Autrement dit, il saurait quelle circulation utile le journal représente pour lui.

Les journaux français n'ont pas encore compris tout l'intérêt qu'ils auraient à faire connaître aux annonceurs, outre le nombre exact de leurs lecteurs, le nombre de ces lecteurs qu'il y a approximativement dans chacune des catégories principales pouvant intéresser les annonceurs. Mais, depuis longtemps déjà, à l'étranger, des journaux administrés intelligemment sont entrés dans cette voie et ils s'en sont bien trouvés.

3° Enfin, les journaux dits d'opinion ont une plus grande autorité auprès de leurs lecteurs, que les journaux dits d'information. En effet, ce sont des journaux qui représentent les opinions, les idées, le parti de leurs lecteurs, et qui ont ainsi leur confiance, tandis que les journaux d'information, que l'on lit simplement pour telle de leurs rubriques ou pour connaître les faits du jour, ne jouissent pas d'un tel prestige et n'exercent pas un tel magistère. Mais, en revanche, les journaux d'opinion ou journaux surtout politiques ont d'ordinaire beaucoup moins de lecteurs que la grande presse d'information. De sorte que, bien qu'à égalité de tirage, ils aient une valeur publicitaire plus. grande que ces derniers, ils sont généralement beaucoup moins utilisés par les annonceurs. Il serait bon que les annonceurs apprissent à les mieux connaître et à s'en servir davantage.

Ainsi, pour la diffusion de la publicité, il est essentiel qu'on se préoccupe de savoir le mieux possible quelle est la valeur de diffusion de chaque organe, afin de savoir quels sont ceux qu'il faut utiliser de préférence et afin de ne point payer trop cher l'insertion de sa publicité. Beaucoup d'annonceurs négligent beaucoup trop cette question. Il ne se rendent pas compte que ce que l'annonceur achète au journal, c'est simplement la possibilité de faire lire sa publicité par un nombre déterminé de gens, — les lecteurs du journal, — parmi lesquels l'intéressent presque exclusivement ceux qui sont susceptibles, de par leurs

FIG. 29

Il était possible d'améliorer l'aspect matériel de l'annonce en substituant aux rayures insignifiantes-du cadre un cadre en forme de dentier, avec la reproduction du dentifrice en question. Alors que nous avons tant de dentifrices qui se disputent notre clientèle, se borner à nous dire que celui-ci est le dentifrice parfait, c'est ne nous rien dire. Pourquoi : parfait ? Le temps n'est plus où le client croyait tout ce que lui déclarait le marchand. Par son aspect matériel, cette annonce a beau arrêter le regard : elle n'arrête ni notre intérêt, ni notre désir, ce qui, en publicité, est, pourtant, la condition *sine qua non* du succès.

ressources, leurs besoins et leurs désirs, de devenir ses clients. La meilleure annonce du monde
paraissant dans un journal qui n'a presque pas
de lecteurs, du moins de lecteurs susceptibles
d'acheter l'article pour lequel est faite l'annonce,
ne serait que du vent.

Suivant l'étendue du public qu'il veut atteindre,
l'annonceur doit donc savoir quelle est pour lui
la valeur utile des journaux qui sont à sa disposition. Cela revient à dire qu'il doit connaître,
d'une manière aussi exacte que possible, avec la
zone d'influence ou de lecture de chacun d'eux,
— de manière à pouvoir toucher la région et la
catégorie de gens qu'il désire, — les caractéristiques des divers organes de la presse, lesquels
rentrent dans l'une des trois catégories suivantes :

1° Presse de la capitale, ou grande presse, à
circulation nationale, lue dans tout le pays;

2° Presse régionale, rayonnant sur plusieurs
départements ;

3° Presse locale, rayonnant dans une ville, un
département, un arrondissement ou un canton.

C'est, particulièrement, le rôle des agences de
publicité et des distributeurs de publicité de bien
connaître la carte publicitaire d'un pays.

La revue

A côté du journal, il y a la revue, à périodicité
hebdomadaire, mensuelle ou autre, qui, lorsqu'elle est suffisamment volumineuse et qu'elle
est composée comme les grandes revues populaires américaines ou anglaises, qui sont surtout
des revues de vulgarisation et de distraction,

souvent abondamment illustrées, porte le nom de
magazine. Il y a de nombreuses variétés de revues
suivant les sujets auxquels elles sont consacrées
ou suivant le public auquel elles s'adressent ; c'est
ainsi qu'il y a des revues littéraires, scientifiques,
artistiques, encyclopédiques, sportives, etc., et,
des revues pour les enfants, ainsi que les revues
dites de famille, qui sont très importantes, parce
qu'elles ont des abonnés dans tous les coins du
pays, dans tous les nombreux foyers où l'on a le
goût de la lecture.

L'avantage essentiel qu'a la revue sur le journal
en matière de publicité, c'est que la revue exerce
une action publicitaire plus durable, parce que la
revue est généralement conservée assez longtemps,
tandis que le journal est jeté presque tout de
suite. Puis chaque exemplaire d'une revue est lu
par plus de monde que ce n'est le cas d'un exemplaire de journal ; on se passe à la ronde la revue
plus qu'on ne le fait pour le journal.

La publicité du journal a donc un effet immédiat, instantané, tandis que celle de la revue a
un effet plus durable, quoique parfois il soit
retardé.

D'autre part, tandis que très souvent la circulation du journal est concentrée dans un certain
territoire, la revue a une circulation beaucoup
plus étendue, mais aussi beaucoup moins dense.
Le journal permet d'atteindre des gens de catégories très diverses habitant dans une même zone
de pays, tandis que la revue permet plutôt d'atteindre des gens d'une même catégorie, ayant les
mêmes goûts, les mêmes intérêts, etc., mais disséminés à travers tout un pays, et quelquefois le

monde entier. L'homogénéité du public d'un journal est plutôt locale, spatiale, tandis que celle du public d'une revue est plutôt intellectuelle.

Ces différences établies, tout ce que nous avons dit de la publicité par le journal s'applique à la publicité par la revue. Nous nous bornerons à indiquer quelques résultats obtenus en Amérique dans des expériences ayant pour objet de mesurer la valeur relative des diverses pages d'annonces comme emplacements de publicité. On a trouvé notamment :

1° Que les pages d'annonces qui sont entre la couverture antérieure et le texte valent presque 5o o/o de plus que les pages qui sont entre la fin du texte rédactionnel et la couverture postérieure.

2° Que les pages qui sont les meilleures sont celle qui précède immédiatement le début du texte, et celle qui suit immédiatement la fin du texte rédactionnel de la revue.

3° Qu'en dehors de ces pages-là, la valeur de toutes les autres pages d'annonces est à peu près identique.

Nous pouvons admettre ces résultats, qui semblent rationnels, mais à condition de ne point s'exagérer la différence de valeur qu'il y a entre ces divers emplacements de publicité. Cependant, il faut reconnaître que, plus une revue a de pages d'annonces, et plus les pages médianes et intérieures risquent de n'être ni vues ni lues, parce que le lecteur pourra être tenté de passer directement à la lecture du texte rédactionnel de la revue, sans feuilleter les pages d'annonces qui

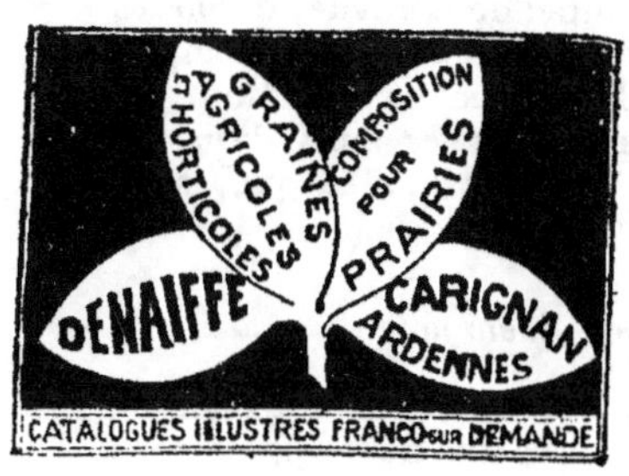

Fig. 30

Mauvaise disposition des mots. Le dessin représente autant quatre boutons ou quatre olives que quatre feuilles d'un végétal. L'aspect matériel, quoique original, ne fait donc en rien songer aux plantes qui naîtront des graines mises en vente. Quant au texte, il est banal. Ne s'adressera à ce grainetier que celui qui n'en connaît pas d'autre, car l'annonce n'apporte aucune raison de le préférer à n'importe qui.

lui paraissent former un bloc trop compact pour sa patience.

Dans ce cas, un expédient ingénieux serait de faire insérer, en dehors des pages d'annonces, dans le corps rédactionnel de la revue, quelques lignes attirant l'attention du lecteur sur l'emplacement où se trouve l'annonce en question. Ce procédé se pratiquera aussi avec fruit dans un journal chaque fois qu'on craindra que, sans cela, l'annonce ne passe inaperçue.

La presse technique

Une catégorie particulière de journaux et de revues est constituée par ce que nous appellerons la presse technique, professionnelle, corporative ou spéciale. Cette presse comprendra des publications d'ordre commercial et d'ordre industriel. Elle est d'une importance particulière pour l'annonceur, parce qu'elle permet d'atteindre, en tout ou en partie, la catégorie, bien nettement déterminée, de gens par qui elle est lue, c'est-à-dire une catégorie de gens appartenant à la même industrie, au même commerce, à la même profession, à la même corporation, et s'intéressant à la même technique industrielle ou à la même spécialité commerciale.

La valeur publicitaire de ces organes s'accroît du fait que la publicité relative au sujet qu'ils traitent trouvera un terrain tout préparé dans le texte même de ces publications.

Cette publicité est, pour ainsi dire, un complément naturel de ce texte, parce qu'elle permettra au lecteur de faire en connaissance de cause

l'achat de tout ce qui se rapporte à son commerce,
à son industrie, à sa spécialité et à sa profession.

Pourvu que la publicité qu'on y insère soit bien
faite, la valeur publicitaire de ces organes sera
très grande, pour tout ce qui concerne les matières dont il est question dans ces organes. Malheureusement, la publicité qu'on y fait est, très
souvent, insuffisante ; elle n'est ni intéressante,
ni habile. Elle n'est pas valorisée ; elle reste primitive, sommaire, banale, insignifiante.

Et puis, en France, la presse technique est
encore bien inférieure, bien peu développée. Elle
n'a pas su rallier autour d'elle assez de lecteurs,
exception faite pour quelques publications de ce
genre. Mais, le jour où elle sera aussi bien faite
et aussi intéressante que dans certains pays,
comme les Etats-Unis et l'Allemagne, elle représentera une force de publicité de première valeur,
force agissant non en surface, mais en profondeur.

A tout prendre, la presse technique est un excellent instrument de la publicité intensive, publicité
dont le rendement est toujours supérieur à celui
de la publicité extensive, laquelle travaille moins
en profondeur qu'en surface.

L'organe personnel de publicité

Il existe un moyen de publicité par la presse
qui est encore très peu répandu chez nous, mais
qui, à l'étranger, a donné de très bons résultats.

C'est ce que les Américains appellent le *House
Organ*, ou organe privé, c'est-à-dire le journal
ou la revue appartenant à une maison de com-

merce et lui servant à faire sa publicité. C'est
l'organe de presse qui ne se propose pas d'autre
fin que de développer les affaires commerciales
ou industrielles de la maison à laquelle il appartient.

On pourrait le qualifier d'organe de presse à
but exclusivement publicitaire, ou encore l'appeler organe personnel de publicité.

L'avantage qu'offre ce moyen de publicité, c'est
qu'il permet à la maison qui le possède d'arranger comme elle l'entend sa propre publicité, sans
avoir à subir les exigences des journaux, qui sont
souvent aussi onéreuses qu'importunes. Avec
l'organe privé, l'annonceur est maître chez lui.

Pour mettre sur pied un organe de ce genre, il
faut d'abord disposer de capitaux suffisants, et
puis placer à la tête de cette publication quelqu'un qui sache la rendre aussi intéressante qu'un
journal ou qu'une revue ordinaire. Pour que le
rendement en soit parfait, il faudrait que le lecteur ne s'aperçoive pas qu'il a affaire à une publication d'un genre spécial, à une publication à
objectif publicitaire.

Cet organe de publicité privée sera mis en
vente, comme les autres organes de presse ; car,
distribué gratis, il perdrait une partie de sa valeur
publicitaire. Mais rien n'empêche de le vendre
bon marché, et d'en distribuer gratuitement un
grand nombre de numéros-spécimens, pour augmenter sans cesse le nombre des acheteurs et des
abonnés.

Cet organe de publicité privée permettra surtout d'employer largement la publicité rédactionnelle ; au fond même, ce n'est que le moyen de

FIG. 32

Cette annonce, faite pour un article qui semble très intéressant
débute par un titre également très intéressant. Il eût fallu donner
plus de place à ce titre, car le regard de beaucoup de gens se con-
tentera d'effleurer une annonce aussi touffue, sans se pénétrer de
ce dont il y est question : si le titre eût été plus visible, il eût
arrêté l'attention sur le reste du texte. Après un titre si réussi,
qui est une véritable trouvaille, il est dommage qu'on retombe sur
des banalités, " résultats surprenants, économie considérable ",
que le lecteur a vues partout, et qui peuvent lui faire croire qu'on
va encore exagérer. La rédaction " réparez vos chaussures, etc. "
est insuffisante ; il était facile d'ajouter le mot indispensable (avec
le, etc.). Un peu plus étudiée au point de vue technique, cette
annonce eût été d'autant plus efficace qu'elle a trait à une petite
invention paraissant d'un usage très pratique.

FIG. 32

Cette annonce, faite pour un article qui semble très intéressant
débute par un titre également très intéressant. Il eût fallu donner
plus de place à ce titre, car le regard de beaucoup de gens se con-
tentera d'effleurer une annonce aussi touffue, sans se pénétrer de
ce dont il y est question : si le titre eût été plus visible, il eût
arrêté l'attention sur le reste du texte. Après un titre si réussi,
qui est une véritable trouvaille, il est dommage qu'on retombe sur
des banalités, " résultats surprenants, économie considérable „,
que le lecteur a vues partout, et qui peuvent lui faire croire qu'on
va encore exagérer. La rédaction " réparez vos chaussures, etc. „,
est insuffisante ; il était facile d'ajouter le mot indispensable (*avec*
le, etc.). Un peu plus étudiée au point de vue technique, cette
annonce eût été d'autant plus efficace qu'elle a trait à une petite
invention paraissant d'un usage très pratique.

présenter la publicité de la maison qui le fait
paraître sous une forme plus essentiellement
rédactionnelle que ce ne serait possible dans la
presse ordinaire.

On pourra établir une liaison plus intime
qu'ailleurs entre les annonces, la publicité, et le
texte courant.

L'organe privé le plus connu de France est
Le Chasseur Français, publié par la Manufac-
ture Française d'Armes et de Cycles de Saint-
Etienne.

En Belgique paraît aussi une importante publication de ce genre, *L'Englebert-Magazine*, qui
s'occupe d'automobilisme et de sports, et qui est
publié par la fabrique des pneus Englebert, de
Liége, dont le chef de publicité est le jeune et
actif pionnier de la publicité belge, M. Paul
M. Mosselmans.

Bien entendu, un organe de ce genre peut contenir aussi de la publicité pour d'autres maisons
de commerce ; et, de même, il peut appartenir
collectivement à plusieurs entreprises, qui ont
ainsi un organe commun de publicité privée, dont
les frais seront plus faciles à supporter pour chacune d'elles.

L'encartage

Une autre forme de publicité à laquelle la
presse peut servir de véhicule, c'est l'encartage.
L'encartage consiste à insérer dans un journal ou
une revue, — ou aussi un livre, — un prospectus,
une circulaire, un dépliant, un buvard-publi-
cité, un document de publicité ou un autre objet,

que le lecteur verra en ouvrant le journal, la revue ou le livre.

L'encartage est pratiqué avec profit lorsqu'il se rapporte à des choses pour lesquelles on peut prévoir d'avance que le lecteur du journal, de la revue ou du livre manifeste de l'intérêt. Au lieu d'envoyer isolément à des gens dont on ignore les goûts ce qui fait l'objet de l'encartage, on profite de ce que le lecteur reçoit tel organe de presse, révélateur de ses goûts, pour le faire véhiculer par cet organe. Ainsi le terrain est tout préparé pour la lecture de l'encart. Qui s'intéresse au véhicule de l'encart, lira aussi l'encart, pourvu qu'il y soit question de choses pouvant intéresser le lecteur de l'organe de presse servant de véhicule à l'encart.

L'encartage est ainsi un moyen de diffusion précieux, pour toucher toute une catégorie de gens déterminée par la diffusion même de l'organe qui porte l'encart. L'encartage simplifie de la sorte le travail d'expédition de la publicité qui en fait objet, puisqu'il n'y a qu'à insérer cette publicité dans un livre, une revue ou un journal, qui la transportera, automatiquement, à destination.

D'autre part, l'encart ne peut pas manquer d'être vu et d'attirer l'attention, tandis que, si la publicité qui en fait l'objet avait été incorporée dans le journal lui-même, sous forme d'annonce ou de publicité rédactionnelle, elle aurait été moins visible. Puis l'encart, pouvant se séparer du journal, a des chances d'être conservé, plus que ne le serait le journal. C'est une publicité à la fois plus individuelle et plus durable que la publicité par la presse proprement dite.

Pour que l'encart soit conservé, il y a intérêt à le présenter sous la forme de quelque chose d'utile qui mérite d'être conservé, par exemple un buvard, un calendrier, un signet pour livre, un coupe-papier en carton, un aide-mémoire, une illustration intéressante, une carte postale, etc. Ainsi la valeur de l'encartage sera décuplée.

En France, l'encartage est encore très peu développé, tandis que, dans d'autres pays, on y recourt beaucoup.

CHAPITRE IV

LES AUTRES MOYENS DE PUBLICITÉ

La lettre-circulaire

La publicité par la presse présente cet incon·
vénient qu'elle a un caractère anonyme et im·
personnel, puisqu'elle s'adresse aux lecteurs des
journaux sans qu'on connaisse leurs noms, —
lecteurs considérés en général, en tant que lec·
teurs d'un journal, et non en tant qu'individuali-
tés déterminées. La publicité n'aurait-elle pas plus
d'influence si elle s'adressait à chacun pris en
particulier ?

C'est à cette fin que répond l'emploi de la lettre
personnelle de vente. Cette lettre possèdera le
maximum de pouvoir publicitaire, puisqu'elle
s'adressera à chaque personne en particulier,
qu'elle aura été écrite expressément pour le destinataire, et qu'elle est ainsi une sollicitation individuelle et directe, comme le serait la visite d'un
voyageur ou d'un représentant de commerce.
Mais, si chaque lettre était écrite ainsi spécialement pour chaque destinataire pris en particulier, cela demanderait un travail et un temps
considérables, ce qui ne permettrait pas, à moins
de très grands frais, d'atteindre un vaste public.

Il a donc fallu remplacer la lettre personnelle

et directe par ce qu'on appelle la lettre-circulaire, c'est-à-dire la lettre qu'on expédie en même temps à un très grand nombre de gens, la lettre qui circule au sein d'une nombreuse catégorie de personnes. Dès lors, c'est un même texte qui sert pour beaucoup de destinataires, et ce texte est tiré à des centaines ou-des milliers d'exemplaires par des moyens de reproduction mécanique beaucoup moins coûteux que l'écriture manuscrite.

La première chose à faire, quand on veut employer le système des lettres-circulaires, c'est de recueillir les noms et les adresses des gens qu'on suppose s'intéresser à l'article qu'on a à leur offrir et qu'on désire solliciter. Des adresses de ce genre sont un véritable trésor. Les recueillir demande beaucoup de temps, de peine, de soins et d'argent, mais, quand on a « de bonnes adresses », on est en mesure de pratiquer le mode de publicité dont le rendement est le meilleur.

Trois moyens principaux sont employés pour recueillir les adresses dont on aura besoin pour la distribution des lettres-circulaires :

1° On constitue des dossiers contenant les noms de tous ses anciens clients, des personnes qui ont écrit pour demander des renseignements, des catégories diverses de gens qu'on trouve dans les livres d'adresses, dans les annuaires, dans les publications corporatives et professionnelles, etc.

2° On achète les listes d'adresses qu'établissent des entreprises spéciales, des bureaux d'adresses, suivant les diverses professions et les diverses caractéristiques désirées. En France, la vente de ces listes d'adresses est encore très peu développée, tandis que, dans d'autres pays, elle a rendu de grands services aux maisons pratiquant la publicité personnelle et directe.

On peut recourir aussi, moyennant rémunération, aux bons offices de personnes qui, de par leur profession, sont bien placées pour vous envoyer telles adresses intéressantes de leur région (mariages, baptèmes, enterrements, listes des jurés, des membres de telles sociétés, etc., etc.).

3° On insère dans les journaux des annonces dont l'objet est d'inciter les gens à vous envoyer leur adresse, par exemple pour vous demander un catalogue, une brochure, une prime, tel petit cadeau d'une valeur très minime établi spécialement pour la circonstance.

De même, on peut demander à ses clients communication du nom de leurs amis susceptibles de s'intéresser à telle chose, quitte à récompenser, d'une certaine façon, ceux qui répondent à votre désir.

Des adresses judicieusement choisies ne s'achètent jamais trop cher, car elles valent plus que leur pesant d'or. Il faut toujours compter sur un certain déchet, résultant d'erreurs matérielles, de déménagements, de décès, etc. Voilà pourquoi il faut prendre soin de tenir à jour le mieux possible son arsenal d'adresses.

Autrefois on se contentait d'employer isolément la lettre-circulaire, c'est-à-dire qu'on se bornait à envoyer, de temps en temps, une de ces lettres, et on attendait passivement le résultat. D'autre part, la lettre-circulaire se présentait le plus souvent sous une forme impersonnelle, qui lui enlevait la plus grande partie de sa valeur ; ce n'était

FIG. 33

Annonce à double fin : 1º Publicité pour le garde-meuble lui-même, mais très insuffisante. Il fallait indiquer les avantages du garde-meuble, avec lesquels le public est encore trop peu familiarisé. " Assuré à 6 Compagnies de premier ordre „ est trop énigmatique ; on ne songe pas, tout d'abord, qu'il s'agit de l'assurance contre l'incendie.

2º Publicité pour la vente de meubles. Ici les mots à mettre en valeur étaient " les plus belles occasions „, " obligés de réaliser „ et " sans visiter nos salles d'exposition „, au lieu de donner la première place à l'invitation négative, et même inhibitrice pour les gens qui, sans lire le reste, penseront qu'en effet ce n'est pas le moment de se meubler : *ne vous meublez pas*.

plus, à proprement parler, une lettre, ce n'était qu'une circulaire, qu'on expédiait pour certaines occasions, par exemple, au commencement de la saison commerciale. On agissait de même pour l'envoi des prix-courants, ou des tarifs de prix, qui faisaient connaître occasionnellement les cours des marchandises, sans la moindre argumentation ou recommandation personnelle.

La vente par correspondance

Aujourd'hui l'emploi de la lettre-circulaire s'est perfectionné au point de constituer une méthode spéciale de vente, qu'on appelle la vente par correspondance ou la publicité personnelle et directe. Cette méthode s'est développée surtout en Amérique sous le nom de *Mail Order* ou *Mail Order Business*, ce qui signifie un système de commandes par la poste, ou d'affaires par commandes postales; on dit encore, en précisant davantage les moyens employés, *Follow Up System*, ce que le regretté fondateur de la revue *La Publicité*, M. D.-C.-A. Hémet, a traduit par « Rappel d'offres méthodique », et ce que nous pouvons appeler encore Système de vente par relancement ou Système de lettres de relance.

Voici, le plus brièvement possible, comment cette méthode se pratique. En possession des listes d'adresses dont il a été parlé précédemment, on répartit ces adresses en autant de catégories qu'on peut découvrir de types de gens ayant, approximativement, les mêmes besoins, les mêmes goûts, la même situation, la même mentalité. On a ainsi un certain nombre de types de personnes susceptibles de s'intéresser à l'offre qu'on veut leur faire, un certain nombre de types de clients éventuels présentant les mêmes caractéristiques, la même réceptivité à l'égard de cette offre ; on peut donc considérer qu'on n'a plus affaire qu'à un nombre très restreint de personnes différentes, puisque chacune d'elles représentera toute la multitude de celles qui lui ressemblent.

Dès lors, au lieu d'avoir à écrire des milliers de lettres différentes, il n'y a plus qu'à en rédiger autant qu'il existe de catégories diverses d'intéressés, et chacune de ces lettres est reproduite à autant d'exemplaires qu'il en faut. On aboutit ainsi à n'avoir plus besoin que d'un très petit nombre de lettres-formules ou lettres-circulaires, lettres qui cependant conserveront le caractère de personnalité qui en fait la principale valeur.

Pour chaque catégorie de personnes, nous écrirons une série de lettres, que nous enverrons à certains intervalles, de manière à faire défiler sous les yeux d'une même personne toute la série des arguments susceptibles d'amener à l'achat. Le grand avantage du système consiste, précisément, à ne pas se borner à envoyer à chaque personne une seule lettre et à lui écrire jusqu'à ce que l'achat soit réalisé ou jusqu'à ce qu'on soit à peu près certain que toute lettre ultérieure serait inutile. Ainsi le travail de persuasion qui doit aboutir à l'achat est divisé en une série de sollicitations successives, et l'effet en est multiplié d'autant.

En effet, il n'est pas possible en une seule lettre d'exposer tous les arguments possibles en faveur de l'article offert; car la lettre serait trop longue, trop touffue ; elle risquerait de n'être pas lue ou de ne l'être que fragmentairement, et chacun des arguments ne s'y présenterait pas avec une force complète. D'autre part, le moment dans lequel arrive cette seule lettre peut n'être pas favorable. Voilà pourquoi la série de lettres valorisera l'effet de la lettre isolée, par l'application des deux grands principes publicitaires que sont la variété et la répétition.

La série de lettres de relance comprendra, en général, de trois à six lettres ; chacune de ces lettres sera expédiée à des intervalles qui varieront, approximativement, entre une semaine et un mois. Mais toujours l'intervalle de temps qu'il y aura entre l'envoi de chacune des lettres de la série ira en augmentant. Si, par exemple, la seconde lettre est envoyée huit jours après la première, la dernière pourra n'être envoyée que plusieurs mois après l'avant-dernière. C'est que, par suite de l'accumulation des impressions publicitaires, il se constitue comme une sorte de chaîne dont les premiers chaînons ont besoin d'être le plus près possible les uns des autres, tandis que la liaison qu'il y aura entre les chaînons suivants peut être d'autant plus espacée que les chaînons s'échelonnent davantage vers la fin de la chaîne, parce que ce sont les premiers chaînons qui supportent tout le poids des autres.

La première lettre devra contenir les arguments les plus forts, de manière à déclancher tout de suite, si possible, la conclusion de l'achat, car ainsi, naturellement, l'achat nécessitera le

FIG. 34

Il est regrettable que le texte de cette annonce ne dise rien d'intéressant. Car sa présentation matérielle attire suffisamment l'attention. *Palmolive* est une bonne dénomination, parce qu'elle indique la qualité de la matière première entrant dans la fabrication du savon; et la couronne d'olivier de l'illustration insiste encore sur cette origine. Le contraste entre les noirs et les blancs de l'annonce est d'un excellent effet. Mais le paquet de savon est beaucoup trop petit. Puis, les mots à mettre en valeur étaient : *Le parfait savon de toilette*, et aussi : *en vente partout*, et non pas seulement le nom du savon. Ce qu'il importe de faire connaître, c'est non pas uniquement l'existence du savon *Palmolive*, mais que ce savon est un parfait savon de toilette et qu'il est en vente partout. D'autre part, il est mauvais d'avoir indiqué le nom du concessionnaire, qui laisse entendre qu'il s'agit d'une marque étrangère ; ou bien il fallait signaler qu'il s'agit d'un savon fabriqué dans un pays réputé pour ses savonneries.

moins de frais de la part du vendeur. De même, chacune des lettres suivantes doit se suffire à elle-même, c'est-à-dire chercher à amener le destinataire à acheter immédiatement l'article offert, sans qu'il soit besoin de lui envoyer une nouvelle lettre pour emporter sa décision. Ce n'est que dans le cas où la première lettre se sera montrée insuffisante qu'on en enverra une seconde, et ainsi de suite. De la sorte l'argumentation de chacune des lettres aura une force qui semblera décroissante ; mais en réalité il n'en sera pas ainsi. Car, d'une part, si les nouveaux arguments sont plus faibles que les précédents, on aura bien soin de rappeler dans chacune des lettres, sous une forme nouvelle, — ceci est très important, — et de plus en plus concentrée, les arguments des lettres précédentes ; et, d'autre part, chacune des lettres profitera de l'impression favorable déjà produite par l'ensemble des lettres antérieures.

Quand on arrive à la dernière lettre, qu'on voit que tous les efforts semblent vains, il sera bon de recourir à un moyen décisif, d'une force particulière. Ce sera, généralement, l'offre d'un avantage spécial, d'un avantage exceptionnel, prime ou réduction de prix, qui sera accordé si l'achat est réalisé dans un délai déterminé. Si dans ce délai-là on ne reçoit rien, cela ne veut pas dire que la série de lettres ait été stérile. Cela signifie seulement que, dans les circonstances présentes, le destinataire n'a pas besoin de l'article offert ou qu'il n'a pas les moyens de le payer. Mais il est très possible que, fort longtemps après, on reçoive une commande ou une demande de renseignements, et c'est ce qui, en fait, arrive fréquemment.

Outre le but spécial de chacune des lettres, qui est de provoquer l'achat immédiat, chacune des lettres doit tendre à la fin suivante : amener le destinataire à demander des détails, des renseignements particuliers, et à faire connaître ses besoins spéciaux, ses objections ou ce qui l'empêche de passer une commande. Ainsi le destinataire révèlera sans doute quelques-unes de ses particularités, quelques traits ignorés de sa physionomie ou de sa mentalité ; et alors on n'en aura que plus de prise sur lui pour tâcher de le convaincre et de l'amener à l'achat, — bien entendu, en lui écrivant désormais une lettre absolument individuelle, appropriée à son cas, et non plus une lettre-formule. Obtenir que le destinataire prenne la plume pour vous demander un renseignement, c'est déjà un point important.

Pour faciliter le travail du destinataire des lettres, ou, comme on dit aussi, — d'un terme qui n'a que le tort d'être encore un peu barbare, — du prospecté, on joindra aux lettres des enveloppes toutes timbrées ou des cartes postales toutes prêtes, où le prospecté n'aura parfois qu'à mettre sa signature. De même pour des formules de commandes. Il ne faut pas regretter des dépenses de ce genre, qui peuvent avoir raison de l'inertie, toujours plus ou moins considérable, des personnes que l'on sollicite sans qu'elles ne vous aient rien demandé.

D'autre part, on fera marcher de pair avec l'envoi de la série de lettres tout le jeu des autres instruments de publicité dont on peut disposer :

catalogues, brochures, prospectus, prix-courants,
visite personnelle des voyageurs de commerce,
campagne de publicité par la presse, etc. Ce
n'est qu'en combinant ainsi tous les instruments
de publicité qu'on tire de chacun d'eux le maximum d'effets. Ainsi on a la chance de rencontrer
l'argument ou la chose qui exercera sur la personne à qui on s'adresse l'influence désirée.

Mais, pour que l'efficacité de ces lettres de
vente soit entière, il faut que chacune d'elles conserve toujours le caractère le plus individuel
possible, c'est-à-dire qu'elle ait l'air d'avoir été
rédigée expressément, uniquement et exclusivement, pour la personne qui la reçoit. La
rédaction de ces lettres exige beaucoup d'habileté, un style simple et naturel, — toujours à la
portée de celui pour qui elle est faite, mais qui en
même temps possède une grande vertu persuasive. La lettre doit être d'un ton assez enthousiaste pour qu'il en émane comme un fluide
sympathique et communicatif, sans tomber jamais
dans les outrances d'une exagération visiblement
démentie par les faits. Toute banalité d'expression comme d'idées doit en être soigneusement
exclue ; la lettre doit retentir dans la conscience
du lecteur comme un appel, une invitation dont
l'intérêt semble irrésistible.

La lettre de vente ne fera tout son effet qu'autant qu'elle se présentera comme une lettre ; il
faut donc l'affranchir, la dater et la signer, exactement comme une lettre personnelle. Lorsqu'on
craint que le caractère commercial de la lettre
l'empêche d'être lue de quelqu'un qui aura compris tout de suite qu'il s'agit là d'une sollicitation

FIG. 35

Bon exemple de publicité collective. Malheureusement, le volet du catalogue qui se trouve à gauche est très mal dessiné. Ici c'était le cas, ou jamais, de compléter latéralement le cadre avec un déroulement de papiers peints. Les frises du haut et du bas ont le tort de ne pas donner une idée très flatteuse de la beauté du papier peint; on croirait qu'il s'agit là d'articles de qualité artistique très ordinaire. Il est si facile, parmi les innombrables motifs de papiers peints, d'en trouver quelqu'un qui parle agréablement à l'œil.

ANGÉ. — Manuel de Publicité.   8

n'ayant pour lui aucun intérêt, il vaut mieux que
l'enveloppe ne porte pas le nom de la firme expéditrice et que même la lettre ne porte pas d'en-
tête imprimé ; ainsi le destinataire ne sera pas
rebuté d'avance. Ce petit stratagème sera surtout
utile pour les lettres de la fin de la série, lorsqu'on suppose qu'il y a risque que le destinataire ne jette la lettre au panier sur le simple vu
du nom de la maison expéditrice.

La vente par correspondance a acquis un formidable développement aux Etats-Unis où, par
suite des longues distances, elle a trouvé un terrain favorable, notamment parmi les populations
agricoles, à qui elle permet d'effectuer leurs
achats sans dérangement, ni déplacement. Certaines maisons de commerce, qui ont pris parfois
une extension considérable, ont même supprimé
tout magasin de vente, de telle sorte que le public
n'a pas la possibilité de voir la marchandise avant
de l'acheter. Pour que ces maisons aient du succès, il faut qu'elles aient réussi à inspirer à leur
clientèle une confiance absolue dans leur loyauté,
de telle façon que le client soit persuadé d'avance
que la marchandise sera bien conforme à l'offre
qui en est faite, à la description qui en est donnée
dans les lettres et dans les catalogues et dans les
autres documents de publicité utilisés par ce système de vente. Aussi est-il bon d'offrir au client
de lui vendre la marchandise à l'essai et de la
reprendre dans un certain délai, et sans frais
pour lui, s'il n'a pas été satisfait.

En France, en raison de la mentalité publique
et des habitudes de la clientèle, une pareille confiance est plus difficile à acquérir qu'aux Etats-

Unis. D'autant plus que le public français, par
suite de son goût esthétique, a une tendance bien
plus forte à ne faire ses achats que lorsqu'il
connaît *de visu*, *de tactu* et *de gustatu* la marchandise. Voilà pourquoi en France ce genre de
vente est plus malaisé à mettre en œuvre.

Mais, si l'on ne supprime pas les magasins de
vente, le système des lettres de vente et de rappel
retrouve son entière valeur. Dans ce cas, il a
surtout pour objet de faire venir la clientèle dans
les magasins de la firme ou dans les autres boutiques où ses articles sont en vente. A ce point de
vue, ce système, s'il est habilement pratiqué,
offre des possibilités dont la plupart des commerçants et des industriels français ne se doutent pas
encore. Le seul inconvénient du système, c'est
qu'il exige un travail assez compliqué pour
l'expédition du volumineux courrier qui en est la
cheville ouvrière, avec toutes les opérations
subséquentes de classement, d'établissement des
fiches et dossiers des prospectés, et de livraison
des marchandises. Il faut avoir un matériel de
bureau très moderne et un personnel adéquat.
Mais, dans l'évolution commerciale, la vente par
correspondance représente le stade le plus avancé
qu'il soit, puisqu'elle tend à remplacer les magasins de vente, ainsi que les vendeurs et les voyageurs de commerce, par de simples lettres. Il est
certain qu'elle offre à des commerçants intelligents de vastes perspectives de succès.

Le prospectus

Le caractère personnel qui fait la valeur de la lettre de vente ne se trouve plus qu'à un faible degré dans les autres moyens de publicité. Il n'en subsiste quelque chose que pour les réalisations publicitaires envoyées ou portées à domicile avec le nom et l'adresse du destinataire, comme ce peut être le cas pour le prospectus, le catalogue ou la brochure. Mais, une fois la bande ou l'enveloppe enlevées, il ne reste plus rien de ce caractère de personnalité, qui est, pour ainsi dire, extérieur. Le destinataire sait tout de suite que ce qu'il reçoit n'était pas destiné uniquement et spécialement à lui.

Le prospectus est un petit imprimé de publicité, remis de la main à la main ou envoyé à domicile, afin d'attirer l'attention sur tels articles à vendre ou sur tel magasin. Il ne comprend d'ordinaire qu'une feuille, qui peut être aussi pliée, de manière à pouvoir recevoir 1, 2, 3 ou 4 pages de texte, selon qu'on laisse ou non en blanc un ou plusieurs côtés de la feuille pliée ou non.

Le prospectus doit contenir tous les détails susceptibles de rendre intéressante la chose pour laquelle il est fait ; il est de caractère essentiellement descriptif, explicatif, didactique. Sa rédaction, son illustration, sa typographie et sa présentation sont analogues à celles de l'annonce ; seulement, on y dispose de plus de place que dans cette dernière, et on peut donc s'y étendre plus longuement. Le lecteur d'un prospectus est enclin à

FIG. 36

Annonce très mal inspirée dans le choix du personnage, de la forme des lettres, et de l'argumentation. Le titre : *Le goût français* est, d'ailleurs, peu en rapport avec une revue " d'analyse critique „. Une pareille annonce donne une mauvaise opinion du " goût français „ et surtout du goût de la revue pour laquelle elle est faite.

consacrer plus de temps à la lecture de celui-ci que ne le fera, d'ordinaire, pour une annonce, le lecteur de journal.

Le format du prospectus doit être assez grand pour que le texte y puisse être assez aéré et espacé ; mais il ne doit pas être incommode au point de ne pouvoir pas se mettre facilement dans une poche, dans un dossier ou sur un bureau.

Le papier employé doit être assez rigide, assez fort, pour que la lecture puisse s'en effectuer aisément, sans qu'il vienne à se ployer, ce qui est le cas du papier trop mince. Le prospectus peut être de couleur variée, mais la couleur du papier doit toujours se marier harmonieusement avec les caractères d'impression, et non pas, comme cela arrive très souvent, en rendre très pénible la lecture.

Un point capital, c'est que le prospectus se fasse lire jusqu'au bout, avant d'être froissé ou jeté au panier ; mais un point plus capital encore serait qu'il se fasse conserver. Pour cela il faut, d'abord, que son aspect soit très agréable et très soigné, qu'il soit très bien imprimé et illustré, ce qui trop souvent laisse à désirer. Et il faut que son texte soit d'un intérêt réel, même si l'article qu'il recommande ne doit pas pour le moment intéresser le lecteur. Un bon procédé consiste à y mettre des indications utiles pour le lecteur, renseignements postaux, commerciaux ou autres, à y donner quelque recette pratique, quelque horaire des chemins de fer, à en faire un calendrier, un double décimètre, un buvard, etc.

L'infériorité de la plupart des prospectus vient, précisément, de ce qu'ils sont insignifiants comme

aspect et comme contenu. On ne s'est pas assez
soucié de valoriser le prospectus. Il est bon de
mettre, bien en évidence, une phrase très cour-
toise invitant le destinataire à conserver le prospectus pour un temps où il pourra se faire qu'il
soit très heureux de posséder l'adresse de l'expé-
diteur du prospectus, afin d'y faire, dans de
bonnes conditions, quelque emplette utile. De
même, il est excellent de prier le destinataire de
demander tous renseignements complémentaires
qu'il pourra être désireux d'avoir, et, pour cela,
une partie du prospectus sera, avantageusement,
transformée en carte postale ou en formule à
retourner, après l'avoir remplie, — une ligne en
pointillé permettant d'en détacher aisément cette
partie-là.

Si le prospectus porte quelque image ou quelque
devinette, charade, récréation ou jeu d'esprit à
l'usage des enfants ou des grandes personnes, il
n'en sera que mieux conservé. On peut même
instituer ainsi de petits concours dotés de menues
récompenses pour les gagnants.

Malgré l'abus qui en a été fait, et pourvu qu'il
soit valorisé comme il vient d'être dit, le prospectus reste très utile. C'est l'arme par excellence
du détaillant et du commerce local. Il est très
bon pour annoncer des occasions, des soldes ou
des actualités ou pour faire connaître de petits
appareils ou de petites inventions nouvelles. Son
grand avantage, c'est qu'il est relativement très
bon marché. Les artisans et les petits commerçants des petites villes sont encore loin d'en avoir
tiré tout le parti possible.

Sauf là où il y a des boîtes aux lettres, il vaut

mieux envoyer les prospectus par la poste et sous enveloppe ; sinon ils risquent de n'être pas scrupuleusement distribués, beaucoup de concierges supposant que leurs locataires ne tiennent pas à les recevoir. S'il y a plusieurs destinataires dans la même maison, lorsque le courrier est reçu par le concierge, il vaut mieux également échelonner l'envoi sur plusieurs jours. Ce sont là de petites précautions, sans lesquelles un bon pourcentage des prospectus, — ces hôtes regardés trop souvent comme indésirables, — n'arriveraient pas à destination.

Comme « mode d'emploi » ou « manière de s'en servir », le prospectus sera de même joint utilement à la marchandise ; mais alors il ne doit plus servir à faire acheter cette marchandise, puisque l'achat est déjà réalisé ; il doit, au contraire, servir à susciter l'impression que cette marchandise va donner à l'acheteur une très grande satisfaction, de manière à préparer le renouvellement de cet achat ; et, également, il peut être utilisé pour attirer l'attention sur d'autres marchandises vendues par la même maison. Ainsi ce sera faire, comme on dit, d'une pierre deux coups.

Le dépliant

L'usage se répand de plus en plus du dépliant, qui n'est, au fond, qu'une forme perfectionnée de prospectus. Comme son nom l'indique, le dépliant est simplement un imprimé de publicité ou un prospectus qui, pour être lu, doit être déplié. Il comporte d'ordinaire trois volets, trois plans

Fig. 37

Annonce qui nulle part ne passera inaperçue, grâce à sa présentation matérielle. Cependant, les deux personnages font une figure qui est peu agréable à regarder. Mieux eût valu que la femme apportât, avec un sourire, au mari désolé *l'Oréal* libérateur. Il faut éviter de couper le texte par l'illustration, car tous les lecteurs ne prendront pas la peine d'en raccorder les deux bouts pour savoir ce qu'il signifie. En dehors de ces points de détail, la critique grave qu'on doit faire à cette annonce, c'est que les produits qui prétendent rendre aux cheveux leur couleur et leur vigueur sont si nombreux et si suspects de charlatanisme qu'il fallait, de toute nécessité, dire pourquoi *l'Oréal* mérite confiance, en le différenciant des produits mal famés, et en apportant des preuves et des attestations d'efficacité.

repliés les uns sur les autres, mais il peut fort
bien en comporter davantage, selon la plus ou
moins grande ingéniosité de leur agencement.

Le dépliant ne produit tout son effet que lorsqu'il est en papier rigide et lorsqu'il est très bien
illustré et imprimé ; l'emploi de diverses couleurs
y est très avantageux. Ses contours peuvent être
conçus de telle sorte que le dépliant ait l'aspect
même d'un objet quelconque, soit qu'il représente
l'article à vendre, soit qu'il représente une scène
dans laquelle l'article à vendre jouera le principal rôle. Par la variété de ses formes, le dépliant
s'apparente un peu à ces « constructions » en
papier ou en carton qui représentent une maison
ou un éléphant et qui font la joie des enfants.

Le texte du dépliant se développera sur les
divers volets, de manière qu'une même phrase
chevauche à la fois sur deux de ces volets. Cela
sera surtout utile pour le texte qui se trouve sur
le premier volet du dépliant ; ce texte devra,
pour être complet, pousser à la lecture de ce qui
va suivre. Pour cela ce texte doit stimuler l'intérêt et la curiosité, faire appel au désir ou au
besoin du lecteur, mais sans indiquer le moyen
de satisfaire ce besoin ou ce désir, indication qui
sera réservée pour les volets suivants. Le premier
volet n'est, pour ainsi dire, qu'un préambule, un
volet aguicheur ; les volets suivants font connaître, dans ses détails, l'offre publicitaire, et la
dernière face de lecture tâchera d'enlever la réso-
lution d'achat par un argument décisif. La supériorité du dépliant sur le prospectus vient de ce
que sa présentation matérielle est plus intéressante, plus artistique ; il y a plus de chances

qu'un dépliant soit lu et conservé qu'un prospectus ordinaire.

En somme, là où le prospectus est banal, le dépliant se présente avec un costume neuf, frais, pimpant, et il produit un effet d'imprévu, de surprise, de curiosité, qui ne peut manquer d'en amener la lecture.

Le format peut en être très variable ; dans tous les cas il doit en permettre la conservation sur une table ou une cheminée. Le mode d'envoi le plus efficace est d'employer une enveloppe fermée. Pour la rédaction, la typographie, l'illustration, mêmes principes que pour l'annonce et le prospectus.

Il est incontestable qu'une des plus heureuses réussites de la publicité dans la voie du progrès, c'est la transformation progressive du prospectus en dépliant, à la manière d'une espèce animale qui évolue vers une espèce supérieure.

Le catalogue

Tandis que, d'une manière générale, l'annonce et la publicité par la presse, ainsi que la lettre de vente et surtout le prospectus ou le dépliant, servent surtout à lancer un article pris en particulier, le catalogue, lui, servira à lancer tous les articles d'une même maison. Au lieu d'être l'instrument de la publicité faite pour un article, il est plutôt l'instrument de la publicité faite pour une firme, pour une maison commerciale ou industrielle. Le catalogue est l'instrument de la publicité faite pour une collectivité de choses, alors que les autres moyens de publicité seraient plutôt les instruments de la publicité particulière à un article.

Comme le montre son étymologie, le catalogue est, dans le principe, le dénombrement des articles vendus par une maison. Il se présente toujours sous la forme d'un livre, d'un album ou d'une brochure. Son importance est extrêmement variable, puisque quelques-uns n'ont que quelques pages, tandis que d'autres en ont des centaines et même des milliers, et pèsent jusqu'à plus d'un kilogramme, ce qui est surtout le cas pour les maisons de vente par correspondance. L'importance du catalogue ne doit être limitée que par des considérations pécuniaires, étant donné que le catalogue est, pour ainsi dire, l'agent général de la publicité de la maison de commerce, et que l'importance de cette dernière sera un peu jugée d'après l'importance du catalogue.

Un catalogue doit être, avant tout, un travail extrêmement soigné, car le but principal du catalogue, c'est de se faire conserver ; jamais il n'arrivera qu'une seule personne ait besoin à la fois de tous les articles mentionnés au catalogue. Le papier du catalogue peut être des plus élégants et des plus luxueux, car rien mieux qu'un bon et beau papier n'invite à sa lecture et surtout à sa conservation. D'autre part, il faut que le papier soit assez fin pour supporter le tirage, et un tirage réussi, des illustrations.

Les illustrations constituent un point essentiel dans un bon catalogue. Il n'est, en effet, rien de tel pour mettre instantanément en valeur une marchandise. Que ce soient des dessins ou des photographies, les illustrations d'un catalogue doivent

FIG. 38

Mêmes qualités et mêmes défauts que dans l'annonce de la figure précédente. Seulement ici il est attribué au produit une propriété de plus : celle de conserver, en même temps que de rendre aux cheveux, leur couleur et leur vigueur. Raison de plus pour apporter quelque argument en faveur de ces affirmations qu'il s'agit de faire prévaloir contre l'incrédulité de beaucoup de gens. En outre, l'illustration serait plus suggestive si elle nous montrait, au lieu de deux sujets différents, une seule personne avant et après l'emploi du produit. De plus, rien n'indique au lecteur pressé que, si la tête de Gorgone a une chevelure aussi opulente, c'est parce qu'elle a pris de *l'Oréal*, tandis que sa voisine, la tête blafarde et décolorée de Bonaparte avant le Consulat, n'en a pas pris.

avoir toujours un caractère particulièrement
accentué de vérité ; ici la fantaisie ne saurait avoir
la moindre part. C'est que l'illustration doit autant servir à identifier la marchandise qu'à la
faire valoir ; et il arrive bien souvent que la différence qu'il y a entre deux espèces, sortes, variétés ou qualités d'articles est très peu apparente ;
raison de plus pour que l'illustration contribue à
rendre cette différence plus sensible,plus visible.

La couverture du catalogue a une importance
particulière ; c'est elle qui, tout de suite, produira une bonne impression et invitera à ouvrir
et à lire le catalogue. Cette bonne impression sera
produite surtout par l'heureux effet du papier, de
l'illustration et de la typographie. Certains
annonceurs choisissent un papier si rugueux ou
si pelucheux que tout texte ou toute illustration
y est presque illisible ou incompréhensible ; ils
croient produire par là un effet d'originalité et de
richesse, lequel ne serait heureux que s'il ne faisait pas tort à la clarté et à la netteté de ce que le
papier doit simplement mettre en valeur. Une
illustration en couleurs avantage toujours la couverture d'un catalogue, à la condition qu'elle soit
bien venue lors de l'impression. Un procédé qu'on
peut employer, mais qui est coûteux à cause du
travail de manipulation qu'il exige, consiste à
coller sur la couverture, ou à l'intérieur du catalo-
logue, telles illustrations que l'on veut, au lieu de
les imprimer à même le catalogue.

Lorsque la maison pour qui le catalogue est
fait est déjà avantageusement connue, il convient
de faire figurer son nom sur la couverture du
catalogue en belles lettres bien visibles et lisibles.

Si, au contraire, il s'agit d'une maison nouvelle ou d'une firme dont la réputation a donné lieu à des critiques, il est parfois préférable de ne pas mettre son nom sur la couverture, car cela pourrait faire instantanément rejeter le catalogue. Dans ce cas la couverture et les premières pages du catalogue doivent tendre spécialement à produire une bonne impression, sans visées immédiatement commerciales, de manière à ne révéler le nom de la maison inconnue ou péjorativement connue que lorsque le lecteur aura déjà ressenti une certaine sympathie pour les choses que lui présente le catalogue.

Du format, rien à dire de particulier, sinon qu'un catalogue gagnera toujours à avoir des dimensions assez grandes, en même temps qu'à s'étendre en largeur plutôt qu'en hauteur.

Un catalogue ne doit pas être seulement une réunion de prospectus, accolés n'importe comment ; il faut qu'il soit composé suivant un plan préétabli, un plan commode pour le lecteur, — composé comme un véritable livre. Pour faciliter la lecture du catalogue, il est indispensable qu'il y ait une table des matières, — ce qui manque trop souvent, — et une table très détaillée, très bien faite ; cette table sera placée au commencement du catalogue, ou, si elle n'est qu'à la fin, il faut à la première page du catalogue inviter le lecteur à consulter la table, qui lui permettra de s'orienter plus vite à travers les pages et de trouver plus aisément ce qu'il cherche. Ensuite il est bon que les divers articles mentionnés au catalogue portent chacun un numéro, dont le rappel facilitera l'exécution de la commande.

Mais la partie essentielle du catalogue bien compris, c'est encore le texte. Il faut que ce texte soit persuasif, descriptif, imagé, vivant et enthousiaste et non pas que ce soit une sèche et morne spécification, mise sous chaque modèle, comme une étiquette de minéralogie ou de fossile. Il faut surtout que ce texte soit facilement compréhensible pour le public auquel il s'adresse, c'est-à-dire que, s'il y a des expressions techniques, professionnelles ou commerciales dont le sens offrirait quelques difficultés au lecteur ordinaire, ce sens soit aussitôt expliqué en termes courants. Il y a trop souvent encore dans les catalogues des choses que beaucoup de lecteurs ont de la peine à comprendre au premier coup d'œil.

Cependant, depuis la guerre, il s'est dessiné, dans la façon de concevoir et de présenter le catalogue, comme une petite révolution, et le progrès réalisé par là est considérable. Autrefois, la plupart des catalogues étaient tout ce qu'il y a de plus banal, de plus ennuyeux pour qui ne portait pas déjà un intérêt réel aux articles offerts. Ce n'était guère qu'un répertoire, le catalogue-squelette : la simple énumération des articles à vendre, avec une description aussi froide, sèche et morose, et parfois aussi sibylline, qu'une minute de notaire. Rien là-dedans ne semblait fait pour inspirer, développer, fortifier le désir de l'article offert. Le catalogue ne pouvait avoir d'action que sur ceux en qui l'intention d'acheter était déjà arrêtée. Il n'avait qu'une valeur d'information, alors qu'il aurait dû avoir aussi, et surtout, une valeur de persuasion, et il contrevenait ainsi à l'un des principes les plus essentiels

FIG. 39

Le dessin et la présentation de cette annonce sont originaux et personnels. Il est regrettable que le tracteur soit de dimensions si réduites. Mais l'erreur capitale de cette annonce, c'est que le texte n'a rien qui puisse convaincre des cultivateurs, et surtout de petits propriétaires, comme c'est le cas, puisqu'il est question ici de culture morcelée. Pour lancer un appareil nouveau, surtout dans les milieux ruraux, il faut une argumentation particulièrement habile et persuasive, laquelle fait ici entièrement défaut.

de la science publicitaire. Le catalogue ainsi compris était aussi peu élevé dans la hiérarchie de la publicité que le type primitif de l'annonce qui ne donne que le nom du marchand et l'indication des articles vendus par lui.

C'est donc une heureuse chose que, depuis quelques années, la formule du catalogue se soit, de-ci, de-là, élargie, de manière à faire du catalogue quelque chose de vivant, de persuasif et d'intéressant ; et il faut espérer que ce n'est encore là qu'un commencement. Pour que le catalogue atteigne ainsi son plein effet, il n'y a qu'à mettre à son service toutes les ressources, les attraits et les séductions de l'illustration, spécialement de l'illustration en couleurs, et surtout du style. Le catalogue ne devra plus être rédigé comme une aride nomenclature, mais comme une œuvre littéraire, présentant toutes les qualités d'un bon écrivain. A côté de l'indispensable description de chaque modèle, qu'il faudra maintenir, tout en la rendant suggestive, active, dynamique et persuasive, il faudra faire une place, de plus en plus grande, pour des articles d'ensemble, de véritables chroniques, traitant de la maison de commerce, de ses succès, de sa politique de vente, de ses produits les plus intéressants et des tendances de l'époque, de la saison ou de la mode. Enrichi de pareils éléments d'intérêt et de persuasion, le catalogue atteindra une complète efficacité.

Comme un catalogue représente toujours une grosse dépense, la distribution doit s'en faire avec un soin particulièrement minutieux. Il faudra établir pour cela, par les procédés qui nous ont été indiqués au chapitre sur la vente par cor-

respondance, des listes d'adresses appropriées ;
le distribuer au hasard, serait un pur gaspillage.
Ce qui a été dit de la distribution du prospectus
s'applique aussi à celle du catalogue.

Il y a lieu de distinguer deux catégories principales de catalogues : ceux qui sont établis pour
une longue période, parce que la matière dont ils
traitent ne présente que des variations lentes, et
ceux qui sont annuels ou saisonniers, parce que
la mode détermine de profonds changements
dans les catégories d'articles dont il y est question.

Il est évident que les premiers seront établis
avec un soin tout particulier, parce que le succès
de la maison est lié à leur efficacité pendant une
longue période. Mais, quoiqu'on dispose de moins
de temps pour la confection des seconds, il ne faut
négliger en eux aucun détail, — le résultat de la
saison ou de la campagne annuelle dépendant,
pour une bonne part, de l'action exercée par le
catalogue.

Une pratique profitable serait de mettre dans
le catalogue un bon donnant droit à une menue
prime ou à une légère réduction de prix, moyennant le retour de ce bon avec l'adresse de celui
qui en fait usage. On verrait ainsi, en partie,
quelle a été l'influence directe et immédiate du
catalogue ; et cela permettrait aussi de se constituer d'excellentes listes d'adresses pour le relancement futur de la clientèle.

Les grands magasins de nouveautés ont, notamment, dû à leurs catalogues d'énormes résultats,
parce qu'ils ont pu élargir ainsi considérablement
leur champ d'action. Et cét exemple pourrait

être suivi avec fruit par quantité d'autres maisons
de commerce.

La brochure de publicité

La brochure, l'album, le livret-guide, est un
moyen de publicité qui tient à la fois du prospectus et du catalogue. Par l'importance matérielle, c'est un catalogue, et, par le sujet, c'est un
prospectus. Comme le prospectus, la brochure
traite plutôt d'un article ou de quelques articles
spéciaux, mais elle en traite avec beaucoup d'ampleur, avec une ampleur suffisante pour constituer un livre.

La brochure n'a pas la périodicité plus ou
moins régulière qui est celle du catalogue ; comme
le prospectus, elle est publiée, de préférence, pour
une occasion spéciale ou dans des circonstances
plutôt exceptionnelles, par exemple à l'occasion
d'une Exposition, d'un anniversaire de la maison
de commerce, d'une invention nouvelle ou d'un
perfectionnement particulièrement important.
C'est, en somme, une publicité plutôt exceptionnelle.

Plus exactement, tandis que le prospectus fait
connaître, avec le minimum de frais, un seul
article, et tandis que le catalogue fait connaître
l'ensemble des articles de la firme, la brochure,
elle, fera connaître soit un seul article, mais avec
le maximum de développements, soit la firme
elle-même, avec aussi le maximum de développements, — les articles qu'elle vend, cités et décrits
dans la brochure, étant présentés non pas isolé-

FIG. 40

Impression très [élégante, qui fait désirer connaître et utiliser cette peinture murale, et qui incitera à demander la brochure spéciale. Tout serait parfait si l'aspect de cette pièce n'était pas un peu froid (malgré l'affirmation : *donne l'aspect chaud, velouté*), et nu (il aurait fallu y placer quelques meubles ou tableaux). Pourquoi le parquet fait-il penser à une piscine ?

ment, comme dans le catalogue, mais dans leurs rapports avec la firme.

Autrement dit, tandis qu'un catalogue évoque l'idée de multiplicité et de diversité, la brochure évoque plutôt l'idée d'unité. Et, d'autre part, l'importance de la brochure sera plutôt dans le nombre de pages, dans l'épaisseur, tandis que celle du catalogue sera plutôt dans les dimensions du format, bien que ceci ne soit pas absolu. On peut prétendre encore qu'en général la brochure sera moins importante, comme grandeur et comme nombre de pages, que le catalogue. Bref, il est très difficile de donner une définition qui, dans tous les cas, différencie, avec une exactitude absolue, la brochure du catalogue et du prospectus ; mais une telle définition n'aurait qu'un intérêt théorique. En réalité, le catalogue moderne tend à se confondre avec la brochure, et il n'en différera que là où la brochure de publicité ne traitera que d'un, deux, trois ou quatre articles ou encore lorsqu'elle traitera plutôt de la maison de commerce considérée dans son ensemble que de la série de ses articles, chacun d'eux étant pris en particulier.

On peut dire que la brochure est, parmi les travaux d'impression qui ne sont que de la publicité et qu'on distribue à domicile, ce que la chronique est dans la publicité par la presse. Elle n'est qu'une chronique très développée, mais présentée sous forme de livre ou de cahier. On conserve parfois en français, ce qui n'a aucune raison d'être, pour désigner la même chose que la brochure, le nom anglais de *booklet*, qui signifie petit livre, livret. Nous pourrions également employer le mot de tract, tract-publicité, ou tract de publicité.

Bref, la caractéristique de la brochure, c'est d'être d'une rédaction très littéraire, — comme la chronique, ou l'article, est ce qu'il y a de plus littéraire dans la publicité par la presse. La brochure doit présenter ainsi un réel intérêt intellectuel, même pour celui qui n'a pas l'intention d'acheter ce pour quoi la brochure est faite. Elle est de la sorte une publicité enveloppée et masquée ; elle est par là le triomphe de la publicité rédactionnelle. Elle n'en aura que plus de valeur si elle est signée du nom d'un spécialiste connu : littérateur, savant, gastronome, médecin, professeur, etc. Elle est un excellent moyen de publicité pour une école, un hôtel ou un syndicat d'hôteliers, un appareil, un produit pharmaceutique, un centre de tourisme, et même pour toute maison de commerce qui peut trouver dans son passé, dans ses procédés de fabrication, dans la description de ses produits et de leurs usages, des sources d'intérêt intellectuel, comme en fournirait l'histoire désintéressée d'un commerce ou d'une industrie ou un récit géographique sans visées publicitaires. Au fond, toute firme intelligente peut trouver la matière d'une brochure de ce genre destinée à la faire valoir intelligemment.

Il faut noter que, de tous les moyens de publicité, la brochure est celui dont l'action sera le plus lente, mais aussi cette action sera le plus durable ; car, de tous les moyens de publicité, la brochure est aussi celui qu'on conservera le plus longtemps, en raison de son intérêt propre, lequel fait parfois qu'une brochure bien conçue sera considérée comme un livre véritable, comme un document, et non comme un travail mercantile de publicité commerciale.

La brochure prendra parfois le nom d'album, lorsque les illustrations y domineront, que le format en sera plus large que haut et que la couverture en sera particulièrement artistique.

Elle s'appellera aussi livret-guide, lorsqu'elle contiendra la description, de préférence illustrée, de la ville ou de la région dans laquelle se trouve la firme qui la fait paraître ou de laquelle viennent les produits que vend cette firme ou les matières premières qu'elle utilise. Dans ce cas, la brochure n'en a qu'un plus grand intérêt, et elle a d'autant plus de chances d'être conservée longtemps. Ce livret-guide est un moyen essentiel de publicité pour toutes les industries qui se rapportent au tourisme ou aux voyages, mais il peut être également utilisé par n'importe quelle maison de commerce assez importante pour en faire les frais.

La confection de la brochure, comme celle du catalogue, nécessite de celui qui la fait exécuter les connaissances d'un véritable éditeur, et spécialement d'un éditeur d'art.

D'ailleurs, la brochure de publicité peut se développer au point de prendre toute l'ampleur d'un livre ; c'est alors, non plus une brochure, mais un livre de publicité, ou un livre-publicité.

A propos de la presse, nous avons dit un mot de ce qu'était l'encartage. Nous pouvons ajouter que le livre est un excellent véhicule pour ce genre de publicité et que l'encartage dans le livre donnera d'excellents résultats, pourvu que l'en-

FIG. 41

Voici deux annonces, l'une pour un chocolat, l'autre pour un remède, qui paraissent n'en former qu'une seule. On pense, à première vue, qu'il s'agit uniquement d'une annonce pour le chocolat Devinck ; mais, comme, tout de suite après, on lit le mot : MORT, on n'a plus envie de continuer une lecture qui vous coupe si macabrement l'appétit.

Pour éviter cela, il eût fallu que la première annonce ait été pourvue d'un cadre, et que le mot fatal : MORT, ait été à l'intérieur du cadre de la seconde, au lieu de faire brèche dans ce cadre.

Quant à la première annonce, elle constitue la forme la plus primitive, la plus médiocre, la moins productive de l'annonce de rappel. Et la seconde est le type courant des annonces pharmaceutiques sans valeur spéciale. Elle eût doublé son efficacité en substituant à son sinistre en-tête l'idée opposée, celle de : GUÉRISON ! qui eut fait lire l'annonce par tous les malades. Il fallait aussi insister typographiquement, par de grosses lettres, sur la phrase essentielle : " Leur guérison est assurée par le *Stoma chique Serrette,* etc. „. Cela eût, en même temps, constitué un repos pour l'œil, au milieu de la monotonie de ce long texte.

cart soit assez soigné et assez intéressant par lui-même pour qu'on le conserve. Les lecteurs de livres constituent une catégorie de public dont il est facile de connaître les caractères mentaux, pécuniaires ou sociaux, d'après la nature même du livre dont il s'agit. L'encartage dans le livre est un moyen de publicité encore trop peu pratiqué.

De même les livres, au commencement et à la fin, ou sur la couverture intérieure ou postérieure, pourraient recevoir des textes de publicité, qui porteront d'autant plus de fruits que cette publicité sera plus en rapport avec la matière traitée dans le livre et, par conséquent, avec la mentalité du lecteur. Il n'est pas jusqu'aux chemises ou enveloppes dont certaines librairies couvrent les livres qu'ils vendent qui ne puissent être un excellent support pour un texte de publicité. Sans parler de la publicité que la rédaction même du livre peut contenir, soit que l'auteur le fasse inconsciemment, bénévolement, dans la trame même de son ouvrage, soit qu'au contraire il ait des raisons sonnantes et trébuchantes de le faire. Et cette publicité vaudra d'autant plus qu'elle aura moins l'air d'être de la publicité.

Il faut faire une mention spéciale de la publicité qui est faite, par annonces ou par chroniques, dans les annuaires et dans les almanachs.

Comme annuaires, nous citerons l'Annuaire des téléphones, ceux du commerce et de l'industrie, ainsi que ceux des diverses professions. A côté d'eux, il faut placer les livres d'adresses mondaines et les livres d'adresses des diverses villes. La couverture, la tranche ou l'intérieur du livre peuvent être utilisés pour recevoir de la publicité.

L'inconvénient que présentent ces véhicules de publicité, c'est que, quand on les consulte, on est généralement pressé et que, dès lors, on n'accordera qu'une attention fort problématique à la publicité qui y sera incluse. On a parfois appelé « publicité fermée » ce genre de publicité, par opposition aux autres formes de publicité, constituant ce qu'on appelait « la publicité ouverte ». Ces dénominations n'ont d'intérêt que parce qu'elles montrent que la publicité des annuaires ou des livres d'adresses en question est plus cachée, plus serrée, moins apparente, plus fermée, que la publicité ordinaire : par conséquent, sa valeur sera moindre.

En revanche, les indicateurs de chemins de fer constitueront un excellent moyen de publicité pour les hôtels et les entreprises de déménagement et de transport, surtout si les noms de ces hôtels et de ces entreprises sont placés près des itinéraires passant par les villes où ils se trouvent.

Enfin, la publicité des almanachs a une valeur spéciale, notamment auprès des populations rurales, tandis que celle des calendriers est une publicité plutôt éphémère et superficielle, à moins que presque tout le calendrier ne soit consacré à la publicité d'une seule maison ou d'un seul article.

L'AFFICHE

Si les moyens de publicité de la rubrique précédente, ceux qui atteignent le public à domicile, et qui ont ainsi le plus de valeur, ne sont, trop souvent, en France, qu'insuffisamment employés, il est un autre moyen, l'affiche, dont on fait, au contraire, un abondant emploi, un emploi qui est même parfois exagéré, et surtout un emploi qui comporte d'énormes erreurs.

L'affiche est populaire, en France, à cause des effets artistiques auxquels elle peut se prêter. Et beaucoup de commerçants, qui sont rebelles à l'emploi de moyens de publicité plus efficaces, n'hésitent pas à dépenser en affiches des centaines de mille francs, qui sont souvent presque du gaspillage. Cela tient à ce qu'ils ne se rendent pas compte du rôle et de la valeur publicitaire de l'affiche, et surtout à ce sentiment de vanité humaine qui peut faire qu'un riche commerçant oublie ses intérêts positifs devant l'agréable perspective de voir son nom s'étaler partout dans un cadre artistique.

A cet l'égard, l'affiche peut être envisagée comme une dépense somptuaire, analogue à celle qu'occasionne la possession d'équipages de luxe, d'une écurie de courses, de laquais en livrée ou de terrains de chasse où l'on ne va que très rarement, et qui répondent à un but d'ostentation et de parade plutôt qu'à une jouissance intrinsèque. Bien souvent, le gros commerçant qui « se paie » une affiche s'offre le plaisir de jouer au mécène ou au grand seigneur, sous le prétexte plausible de faire marcher de pair l'art et les affaires. Il est bien évident que ce sont là des considérations qui expliquent la débauche d'affiches qu'on rencontre en France, mais qui ne la justifient pas au point de vue de la technique publicitaire, laquelle n'envisage que le rendement.

Fig. 42

Exemple de mauvaise annonce industrielle. Pas d'aération, pas
de cadre suffisant. Les lignes en gros caractères écrasent tout ;
et elles ne mettent pas en valeur les points intéressants. Malgré
les deux dessins et l'ampleur des grandes lettres, l'annonce
risque de passer complètement inaperçue, à cause de sa confusion.

Il y avait, cependant, tous les éléments d'une annonce extrêmement attractive ; mais il a manqué à sa réalisation un technicien
au courant des nécessités et des ressources de la publicité valorisée.

Déjà, quelques années avant la fin du XIXᵉ siècle, un écrivain publiait dans la *Revue des Deux-Mondes* une étude significativement intitulée : *L'Age de l'Affiche*. On a attribué aussi à l'affiche en se plaçant sur le terrain de l'art populaire, le mérite d'être une sorte de « Salon du Pauvre », et les chroniqueurs et critiques d'art, en de nombreux articles, ont signalé tout le pittoresque que doivent à l'affiche « les murs qui parlent ». Mais tout cela n'a qu'un intérêt extra-publicitaire, puisqu'on ne veut voir dans l'affiche que le côté artistique et non pas le côté commercial. Or, la publicité, elle, n'a à s'occuper que du rendement commercial de l'affiche, et elle ne peut voir dans l'art de l'affiche que l'art mis au service du commerce, et non le commerce mis au service de l'art.

L'affiche est, avant tout, un instrument de publicité qui consiste à profiter de ce que le public sort de chez lui, passe dans la rue, entre dans un magasin ou va n'importe où, pour attirer son attention sur l'offre qu'on veut lui faire.

Les limites de l'affiche

Deux faits se rencontrent qui, par définition, limitent considérablement la valeur publicitaire de l'affiche, aussi parfaites qu'en puissent être la conception et la réalisation :

1º D'abord, l'affiche n'a absolument rien d'individuel. La publicité par la presse ou tous les autres moyens de publicité qui atteignent le public à domicile offrent, à un degré plus ou moins grand, cet inappréciable avantage d'avoir un caractère d'individualité, qui provient de ce que, tout au moins, le lecteur reçoit et possède un exemplaire du journal, du catalogue, du prospectus, etc., qui sert de véhicule à la publicité. Tous ces moyens-là de publicité peuvent *se garder,* tandis que l'affiche ne peut que *se regarder.* L'affiche est l'avis impersonnel qui s'offre à la foule, à la multitude, au passant anonyme, à tout le monde en général, c'est-à-dire à personne en particulier.

L'affiche aura beau être rédigée à la seconde personne ; elle aura beau nous dire : « Arrêtez-vous. Voilà qui vous intéresse, » nous savons bien que ce « vous » ne s'applique pas à « nous » plus qu'il s'applique au voisin, et la preuve, c'est que ce voisin la contemple en même temps que nous, et que, nous passés, l'affiche reste là pour lancer exactement le même appel à ceux qui viennent après nous, tout comme elle l'a fait pour ceux qui nous ont précédé. Ainsi manque à l'affiche, de par sa nature même, cet élément de personnalité, d'individualité, qui est une des source essentielles de l'intérêt que nous prenons aux choses.

2° En second lieu, et c'est encore là un inconvénient beaucoup plus grave, l'affiche se présente aux regards du public à un moment et en un lieu où il n'est pas dans une disposition d'esprit favorable. Lorsque le lecteur tient un journal entre les mains, il est tout naturel qu'il lise la publicité qui s'y trouve, puisque cela ne lui occasionne aucun dérangement et ne nécessite même pas la peine d'un simple petit mouvement ; au contraire, comme il est en disposition de lire, cela lui fournit une matière de lecture de plus. De même, pour les autres moyens de publicité qui atteignent le public à domicile : on les lira immédiatement, parce que cela fait partie de son courrier, ou on les mettra sur son bureau ou dans un coin pour les lire plus tard. C'est précisément dans son bureau que l'homme d'affaires a l'habitude d'étudier la question de ses achats ; et c'est dans son appartement que la ménagère, la maîtresse de maison, la mère de famille, a coutume de réfléchir d'avance, et parfois bien longtemps à l'avance, à ses futures emplettes. Une publicité qui lui offrira une documentation de qualités et de prix pouvant lui être utile pour réaliser ses achats a des chances d'être la bienvenue.

Dans chaque cas il existe des circonstances de temps et de lieu, une disposition d'esprit, une réceptivité qui sont favorables à la réception, à la vision et à la lecture de la publicité. C'est là un ensemble de conditions qui expliquent la supériorité décidée de ces moyens de publicité sur tous les autres.

Plaçons-nons maintenant en face de l'affiche. Qu'est-ce qui arrive ? Trois cas principaux peuvent se présenter :

A) L'affiche se trouve dans la rue. Nous passons devant elle, allant à nos affaires, ou allant nous promener. Dans chaque cas, que nous ayons l'esprit déjà préoccupé ou que nous ayons l'esprit libre, simplement en quête d'une distraction, ce n'est pas le moment de nous proposer une affaire, de nous faire une offre, parce que, précisément, ce n'est pas dans la rue que se traitent les affaires. L'expression latine se rencontre à souhait pour cela : *non est hic locus.* Par conséquent la réceptivité du passant est défavorable à l'efficacité de l'affiche.

Fig. 43

Illustration qui serait bonne pour les choses de l'aviation, mais
non pour une boisson. De quelle espèce de boisson s'agit-il ?
Quelles sont ses qualités ? On ne sait pas très exactement quel est
son nom : *Get* ou *Get Pippermint* ou *Pippermint Get* ? *Pippermint*
a l'air d'être le nom d'un monsieur, à qui on s'adresse, en lui
disant d'exiger un *Get*. — Pour ceux qui connaissent déjà le *Get*,
l'annonce est inutile ; elle n'apporte rien de nouveau. Et pour
ceux qui ne connaissent pas le *Get*, cette annonce est très insuffisante. On pourrait même croire qu'il s'agit de quelque ingré-
dent, ou liquide ou dispositif pour l'aviation.

ARCÉ — Manuel de Publicité.   9

Et encore faudra-t-il avoir vu l'affiche, et pouvoir la parcourir de l'œil sans s'arrêter, car, autrement, notre sortie ne serait qu'une série de stations devant des murs couverts de placards, ce qui est peu compatible avec l'objectif du passant, qui est de marcher ou d'atteindre une destination déterminée. Et, surtout, même si nous avons vu l'affiche et l'avons lue, l'impression qu'elle aura faite sur nous sera d'autant moins durable que nous rencontrerons davantage de nouvelles affiches. Il y a là une contre-attraction permanente qui nous empêche d'attribuer à une affiche sa pleine valeur publicitaire. C'est comme si nous étions assaillis de sollicitations par une foule de mendiants ; là où nous aurions volontiers fait l'aumône à un ou à deux, nous risquons fort de ne donner à personne, car ils sont trop à la fois.

B) Si nous sommes dans un magasin, notre réceptivité sera plus favorable à l'action de l'affiche, puisque c'est là un lieu naturel pour la réalisation de ses achats. Ici l'affiche acquiert une valeur publicitaire beaucoup plus grande. Mais elle ne rencontre pas moins de sérieux obstacles. C'est que, dans un magasin, la place manque pour mettre des affiches et puis surtout on peut ne pas les voir — soit qu'elles soient mal placées, soit qu'il y ait encombrement des clients — ou ne pas les lire — soit qu'on n'ait pas le temps, soit qu'on redoute de nouvelles sollicitations de la part des vendeurs. Bref, dans un magasin, on n'est pas « comme chez soi », et la lecture d'une affiche n'y sera jamais aussi aisée et aussi opportune que l'est celle de la publicité que l'on reçoit chez soi.

C) Enfin, si c'est dans la campagne, le long des voies ferrées ou en quelque lieu d'excursion qu'on rencontre l'affiche, on n'a pas du tout la disposition d'esprit voulue pour que l'affiche soit efficace, sauf si elle se rapporte à votre voyage ou à votre excursion. L'affiche surgit là un peu brusquement, et l'on serait tenté d'employer l'expression populaire disant qu'elle vient là « comme des cheveux sur la soupe ».

C'est, précisément, cette désharmonie qu'il y a entre l'affiche et son milieu qui a donné lieu à des campagnes tendant à la faire interdire dans certains endroits ; et même l'abus qui en a été fait sur les murs des villes a poussé parfois les municipalités à envisager ou à prendre des mesures de restriction. Sans être enclin le moins du monde à partager les vues prohibitrices des ligues ou sociétés pour la protection des paysages, le technicien de publicité doit conclure de cette antipathie même qui s'est manifestée à l'égard de l'affiche, que l'affiche se présente dans des conditions qui sont peu favorables à une parfaite efficacité de ce moyen de publicité.

Bref, les circonstances de temps et de lieu dans lesquelles l'affiche se trouve placée de par sa nature même, ainsi que son caractère trop peu individuel réduisent inexorablement dans une forte mesure le rendement publicitaire dont une affiche est susceptible. Voilà un fait qui, s'il avait été mieux mis en lumière, aurait suffi pour éviter le gaspillage annuel de centaines de mille francs et même de millions, qui, affectés à d'autres moyens de publicité, auraient pu faire lever de belles moissons publicitaires. L'emploi de l'affiche comporte donc

des limites naturelles qui jusqu'à présent ont été
beaucoup trop méconnues.

Le rôle de l'affiche

Ce sont ces limites qui vont nous permettre à
la fois d'indiquer le rôle de l'affiche et d'en exposer
la technique, afin qu'elle porte tous les fruits qu'on
est en droit d'en attendre.

En premier lieu, voici les trois cas principaux
dans lesquels l'affiche peut être légitimement
employée :

1° Dans la campagne de publicité, l'affiche, généralement, ne saurait jouer qu'un rôle secondaire
et complémentaire. Il ne faudra presque jamais
compter sur elle comme élément unique ou principal de la campagne de publicité, sauf dans les cas
indiqués au paragraphe 2. Dans la majorité des cas,
l'affiche ne viendra qu'au dernier rang des moyens
employés. Il faudra d'abord recourir aux moyens
que nous avons étudiés jusqu'à présent, et n'envisager qu'ensuite l'emploi de l'affiche. C'est
dire que l'affiche sera plutôt un hors-d'œuvre, un
entremets ou un dessert qu'un plat de résistance.
C'est dire aussi que l'affiche doit être particulièrement réservée pour les maisons qui disposent
d'un gros budget de publicité. Pour ces maisonslà l'affiche peut être utile. Car, ayant assez d'argent pour employer l'ensemble des moyens de
publicité existants, elles peuvent par là atteindre
l'unanimité du public, des gens qu'autrement
elles n'auraient pas touchés par les autres moyens
et, d'autre part, renforcer l'impression favorable
produite déjà par le reste de la publicité. Il est

FIG. 44

Bonne annonce. A remarquer comme le titre, surmonté du dessin de la pipe, produit une forte impression de netteté, de solidité et de franchise. Il fallait dire ce qui fait la valeur des " modèles anglais „, sinon on risque de heurter ceux qui préfèrent les marques françaises. A remplacer " curieuse „ par " utile „ ou " intéressante „ dans la qualification de la brochure. Des initiales constituent un mauvais nom de marque, qui se gravera difficilement dans la mémoire.

tout naturel qu'une firme assez puissante pour cela veuille utiliser l'ensemble des moyens de publicité qui existent, parce que, malgré tout, chacun de ces moyens exerce sur tel public une certaine prise, et que c'est, précisément, de la coordination de ces moyens divers que résultera le développement maximum de l'entreprise. Mais le tort serait de vouloir bouleverser la légitime hiérarchie des valeurs et des moyens publicitaires.

Donc l'affiche conviendra particulièrement à de très grandes maisons de commerce et surtout à celles qui vendront des produits de grande consommation, d'usage courant, des produits nécessaires à chacun. L'affiche étant un moyen de toucher le public, non en profondeur mais en surface, non individuellement mais en masse, plus ce public sera vaste, et plus l'affiche trouvera un champ opportun d'application. Outre son action directe et immédiate, elle crée une atmosphère de puissance, une impression de grandeur et d'importance qui sera toujours très profitable. Mais cette impression sera d'autant plus forte qu'il s'agit d'une maison ou d'un article jouissant déjà d'une notoriété plus grande. L'affiche sera plutôt une publicité de rappel qu'une publicité de lancement.

Il faut que, lorsque intervient l'affiche, la chose au profit de laquelle elle intervient soit déjà connue. Sinon l'impression produite par l'affiche, si puissante soit-elle, n'étant pas soutenue par les impressions déjà accumulées par les autres moyens de publicité, s'atténuera très vite, et il est possible qu'il n'en reste rien d'utile, ou que ce qui en

restera soit insignifiant eu égard au prix dont
on l'aura payé. Donc l'affiche, si elle fait connaître,
n'a qu'un effet très éphémère ; elle ne fait pas
connaître assez énergiquement. Elle est plutôt
le moyen de développer le succès d'une affaire
que le moyen de le créer. Elle est moins une
publicité de lancement, qu'une publicité de relancement, moins une publicité d'initiation qu'une publicité de confirmation, moins une publicité de fondation, de création, d'inauguration et de début de
campagne publicitaire, qu'une publicité d'extension, de développement, de conclusion et de cou-
ronnement.

2° L'action exercée par l'affiche étant peu
durable, il est naturel d'employer l'affiche pour
annoncer des choses qui vont se passer à brève
échéance. Pour attirer l'attention sur une actualité, sur un spectacle, sur des soldes, sur des
« occasions », sur une vente ou une offre spéciales,
l'affiche est un excellent moyen. On ne saurait
contester sa valeur pour atteindre les multitudes,
car elle s'adresse à tout le monde et peut être
vue par tous. Elle rendra donc de grands services
pour tout ce qui pourra être présenté comme une
actualité, se produisant à une date rapprochée,
notamment s'il s'agit d'une chose intéressant un
grand nombre de gens.

Pour que l'affiche soit d'un bon rendement, il
faut que l'offre qu'elle présente au public ne
nécessite pas de la réflexion, ne comporte pas des
possibilités d'hésitation de la part de ce public ; il
faut que l'offre soit assez intéressante, qu'il existe
déjà au préalable chez ce public un intérêt assez
grand pour que la décision soit immédiate. Dans

les matières qui comportent des atermoiements, l'affiche n'est que d'une efficacité insuffisante, parce que son action est éphémère.

3° Si l'action de l'affiche est limitée dans le temps, elle est aussi limitée dans l'espace ; mais, par le fait même, il en résulte pour l'affiche une nouvelle possibilité d'emploi avantageux. L'affiche sera excellente pour attirer l'attention sur les magasins ou les établissements dans le voisinage desquels elle est placée. Elle joue ainsi le rôle de poteau indicateur ; elle rabat la clientèle vers l'article à vendre, et une série d'affiches s'échelonnant ainsi de proche en proche peuvent avoir un grand intérêt pour le marchand.

Temporaire et locale sera donc l'action de l'affiche, — action superficielle, mais qui, lorsqu'il est fait de l'affiche un usage judicieux, regagne en surface, en étendue, par rapport aux moyens de la publicité individuelle, nominative et personnelle, ce qu'elle perd en profondeur.

La technique de l'affiche

Ces limites naturelles de l'affiche vont également en déterminer la technique.

L'affiche aura d'abord à fixer l'attention, ou plutôt à forcer l'attention. — les conditions de visibilité et de lisibilité étant ici plus essentielles, plus péremptoires et plus impérieuses qu'ailleurs. Elle y parviendra par les moyens suivants :

1° En premier lieu par un emplacement approprié. Nous nous bornerons à dire que cet emplacement doit, autant que possible, se trouver dans l'axe de la vision naturelle et normale du passant.

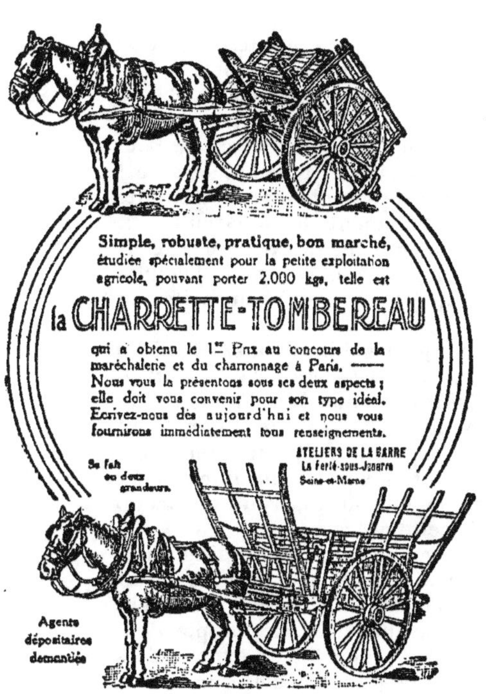

FIG. 45

Annonce parfaite à tous les points de vue. Tout au plus,
aurait-on pu y ajouter l'indication des principaux usages auxquels
cette charrette se prête dans les diverses professions

C'est principalement de l'affiche qu'on peut dire qu'elle doit être vue sans être regardée, et que sa présence doit s'imposer à l'œil du passant. Placée trop haut ou trop bas, trop à l'écart ou à une distance trop grande du passage des gens, l'affiche n'a plus qu'une valeur presque nulle. Le seul moyen de savoir si l'affiche sera bien placée, c'est de se rendre compte, au préalable, de sa visibilité par rapport au mouvement de la circulation. C'est là une condition que les afficheurs négligent beaucoup trop, comme si la question de l'emplacement était indifférente pour l'efficacité de l'affiche.

2° Ensuite il faut que les dimensions de l'affiche soient suffisantes. C'est là un principe trop méconnu. Ici, plus encore que dans l'annonce de presse, l'effet produit n'est pas proportionnel aux dimensions, il est plus que proportionnel, il est progressif. A ce point de vue-là, une affiche deux fois plus grande qu'une autre, vaut beaucoup plus du double de cette autre.

Certains commerçants font faire de minuscules affiches et, comprenant bien qu'une seule serait trop petite pour produire l'effet désiré, ils croient compenser cette insuffisance par l'apposition, l'un à côté de l'autre, de plusieurs exemplaires ou même d'un grand nombre d'exemplaires de la même affiche. Erreur déplorable, car, si la valeur individuelle de chaque unité est presque nulle, la valeur totale d'une multiplicité de ces affiches ne sera guère plus considérable. Nous avons vu ainsi jusqu'à cent exemplaires de la même affiche contigus les uns aux autres, et qui, à eux tous, faisaient moins d'effet utile que n'en eût fait un seul exemplaire d'une affiche de dimensions doubles ; c'est là un pur gaspillage.

Cependant il faut reconnaître que, depuis quelque temps, la valeur progressive des grandes affiches, c'est-à-dire leur valorisation du fait de leur accroissement de grandeur, semble être mieux appréciée. Et nous voyons, de plus en plus fréquemment, des affiches dont un seul exemplaire a une valeur publicitaire égale à celle d'une dizaine d'affiches de dimensions courantes. Ainsi l'on peut, de temps en temps, saluer avec satisfaction la mise en pratique de plus en plus sérieuse des vérités et des principes posés par la saine technique publicitaire ; et l'on peut prévoir qu'un jour viendra où toute la pratique de la publicité sera valorisée, ce qui représentera, pour le commerce et l'industrie, d'une part, la fin de dépenses stériles se chiffrant par millions de francs, et, d'autre part, des millions de bénéfices provenant de l'augmentation du rendement de la publicité.

Ajoutons, bien entendu, que les dimensions d'une affiche ne gagneraient rien à dépasser le format des plus grandes affiches existantes : il y a là aussi une limite maximum, comme il y a une limite minimum. Mais il vaut encore mieux pécher par excès de grandeur que par insuffisance.

3° Ce que nous avons dit de la forme de l'annonce, des proportions à adopter entre les dimensions, s'applique également à l'affiche. D'une part, une affiche qui sera plutôt en largeur qu'en hauteur répondra mieux aux nécessités de la vision, et le texte qu'elle contiendra sera plus facile à parcourir, car cela réduira l'amplitude du déplacement vertical de l'œil. D'autre part, il sera bon de ne pas abuser des formes quadrangulaires ou rectangulaires, qui sont beaucoup trop fréquen-tes ; et il y aura intérêt à recourir à des contours arrondis ou sinueux.

4° En matière d'affiche, la couleur est un élé-ment capital ; car il n'y a rien de plus voyant que la couleur. On a fait déjà de très nombreuses expériences pour essayer de savoir quelles étaient les couleurs les plus visibles. Ces expériences n'ont pas donné des résultats assez sûrs pour qu'il soit utile de les rapporter ici. Nous nous bornerons à préciser comme suit les possibilités d'emploi de la couleur dans l'affiche : .

a) Il est possible de tirer un bon parti de presque toutes les couleurs, car une couleur vau-dra ce que vaut la tonalité, la luminosité, l'inten-sité qu'on aura su lui donner.

b) Les couleurs lumineuses sont de beaucoup préférables aux couleurs ternes, grises, neutres.

c) Les couleurs qu'on appelle chaudes et qui sont le rouge, l'orangé, le jaune, sont préfé-rables aux couleurs dites froides, et qui sont le violet, l'indigo, le bleu et le vert, quoique le vert puisse aussi être rangé parmi les couleurs chaudes, selon sa tonalité.

d) On a dit que le rouge était la couleur publi-citaire par excellence, ce qui est très exact, mais à la condition que ce rouge ne soit pas trop cru, et qu'il soit plutôt un rouge vif, un rouge clair, qu'un rouge foncé, un rouge noir. Car, à côté de la visibilité de la couleur, il faut considérer le côté esthétique, c'est-à-dire l'agrément de la cou-leur.

e) La couleur orangée, les mauves, les lilas et les

FIG. 46

Annonce en pattes de mouche. Le nom de *Falessa* est épouvantable ; le support-chaussette est insuffisamment visible ; le geste du monsieur est énigmatique, comme, du reste, le début du texte *(du fait qu'il brise la ligne autour de la jambe ???)*. La mauvaise exécution de cette annonce ruine les bonnes intentions que comportait sa conception.

violets clairs donneront d'excellents effets. De même on pourra tirer un bon parti de l'opposition entre de beaux noirs et de beaux blancs, bien en valeur.

f) Une affiche ne doit pas être en demi-teintes, ni en nuances, mais procéder par grands ensembles, par grandes masses et par grandes taches. Il n'y faut pas la minutie de détails qu'il peut y avoir dans un tableau, dans une œuvre purement artistique. L'affiche doit se voir presque comme une seule tache de couleur ; savoir produire cette tache colorée, qui arrête et capture le regard, c'est là un des principaux talents de l'affichiste. La tâche de l'affichiste qui sait son métier est de faire des affiches qui fassent tache.

5° Pour tout ce qui concerne l'argumentation, la rédaction, l'illustration, la typographie, la présentation matérielle (cadre et espaces blancs) de l'affiche, nous renverrons à ce que nous avons déjà dit de l'annonce. Mais ici il faut encore être plus strict, c'est-à-dire attacher plus d'importance à tout ce qui peut accroître la visibilité et la lisibilité de l'affiche. L'illustration devra s'efforcer, avant tout, de mettre en valeur l'article à vendre. Voilà un principe essentiel, dont un très grand nombre d'affichistes ne semblent même pas se douter.

L'affiche illustrée vaudra beaucoup mieux que l'affiche non illustrée. Mais une simple affiche de texte, ou, comme on dit, une affiche de lettres, peut donner d'excellents résultats, lorsque la typographie en est judicieuse.

Dans l'affiche illustrée comme dans l'affiche de texte seul, on ne saurait trop attacher d'im-

portance à la lisibilité des caractères. Beaucoup
de dessinateurs d'affiches négligent trop, à ce
point de vue, le dessin de la lettre, qui est pourtant
un facteur essentiel de l'efficacité de l'affiche.

La valorisation de l'affiche

Le défaut capital de la plupart des affiches
c'est qu'elles se bornent à attirer l'attention ; et
encore se bornent-elles à attirer l'attention sur
elles-mêmes, en tant qu'œuvres d'art, plutôt que
sur la chose à vendre, dont la mise en valeur
est cependant leur unique raison d'être. Or nous
savons que ce n'est là qu'une partie de la fonction qu'a à remplir toute réalisation publicitaire
conçue selon les lois de la technique intégrale. Il
faut aussi que l'affiche, comme tout autre moyen
de publicité, cherche à montrer que l'article à
vendre est désirable au plus haut point. Pour
cela l'affiche ne saurait se passer d'un minimum
de texte, texte qui doit exprimer cette désirabilité du susdit article.

Il est bien évident que l'unique mention du nom
de cet article qu'on trouve dans un très grand
nombre d'affiches est bien insuffisante. Il faut
aussi qu'il y ait des arguments, ou des apparences
d'arguments, et des preuves, ou des apparences
de preuves, — aussi réduit, aussi concentré que
cela soit.

A vrai dire, il n'y a qu'un moyen de valoriser
l'affiche. S'il y a trop de texte, ce texte risque de
n'être pas lu du tout ; s'il n'y en a presque pas,
l'affiche risque de ne produire aucun effet utile.
Comment, dès lors, résoudre la difficulté ? Nous

procéderons de la façon déjà indiquée pour l'annonce. Nous mettrons en très grosses lettres l'essentiel du texte de l'affiche : nom de l'article et argument principal, de manière que cela forme un tout complet. Ce sera là le minimum de texte que tout passant pourra lire, même s'il ne s'arrête pas ou s'il est pressé.

Et, à côté de cela, en lettres beaucoup plus petites, nous mettrons le restant de l'argumentation, argumentation qui ne s'adresse qu'aux gens moins pressés ou aux gens déjà intéressés par la partie en grosses lettres. Par là la valeur publicitaire de l'affiche sera doublée ; c'est comme s'il y avait deux textes distincts, chacun d'eux correspondant à une catégorie particulière de passants et de lecteurs.

Il sera bon d'utiliser l'affiche pour offrir, sur simple demande, une notice explicative ou une brochure contenant de plus amples renseignements sur l'article à vendre. L'affiche, par sa nature même, ne pouvant comporter qu'un texte restreint, il est logique de profiter de l'affiche pour amorcer la présentation d'une publicité complémentaire destinée à achever d'éclairer la religion du passant qui aura déjà pris quelque intérêt à l'affiche et qui désirerait une plus ample information. Voilà un élément de valorisation de l'affiche qui est encore entièrement ignoré, ou presque.

Nous dirons encore que l'on se méprend très souvent sur l'effet que produira une affiche, parce qu'on ne la juge que dans son cabinet et non pas dans les conditions réelles où elle sera placée. Or il arrive fréquemment que, une fois en place, l'affiche produise une impression bien moindre

FIG. 47

Exemple d'annonce, sobre et simple, pour maison jouissant
d'une réputation assise, qui tient à rester dans une discrétion de
bon goût, sans vouloir faire des avances à sa clientèle, sans la
solliciter avec insistance, sachant que l'énoncé de son nom suffît
à évoquer des articles de grand luxe. Cette austérité de l'annonce
ne se recommande, précisément, que pour les maisons célèbres,
dont la signature est synonyme de perfection et de haute renom-
mée. Ici le cadre est parfaitement bien choisi: d'une sobriété
élégante, et bien en rapport avec des meubles. Armoiries, cadre
et typographie nette et noble donnent à cette annonce un ton de
distinction parfaite. Voilà comment, parce qu'elle est bien appropriée à son objet, une annonce, très simple en apparence, peut
avoir une haute valeur publicitaire.

que celle qu'on en escomptait. C'est ce qui se passe encore avec un texte d'annonce ou de chronique : lorsqu'on vient de le rédiger, on le trouve très bien, et, quand on le voit imprimé dans un journal, on a le regret de constater qu'il est ordinaire, mesquin, banal. Il faut donc, avant de livrer l'affiche à l'impression, examiner l'aspect que revêt la maquette, ou original dessiné et manuscrit, de l'affiche, en la mettant dans les conditions réelles où elle se trouvera lorsqu'elle sera posée, afin de pouvoir la modifier et la rectifier en conséquence.

Il faudra tenir compte, notamment, du fait que, la plupart du temps, l'affiche ne sera pas seule. Elle sera entourée d'autres affiches ; et alors toutes ces affiches rivaliseront entre elles pour s'imposer à l'attention et au regard. Plus il y en aura, et plus elles auront de difficulté à se faire distinguer et remarquer. Par conséquent, il faudra savoir s'inspirer de la loi d'opposition et de contraste qui veut que, plus une chose offre d'opposition et de contraste avec son entourage, plus elle se fait remarquer. Il y a là un facteur d'originalité et de visibilité qu'il ne faut pas mépriser. Par le fait qu'elle est rarement employée, une couleur, — de même qu'une forme, — acquiert une plus grande valeur. De là résulte que la publicité comporte un élément de variabilité, ou, comme on dit, une variable, qui vient modifier la valeur intrinsèque des éléments publicitaires. C'est à son expérience personnelle que le technicien de publicité demandera une évaluation exacte de cette variable, suivant les cas, les temps et les lieux.

Si une affiche est bien faite, si elle est valorisée de la manière que nous venons d'indiquer, un petit nombre d'affiches suffiront dans une même ville, alors qu'une multitude d'exemplaires d'une affiche de valeur insuffisante ne donneraient qu'un résultat inférieur. La multiplication des affiches ne saurait en compenser l'insuffisance individuelle; il n'en résulte qu'une stérile multiplication de dépenses.

Mais si la répétition de l'affiche dans l'espace, quand il s'agit du même public, n'a qu'une valeur inférieure à la dépense en résultant, la répétition de l'affiche dans le temps est, pour ainsi dire, une nécessité, sauf pour les affiches qui ne s'appliquent qu'à des faits passagers. Pour les produits de consommation permanente, l'affiche ne donne son plein résultat que quand elle est presque permanente. Il faut donc la renouveler en temps opportun, sinon il y aurait des trous dans la mémoire du public, lesquels se traduiraient par des trous correspondants dans les chiffres de vente.

Mais alors il ne faut pas se contenter de remplacer une affiche déchirée ou disparue par une affiche identique; il faut la remplacer par une affiche nouvelle, apportant une argumentation nouvelle et de nouveaux éléments de désirabilité. C'est ainsi qu'il y aura grand profit à faire imprimer un nombre moins considérable d'exemplaires d'une même affiche, pour varier le sujet de son affiche. Quatre affiches différentes, tirées à mille exemplaires chacune, et mises sous les yeux d'un même public, auront une plus grande valeur publicitaire qu'une seule affiche tirée à dix mille exemplaires. Voilà ce qu'ignorent de très grosses maisons de commerce, qui utilisent depuis vingt ou trente ans la même affiche, s'imaginant qu'elle conserve toujours la même puissance, alors qu'elle est sempiternellement sous les yeux des mêmes lecteurs, qui, bien entendu, la considèrent depuis longtemps comme lettre morte. VARIÉTÉ, et non *monotonie et uniformité*, doit être la devise de la publicité.

Les variétés d'affiches

L'affiche comporte un très grand nombre de variétés suivant la matière en laquelle elle est faite et suivant l'endroit où elle se trouve et la manière dont elle se présente au public. Mais à toutes ces affiches s'appliquent les principes de la technique que nous venons d'exposer. Nous nous bornerons à dire un mot des principales variétés.

Nous distinguerons l'affiche fixe et l'affiche mobile ou circulante.

L'affiche fixe est de beaucoup la plus importante. Elle comprend diverses catégories :

1º La principale sorte d'affiche, c'est l'affiche sur papier, ou affiche murale, qui est l'affiche ordinaire, l'affiche proprement dite.

On peut choisir pour cette affiche n'importe quelles dimensions. Mais il est bon de savoir que les imprimeurs d'affiches emploient des termes spéciaux, des termes techniques, pour désigner les formes les plus courantes des affiches. Ces noms sont simplement ceux qui désignent le format des feuilles de papier les plus usitées pour l'impres-

Fig. 48

Annonce exécutée avec beaucoup de soin, ayant un caractère nettement industriel, bien en rapport avec son objet. Cependant, elle aurait gagné à représenter la chaudière avec le brûleur ; il était facile de le faire en donnant au cadre intérieur une forme appropriée, au lieu de le constituer avec des H ou des crochets sans signification adéquate. Il eût été préférable de ne pas mettre dans le grisé les mots : *économie, 25 0/0 simplicité*, et de dégager davantage les mots qui sont en regard (*marche*, etc). Au point de vue rédaction, *marche assurée par nos approvisionnements* n'est pas heureux, non plus que *simplicité*, seul, venant s'accoter à la mention de l'économie. Enfin, il était opportun d'offrir dans l'annonce l'envoi d'une notice explicative, seul moyen de renseigner suffisamment et de convaincre les possesseurs de chaudières. Malgré ces imperfections de détail, cette annonce est bien supérieure à la moyenne des annonces industrielles ; elle fait preuve d'une technique publicitaire consciente du but à atteindre et des moyens à employer pour cela, bien que cette technique soit encore, comme nous l'avons indiqué, susceptible d'améliorations.

sion de l'affiche ; ils proviennent de ce que, à l'origine, la feuille de papier portait un filigrane représentant un certain objet, cet objet ayant par la suite servi à désigner le format de la feuille sur laquelle il se trouvait. Les dimensions de ces formats comportent de légères variations, suivant les diverses fabriques de papier.

Voici quelques-uns de ces formats :

Le format *Quart de Colombier*, qui est approximativement de.................... o m. 3o × o m. 45.
Le format *Demi-Colombier*..... o m. 45 × o m. 63.
     —   *Colombier*............ o m. 63 × o m. 90.
     —   *Double Colombier*.... o m. 90 × 1 m. 25.
     —   *Quadruple Colombier*. 1 m. 25 × 1 m. 80.
     —   *Grand Aigle*......... o m 75 × 1 m. o5.
     —   *Double Grand Aigle*.. 1 m. o5 × 1 m. 5o.
     —   *Quadruple Grand Aigle*...................... 1 m. 5o × 2 m. 10.

L'affiche en papier sera placée soit n'importe où, sur les murs, soit en des endroits spécialement réservés, qui appartiennent à des agences d'affichage. Le premier mode de procéder s'appelle la pose libre. Ici l'annonceur n'a aucune garantie que ses affiches ne seront pas rapidement détruites, lacérées ou recouvertes par d'autres. Aussi un affichage sérieux sera-t-il fait sur des emplacements en location ; l'affichage est dit alors en pose réservée ou en conservation. Ici, bien entendu, il faut payer, outre les frais de pose, les frais de la conservation, qui varient suivant la grandeur de l'affiche et suivant la durée de la conservation. Mais c'est là une dépense bien placée, qui assure à l'affiche tout son rendement publicitaire. Pour remplacer les affiches qui viendraient à être détériorées par les intempéries ou autrement, pendant la durée de la conservation, il convient de faire imprimer un certain nombre d'exemplaires en plus du nombre des exemplaires que l'on a prévus.

2° Pour assurer une plus grande durée à l'affiche sur papier ordinaire, on peut lui faire subir une préparation spéciale, soit, comme dit un texte législatif fixant un droit de timbre sur les affiches, « que le papier ait été transformé ou préparé, soit qu'elles se trouvent protégées par un verre, un vernis ou une substance quelconque, soit qu'antérieurement à leur apposition on les ait collées sur une toile, plaque de métal, etc. ».

Nous aurons ainsi des affiches sur toile, sur métal, sur lave émaillée, sur bois, sur carton, etc. Lorsque la matière en laquelle est faite l'affiche ne se prête pas à l'impression, nous n'avons plus une affiche imprimée, mais une affiche peinte. C'est un procédé coûteux, et qui ne peut que se justifier que par la très longue conservation de l'affiche ; dans ce cas la question de l'emplacement est, pour ces affiches, un point capital.

Ces affiches prennent alors les noms de pancartes, tableaux-publicité ou tableaux-réclame, et panneaux-publicité ou panneaux-réclame. Ces noms sont à peu près synonymes, à cette différence près que la pancarte désigne plutôt une affiche beaucoup plus large que haute, et d'ordinaire sur toile ou sur carton, — que le tableau-publicité désigne plutôt une affiche de dimensions assez restreintes, — et que le panneau désigne plutôt une affiche de très grandes dimensions et montée, d'ordinaire, sur une matière très solide, comme le bois.

Les pancartes, les tableaux, les panneaux se placeront dans les villes, dans des endroits particulièrement bien situés, dans les gares, dans le métropolitain, le long des routes et des voies ferrées, dans les sites d'excursion, etc. Leur utilité sera d'autant plus grande qu'ils attireront davantage l'attention sur la proximité de l'endroit où la chose qu'ils annoncent se trouve en vente.

D'une façon générale, on peut dire que l'affiche mobile ou circulante a contre elle d'être moins facilement lisible que l'affiche fixe. En effet, avec l'affiche fixe, il n'y a que le lecteur qui se déplace, et il peut facilement s'arrêter pour lire l'affiche ; et même il n'a pas toujours besoin de le faire, l'affiche offrant à son regard un point immobile, ne se dérobant pas. Au contraire, avec l'affiche mobile, le public n'a pas la commodité de vision et de lecture qu'il a dans le premier cas.

Nous distinguerons trois catégories d'affiches mobiles ou circulantes, suivant l'endroit où le public les rencontre et la manière dont elles se présentent à lui.

a) Les affiches se trouvant dans les tramways, dans les wagons du métropolitain et des chemins de fer, dans les voitures publiques et autres moyens de locomotion, seront de préférence des affiches de texte, avec une inscription lapidaire, rehaussée de couleurs très voyantes et mise en valeur par un cadre très fort. Même quand il n'y a qu'un simple texte, nous appelons cela une affiche, parce qu'il s'agit de quelque chose qui s'étale sous les yeux du passant ou du voyageur.

FIG. 40

Annonce très agréable d'aspect, et basée sur un bon argument: l'usage que fait le pneu. Cependant ce dernier, qui sert de
siège à l'automobiliste, aurait pu être mieux dessiné, paraître
plus robuste. Il eût été bon également de dire quelques mots
de cette " nouvelle fabrication „ qui commence à faire parler
d'elle. L'écusson de droite qui entoure le G n'est pas en rapport
avec l'automobilisme.

Mais il ne faut attacher aucune importance trop stricte aux définitions intransigeantes, car ce n'est là qu'une question de mots, qui ne change rien aux choses elles-mêmes. C'est simplement une façon de parler, dont l'objet sera atteint pourvu qu'on se fasse comprendre. C'est ainsi qu'une affiche peut être définie aussi bien une annonce murale.

Pour la catégorie d'affiches que nous envisageons actuellement, deux choses sont essentielles. D'abord, le contenu intellectuel, texte et illustration, doit en être aussi réduit, aussi concentré, aussi lapidaire que possible, pour que le public puisse le comprendre sans difficultés. Et ensuite, il faut juger de la visibilité et de la lisibilité de l'affiche en se plaçant à l'endroit même où se trouvera la généralité des gens, assis, debout ou circulant, auxquels elle s'adresse, — qu'elle soit à l'intérieur ou à l'extérieur de la voiture.

On peut dire qu'en fait cinquante pour cent des affiches de cette catégorie sont d'une valeur presque nulle, parce qu'elles ne sont ni visibles, ni lisibles.

b) Les affiches des voitures de livraison et des voitures-réclame, ou voitures-publicité, ont une valeur publicitaire bien supérieure à celle des affiches de la catégorie précédente. Cela tient, en premier lieu, à ce que l'on y dispose de plus de place, de manière à pouvoir utiliser de plus grandes dimensions, et, en second lieu, à ce que ces affiches sont en rapport plus direct avec la marchandise qu'il s'agit de vendre.

Dans les moyens de locomotion ordinaires, la publicité se présente un peu comme une intruse, qui vient relancer le public là où il n'en a cure.

Mais, au contraire, une voiture de livraison et
une voiture-réclame sont des moyens naturels et
logiques de publicité. On peut dire que toute voiture de livraison gagnerait à être transformée en
voiture-réclame, c'est-à-dire en voiture servant
autant à la publicité qu'au transport des marchandises. Il y a là une question qui n'a pas encore été
suffisamment étudiée par les commerçants et les
industriels.

Un carrossier qui s'attacherait à des créations
de ce genre rendrait de grands services à la publicité circulante, et il serait certain d'acquérir
une belle clientèle. Le principe de ces voitures-
publicité doit être de représenter, — par leur
forme, leur décoration, leurs couleurs, les motifs
qu'elles portent, — l'objet à vendre d'une façon
attrayante et agréable à l'œil. La voiture-réclame
sera ainsi comme le blason ou les armoiries publicitaires de la maison de commerce, et elle ira
partout, sous sa livrée de bon goût et de bonne
tenue, porter et proclamer, d'une façon imagée,
colorée et concrète, ses offres de service.

c) Les hommes-sandwichs ou porteurs d'affiches
ou d'écriteaux sont une forme d'affiche vivante,
d'affiche humaine, qui serait sûre d'attirer les
regards et l'attention, si elle était pratiquée avec
le sérieux et le soin voulus. Au lieu des pauvres
miséreux, qui, d'ordinaire, sous quelque dé-
froque en lambeaux, sont les véhicules d'une pancarte hideuse à voir, et qui les oppresse presque
autant qu'un carcan, il faudrait des uniformes
rutilants, des habits de gentleman et des pancartes très artistiques pour rendre à cette publicité ambulante sa valeur primitive.

Au lieu de porter une simple pancarte, les hommes-sandwichs pourraient porter quelque appareil, quelque objet, mécanique ou non, reproduisant l'article à vendre d'une façon attractive et séduisante. L'homme-sandwich peut être également utilisé le soir comme porteur d'un dispositif de publicité lumineuse.

Par une erreur, facile à comprendre de la part des entreprises qui fournissent les hommes-sandwichs, mais qui ne s'explique pas chez le commerçant qui a recours à leurs services, on voit défiler quelquefois des dizaines d'hommes-sandwichs se suivant en file indienne, alors qu'un seul, mais convenablement habillé et véhiculant une publicité intelligente, produirait exactement le même effet.

Il faut se rappeler que, lorsqu'un cirque organise une cavalcade ou une parade dans une ville, le personnel y revêt les costumes les plus brillants possible, et non pas une tenue qui soit un « repoussoir ». Il doit en être de même pour l'emploi des hommes-sandwichs, sous peine de n'avoir là qu'une publicité dérisoire.

Nous assimilerons à l'homme-sandwich la publicité verbale qu'on peut faire par le moyen de gens annonçant oralement au public, notamment aux terrasses des cafés et restaurants, tel fait, telle actualité d'intérêt publicitaire. Mais ce serait là une publicité coûteuse, d'allure plutôt indiscrète, et, somme toute, d'une portée très éphémère.

En revanche, on pourrait se servir avec profit, dans les petites villes et les villages, du tambour de ville ou du crieur public pour annoncer tels

FIG. 50

Bon titre. Le texte gagnerait à être entouré d'un cadre, de manière à faire davantage bloc avec le dessin. Le tort de l'annonce, c'est de ne pas préciser ce que sont ces pochettes. Pour protéger contre la poussière, il semble qu'elles doivent envelopper les vêtements eux-mêmes. C'est une erreur grave que de ne pas donner au lecteur le moyen de voir tout de suite ce dont il s'agit.

arrivages, telles occasions ou telles actualités, chez les marchands de la localité ou chez ceux de la ville voisine.

Autre publicité dans la rue

Les hommes-sandwichs peuvent être utilisés aussi pour distribuer des prospectus ou des objets-réclame. Car le prospectus se distribue dans la rue non moins qu'à domicile. Mais ce mode de distribution ne vaut pas la distribution à domicile ; il est d'ailleurs prohibé parfois, pour raison d'hygiène ou de propreté.

Rien à dire de particulier sur la distribution du prospectus dans la rue, sinon qu'elle ne peut avoir d'intérêt que pour les marchands ou les établissements qui sont dans le voisinage du lieu de distribution, et que, pour valoriser ce moyen de distribution, il faudrait remplacer le prospectus ordinaire et banal, qu'on a tout de suite tendance à jeter, par un menu objet-réclame, qu'on serait plutôt disposé à garder.

En revanche, une excellente chose, qui n'est pas assez pratiquée, consisterait à mettre devant les magasins, à la portée des passants, des prospectus, avec une invitation gracieuse à les emporter.

Un excellent moyen de publicité, toujours à l'adresse des passants, est d'installer dans une vitrine quelque appareil, quelque dispositif ou quelque objet qui représente la marchandise, sa fabrication ou son mode d'emploi. Ce procédé n'en sera que plus efficace, s'il s'agit là de quelque scène animée, mettant habilement en valeur l'article à vendre. On peut combiner ainsi de véritables spectacles qui arrêteront, à coup sûr, tous les passants. Le procédé vaut mieux que celui qui consiste à mettre dans une vitrine une simple reproduction inerte de l'article à vendre, reproduction en carton ou en une autre matière, mais ayant des dimensions bien supérieures à celles de l'objet réel.

Néanmoins, ce procédé a un inconvénient grave ; c'est que, pour qu'il soit efficace, il faut disposer d'une vitrine très bien placée, ce qui toujours coûte cher. Malgré tout, on n'a pas tiré de ce mode de publicité tout le parti dont il est susceptible. C'est surtout avec l'installation et la décoration de la devanture, de l'étalage et de la vitrine qu'il faut savoir combiner ce moyen-là.

La Publicité lumineuse

Les annonces et les affiches lumineuses, qui sont spécialement indiquées pour les carrefours, places et endroits très fréquentés, ont l'inconvénient d'être onéreuses, étant donné leur rendement réel. Les meilleures sont celles qui présentent quelque variété grâce à un dispositif mobile ou animé. Elles agissent sur l'œil plutôt que sur l'esprit, et elles ont un succès de curiosité plutôt qu'une valeur publicitaire importante.

Il n'y a lieu de les recommander que comme un prolongement de l'enseigne, pour attirer l'attention sur les magasins ou les établissements qui se trouvent dans le voisinage, ou encore lorsqu'elles offrent un tel intérêt de spectacle qu'elles font sensation.

Dans ce dernier cas, elles peuvent être mises à profit pour signaler quelque événement commercial également sensationnel, par exemple les nouveautés de la saison. Elles gagnent alors à n'être pas permanentes, et à reparaître seulement à certains intervalles de temps, et, de préférence, suivant une périodicité régulière, mais alors avec des motifs nouveaux. Sans cela rien de plus monotone qu'une pareille publicité, qui offre encore l'inconvénient de n'être pas, généralement, d'une commodité ou d'un agrément visuels parfaits.

Tout ce qui, en publicité, n'est basé que sur la simple curiosité, sans que le public ait un intérêt réel et sérieux à ce qu'on soumet ainsi à son regard, n'a qu'une valeur très superficielle et très éphémère. Une erreur capitale, à ce point de vue, consiste dans une invention récente qui présente au public successivement une série d'affiches, faites pour des articles différents et se déroulant chacune sur plusieurs rouleaux, de telle sorte qu'on voit apparaître graduellement toute l'affiche, depuis le haut jusqu'au bas, et ainsi de suite. Ce procédé serait meilleur, s'il s'agissait uniquement de présenter dans chaque appareil une série d'affiches faites pour les marchandises d'une même maison de commerce. Alors, en effet, il n'y aurait plus contre-attraction, mais multiplication d'effets convergents.

Encore ce moyen de publicité, constitué par le déroulement d'une multiplicité d'affiches, non plus antagonistes, mais de même sens, offre-t-il l'inconvénient d'attirer l'attention du spectateur moins sur l'affiche elle-même que sur la façon

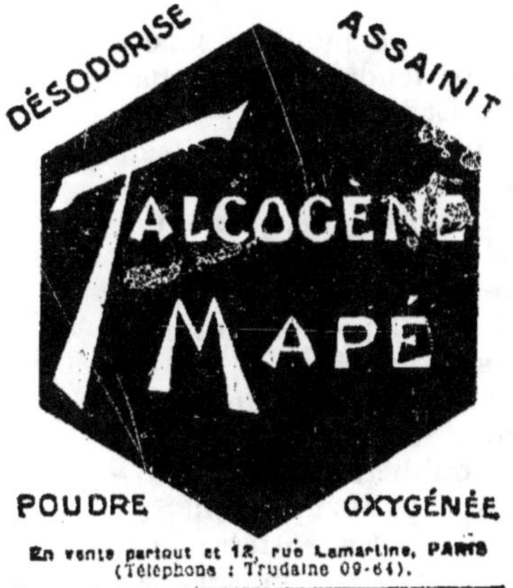

FIG. 51

Annonce rébus. Qu'est-ce que cette poudre oxygénée qui déso_
dorise et assainit ? A quoi sert-elle ? *En vente partout* est un peu
fort ; on ne nous dit même pas à quelles catégories de marchands se rapporte ce *partout*. C'est dommage, car l'annonce est
d'un aspect original, qui la fera regarder par tout le monde
Mais le dessin des lettres a quelque chose de chinois, qui, s'il
convient, par exemple, pour du thé, n'a sans doute rien à voir
avec cet énigmatique talcogène, — apparemment, produit de l'industrie des Occidentaux et non des Célestes.

ANGÉ. — Manuel de Publicité.   19

dont elle se déroule. Quand le public a saisi le mécanisme de l'appareil, il a tendance à s'en aller, sa curiosité étant satisfaite. Et d'autre part, — ainsi, du reste, que dans la plupart des dispositifs de publicité mobile ou à éclipse, — le temps de vision de chaque affiche est insuffisant. A peine une affiche est-elle apparue qu'elle disparaît, sans laisser au spectateur le temps nécessaire pour penser sérieusement à l'article à vendre et pour en emporter une impression durable.

Enfin nous terminerons ce rapide examen des moyens de publicité dont la rue peut être le théâtre, en signalant la publicité qui peut être faite sur le sol, au moyen de petits appareils imprimant automatiquement, sur les trottoirs ou la chaussée, un texte d'annonce. Ces annonces par impression sur le sol, et généralement par impression humide, ne peuvent avoir également qu'un succès de curiosité. Néanmoins elles sont susceptibles de rendre des services, dans les grandes voies très passantes, pour signaler des actualités d'un intérêt particulier.

La publicité dans les établissements et lieux publics

Nous avons vu que, d'une façon générale, la publicité qui s'adresse au passant de la rue a une valeur bien moins grande que la publicité qui va à domicile. Nous allons voir que les moyens de publicité qu'il nous reste à énumérer sont encore bien moins importants que ceux de la rubrique précédente. C'est pourquoi nous mesurerons ce que nous en dirons à leur peu d'importance.

Si l'infériorité de la publicité faite dans la rue tient surtout à ce que le passant n'est pas dans l'état d'esprit qu'il faudrait, et à ce qu'il ne lui accorde, faute de temps, qu'une attention insuffisante, l'état de réceptivité du public par rapport aux moyens de publicité qui l'atteignent dans les lieux et établissements publics n'est guère plus favorable.

Que ce soit dans un café, dans un hôtel, dans un restaurant, dans un théâtre ou dans un endroit analogue, le public pense à manger, à boire, à se reposer, à s'amuser, à se récréer, à se divertir ou à se distraire. Ce n'est pas le moment de lui parler d'affaires. Par conséquent, la publicité qu'on fera dans ces endroits-là devra se rapporter surtout à ce qui peut s'harmoniser avec le présent état d'esprit du public ; ce sera surtout une publicité pour des choses agréables, les jouissances de la bouche ou de la toilette, des mondanités, des élégances, du luxe, des distractions et des amusements. D'ailleurs, nous avons déjà parlé implicitement des moyens que mettra en œuvre cette publicité :

1° Dans les cafés, restaurants, hôtels, ce seront des affiches, des tableaux-publicité, et des objets divers portant un texte de publicité, comme soucoupes, carafes, napperons et dessous de verre à bière, tapis de jeu, porte-allumettes, etc., etc...

2° Dans les théâtres, ce sera surtout, pendant les entr'actes, la publicité sur le rideau qui masque la scène. Ce seront des annonces fixes, de préférence illustrées, ou des projections lumineuses, qui seront d'autant plus regardées que des actualités intéressantes alterneront avec des projections de publicité. Le malheur pour cette publicité, c'est que, précisément, pendant l'entr'acte, la salle est à moitié vide; et puis, raison plus importante, le public est plutôt dans un état de béatitude ou de rumination ne signifiant rien qui vaille pour une pareille publicité.

Même observation pour la publicité des programmes de spectacle, laquelle, cependant, a plus de valeur, surtout si le programme est assez luxueux ou intéressant pour être emporté.

3° Enfin dans les bureaux de postes ou autres bureaux d'administrations publiques, lorsque la publicité y est autorisée, on peut employer le buvard-réclame, le papier-réclame et les diverses formes de l'affiche ; mais le grand inconvénient de cette publicité, c'est que le public est, généralement, bien trop pressé ou absorbé pour qu'elle ait une grande efficacité.

Ajoutons que la publicité sur les boîtes d'allumettes, lorsqu'elle est autorisée, peut avoir une certaine valeur, spécialement pour les articles de fumeurs, de chauffage ou d'éclairage ; mais ce n'est, malgré tout, qu'une publicité très accessoire, parce que la place est trop limitée pour qu'on puisse y mettre quelque chose d'un grand intérêt.

En somme, un objet quelconque peut servir de véhicule à la publicité, mais l'effet de cette publicité sera toujours très restreint, *parce que la suggestion qu'elle présentera au public sera ou insuffisamment motivée ou inopportune.*

Les formes nouvelles de la publicité

Au fur et à mesure que la science et ses applications industrielles font des progrès, il est naturel que la technique de la publicité cherche à tirer parti de ces applications.

On a pris ainsi un assez grand nombre de brevets d'invention pour protéger des dispositifs ou des systèmes nouveaux de publicité dont la base est l'électricité ou la mécanique. En règle générale, ces procédés sont trop coûteux pour qu'ils aient un grand intérêt pratique ; d'ailleurs, ils se bornent toujours à présenter d'une façon nouvelle les trois formes essentielles qui sont à la base de toute publicité, et qui sont l'annonce, l'affiche et le prospectus, avec ses dérivés, le catalogue et le dépliant.

Le plus important de ces moyens de publicité, c'est, incontestablement, la publicité par le cinématographe.

Un film documentaire, faisant l'historique d'une maison de commerce, montrant la fabrication d'un produit, ses divers usages, etc., aurait, certainement, une grande valeur publicitaire. Mais il faudrait que ce film soit très habilement et très artistiquement présenté. Au contraire, un film fantaisiste et humoristique, bien qu'ayant pour les spectateurs peut-être un plus grand attrait, ne vaudrait pas grand'chose en publicité, parce que son caractère irréel serait incompatible avec la condition première de toute publicité qui est d'être réaliste et positive et d'orienter l'esprit vers le monde de la vie pratique, vers l'achat, et non de l'emporter dans les fuyantes sphères de l'imagination. Le plus grand obstacle qui s'oppose au développement de la publicité cinématographique, c'est qu'actuellement elle coûte beaucoup trop cher. Mais il faut espérer qu'avec le temps cette situation s'améliorera, et qu'on possédera là un moyen ingénieux de publicité, qui sera d'un rendement avantageux, quoique ce doive toujours rester un moyen de publicité complémentaire, incapable de se substituer à la publicité par la presse ou à la lettre de vente.

Signalons ensuite la publicité aéronautique, par l'emploi des ballons et des avions. Elle consiste à lancer sur une ville, à un endroit où il y a beaucoup de monde, des prospectus, documents ou autres objets de publicité. A vrai dire, cette publicité ne se justifie guère ; car le supplément d'attention que les évolutions de l'appareil et le mode de distribution des prospectus attirent sur cette publicité de la part du spectateur, disparaît aussitôt. Et puis il faut compter sur les pertes de publicité que comporte ce moyen de lancement... trop original, trop éthéré, trop aérien, pour être raisonnable. Et puis ce moyen-là est beaucoup trop coûteux. Et puis c'est une distribution faite tout à fait au hasard. Autant de raisons pour que ce genre de publicité ne soit pas à conseiller. Il n'aurait de raison d'être que dans les cas très rares, où, une grande foule étant réunie en plein air, on voudrait l'intéresser aux choses de l'aviation ou à des choses en rapport avec la réceptivité de cette foule.

Par contre, la publicité par phonographe aurait quelque intérêt dans un magasin ou dans une foire où l'on voudrait faire mieux connaître un objet à vendre. Mais ce procédé-là serait encore assez coûteux.

Enfin, la publicité par télégramme, — et aussi par radiotélégramme, — peut se justifier, dans quelques cas où il s'agit d'articles d'un prix assez élevé, pour terminer une série de lettres de relancement restées jusqu'alors infructueuses. Il est certain qu'un télégramme, faisant, en quelques mots, une offre plus avantageuse que la lettre précédemment envoyée, a des chances d'être de plus de poids qu'une nouvelle lettre ordinaire. On pourra également remplacer, dans ce cas-là, la dépêche par une lettre recommandée. Mais, c'est là le dernier atout à employer, dans la série des lettres de relance.

Quant au téléphone, il a été déjà employé parfois pour faire des offres soi-disant spéciales relatives à la vente d'un article. Mais ce procédé n'est admissible qu'à l'égard de personnes avec qui l'on est déjà en relations d'affaires ; sinon, il serait vraiment trop indiscret, et d'un rendement plutôt mauvais.

D'ailleurs, son champ d'action est très restreint.

Bref, tout cela, ce n'est que de la publicité exceptionnelle, qui ne doit se pratiquer que dans des occasions exceptionnelles. Et, si nous en avons parlé, c'est surtout pour en indiquer le peu de valeur.

TROISIÈME PARTIE

LA PUBLICITÉ EN ACTION

CHAPITRE PREMIER

LE PLAN DE CAMPAGNE

Dans un livre plus étendu, il conviendrait de parler longuement du plan de campagne, c'est-à-dire de la façon dont seront choisis, combinés et mis en œuvre les moyens de publicité qui doivent être employés en vue d'atteindre un effet déterminé. Ici le manque de place nous oblige à nous en tenir à quelques généralités.

D'abord, il faut avoir un plan de campagne publicitaire nettement arrêté, de manière à n'y apporter, en cours d'exécution, que le moins possible de changements, parce que toute modification apportée au plan de campagne entraîne avec elle des répercussions fâcheuses. La première chose à faire est donc de mûrir longuement à l'avance son plan de campagne publicitaire.

Naturellement, ce plan variera avec les conditions particulières dans lesquelles se trouve la maison pour laquelle il s'agit de faire de la publicité. Le plan sera donc particulier à la maison de commerce, et mieux il cadrera avec les besoins et la situation de cette dernière, plus il sera profitable. Au fond, ce plan résultera donc de l'analyse de l'article à vendre, analyse aussi complète que possible, ainsi que de la position commerciale de la maison de vente par rapport à la concurrence, aux besoins du marché et aux possibilités de débouchés nouveaux.

Il faudra se demander quel est le chiffre d'affaires actuel de la maison, quel est le chiffre d'affaires des maisons concurrentes, dans quelle mesure la capacité de consommation du public peut être développée, quelles sont les capacités pécuniaires de ce public, et quelle augmentation de son propre chiffre d'affaires on peut légitimement escompter à la suite de la publicité qui sera faite. Il faudra se demander également sur quel territoire il y aura lieu de faire la publicité. D'une manière générale, il vaut mieux faire une publicité intensive qu'une publicité extensive, c'est-à-dire qu'il vaut mieux couvrir et exploiter à fond un territoire limité, et passer graduellement à une région plus vaste, au lieu de vouloir s'attaquer tout d'abord au territoire de tout un pays. Bien entendu, il sera préférable de débuter par les régions où la publicité semble susceptible de donner des résultats plus faciles et plus rapides. L'étendue du territoire que l'on abordera dépendra des ressources financières dont on peut disposer à l'origine ; et au fur et à mesure que l'on réalisera des bénéfices, on accroîtra cette étendue.

Il faudra envisager encore à quel public, et à quelles catégories de public, on a affaire, afin de toucher chacun de ces publics par des moyens appropriés. Suivant ce que l'on est, fabricant ou commerçant, marchand en gros ou en détail, il s'agira d'atteindre soit simplement le public, soit la série des divers intermédiaires, commissionnaires, grossistes, détaillants, y compris l'échelon le plus important, qui est toujours le dernier acheteur ou le consommateur.

Il faudra enfin s'arranger pour que la publicité faite ne porte pas à vide, mais qu'au contraire elle soit en harmonie avec l'organisation commerciale déjà existante de la maison et avec ses moyens de distribution de l'article à vendre. Il faut que, dès que la publicité est déclanchée, le public puisse trouver chez les marchands l'article dont il s'agit, et il faut aussi que la fabrication soit organisée de manière à marcher de pair avec le développement de la vente. Il y a là une concordance des temps entre la fabrication, la distribution des marchandises chez les détaillants et la publicité, qui doit être strictement observée, afin que tout l'outillage industriel et commercial marche selon le rythme harmonieux du plein rendement de toutes les énergies contribuant à la vente.

On conçoit que la préparation d'un tel plan de campagne soit quelque chose d'extrêmement sérieux, et qu'on ne puisse pas l'improviser. Autant vaudra le plan de campagne, autant vaudra l'ensemble de la publicité qui sera entreprise. On conçoit dès lors que des maisons intelligemment dirigées veuillent que leur chef de publicité étudie longuement l'affaire qu'il s'agit de lancer, avant de mettre sur pied le plan de campagne et avant de commencer n'importe quel acte de publicité. Autant vaudront la documentation, l'expérience et l'intelligence personnelle du chef de publicité, autant vaudra le plan de campagne, et autant vaudra la publicité qui en résultera.

Ce plan de campagne bien assis, il n'y a plus qu'à mettre en jeu les moyens de publicité qu'il comporte, et à en assurer soigneusement l'application, dans les plus petits détails. Un bon procédé consiste à faire l'essai d'un moyen de publicité, d'une illustration, d'un texte de publicité, d'un journal, etc., afin de savoir approximativement quel en sera le rendement, et afin de n'engager qu'à bon escient une dépense importante. Cette méthode des essais, ou, comme disent les Anglais, méthode des *tests*, quoique occasionnant un peu plus de travail, donne toujours d'excellents résultats. C'est par des procédés semblables que la pratique de la publicité prendra un caractère de plus en plus scientifique.

La question du plan de campagne englobe la question du choix des moments auxquels doit être faite la publicité, celle de la durée de la publicité à faire, et celle de l'emploi de l'actualité en publicité ; malheureusement, nous ne pouvons ici que signaler l'importance de ces points-là. Enfin la question du plan de campagne pose la question connexe du budget de publicité. Nous nous bornerons à dire que, si le budget de publicité doit être porportionné à l'importance de la publicité à entreprendre, ce budget doit être fixé d'avance, afin que le chef de publicité puisse concevoir une campagne en harmonie avec les ressources dont il dispose. Ce budget peut comporter deux chapitres : le chapitre de la publicité de lancement ou de développement et celui de la publicité d'entretien. Il convient aussi de garder une partie de ces disponibilités comme fonds de réserve, afin de faire face aux éventualités imprévues qui, même avec le plan de campagne le mieux conçu, doivent toujours être envisagées. Une bonne méthode, pour une maison de commerce, est d'affecter à son budget de publicité un tant pour cent sur son chiffre d'affaires, tant pour cent dont la quotité peut être extrêmement variable suivant l'article à vendre, mais tant pour cent qui sera modifié dans la mesure où croissent les bénéfices de la maison et où l'on veut assurer à ses affaires le maximum de développement.

En procédant de la sorte, on est certain de tirer de la conjugaison des moyens de publicité leur rendement le plus efficace et l'on évitera le gaspillage résultant d'une publicité faite par à-coups, sans méthode et sans cohérence. Le plan de campagne de publicité est analogue au plan de campagne des opérations militaires qui règle l'emploi respectif des diverses armes et des diverses unités de manière que chacun contribue, là où il sera le plus utile, et en liaison avec les autres organismes d'attaque, au succès commun. L'heureux maniement du plan de campagne résume toute la stratégie et toute la tactique de la publicité ; seulement, en publicité, il y a beaucoup moins d'inconnues qu'en matière militaire, ce qui rend l'issue de la campagne moins aléatoire.

On peut dire que le plan de campagne publicitaire englobe tous les calculs, toutes les expériences, toute la documentation, toutes les forces de prévision appliquées au problème de la vente.

Il y aurait lieu ici de parler en détail de la campagne d'annonces, qui est, généralement, le point essentiel de la campagne publicitaire.

Il faudrait distinguer les diverses catégories d'annonces qu'il est possible d'employer, chacune ayant son but particulier, selon que c'est une annonce de lancement, une annonce de rappel, une annonce de conclusion, etc., ou plus exactement selon le rôle et la place de l'annonce dans la campagne de vente.

Il y aurait lieu notamment d'indiquer à quels intervalles doit paraître chaque annonce dans l'ensemble de la série. D'une manière générale, la parution de ces annonces ne doit pas être établie selon une périodicité régulière, mais à des intervalles de temps qui vont en croissant. Il faut en cela suivre ce que les psychologues appellent la courbe de l'oubli. Les Américains, friands de ces études, — et c'est en partie à cela que la publicité américaine doit ses succès, — établissent que, s'il doit y avoir, par exemple, cinq annonces, la seconde doit paraître deux jours après la première, la troisième cinq jours après (et non pas quatre jours), la quatrième dix jours après (et non pas six jours), et la cinquième seulement vingt jours après.

Nous dirons encore que les « petites annonces », ou annonces classées ou annonces anglaises, comme on les appelle aussi, seraient susceptibles d'un grand développement, et pourraient s'appliquer à toutes les catégories d'articles commerciaux ou industriels, à la condition qu'on les traite avec toutes les ressources de la technique de l'annonce ordinaire (cadre, espaces blancs, etc.). Ce qui constitue en elles un élément essentiel, c'est le classement. Qu'on applique ce classement aux annonces ordinaires, et il en résultera une grande facilité de lecture et de recherche pour l'ensemble des annonces ; et ce sera là un excellent moyen de valorisation des annonces.

A signaler également que l'emploi d'une ou de plusieurs couleurs dans les annonces et la publicité des journaux et revues accroîtrait considérablement, surtout dans les premiers temps, la valeur d'attention, et sans doute aussi, la valeur d'agrément de cette publicité. Il serait à souhaiter que les annonces en couleurs, qu'on rencontre à peine dans quelques journaux, se multiplient rapidement. Ce sera le résultat des progrès de l'impression en couleurs.

CHAPITRE II

LE TRAVAIL D'IMPRESSION ET DE CLICHAGE

Il ne saurait être question d'exposer ici la technique de l'imprimerie ni celle des divers procédés de reproduction des textes et des illustrations. Ce qu'il suffit de savoir, c'est comment il faut s'y prendre pour faire exécuter les travaux publicitaires qu'on a à confier aux imprimeurs et aux clicheurs.

Une chose essentielle sera de chercher une bonne imprimerie et une bonne clicherie, car la valeur professionnelle des diverses maisons varie considérablement, de même que leurs tarifs. Et l'on perdrait beaucoup de temps et d'argent, si l'on s'adressait à des établissements mal outillés pour les ouvrages de publicité. Lorsqu'on aura découvert une maison spécialisée dans ces travaux et qui donne satisfaction, comme prix et comme soins, il faudra lui réserver fidèlement sa clientèle. Plus le publicitaire et l'imprimeur ou le clicheur seront habitués à travailler ensemble, plus les relations seront aisées entre eux, et plus les ordres de l'annonceur seront exécutés avec intelligence, diligence et perfection, sans qu'il y ait ces mille erreurs ou malentendus de détail

qui se traduisent toujours par un gaspillage considérable de temps et d'argent.

Il faut ne jamais perdre de vue qu'en matière
de reproductions graphiques et photomécaniques
les détails ont une importance capitale, et que,
par conséquent, il faudra toujours exprimer ses
désirs avec précision, sinon on risque de recevoir
de l'imprimeur, qui a rarement la même façon
de comprendre les choses que le publicitaire, un
travail qu'il faudra remanier et retoucher.

En premier lieu, il faudra demander à l'imprimeur ce qu'on appelle une épreuve, c'est-à-dire
une feuille imprimée qui est la reproduction
exacte de ce que sera l'impression, si on n'y apporte pas de modifications. L'épreuve est destinée
à permettre de corriger les fautes qu'a commises
l'imprimeur et aussi à rectifier les choses que l'on
croit encore pouvoir améliorer. Pour corriger ces
épreuves, on se sert de signes spéciaux, que les
imprimeurs comprennent à première vue et qui
leur facilitent beaucoup les modifications à apporter à leur travail primitif, afin de satisfaire le
client. L'emploi de ces signes spéciaux, dans lesquels il y a, du reste, parfois quelques légères
variations, est très facile : il consiste à mettre dans
la marge de l'épreuve l'indication de la correction
à faire, en regard d'un signe de renvoi placé à
l'endroit même de la ligne qui donne lieu à cette
correction.

Voir ci-après (p. 3io et 3ii) un modèle de corrections d'épreuves qui contient les cas les plus usuels.

Si la première épreuve renferme trop de fautes,
il y aura intérêt à en demander une seconde et
même davantage, afin d'être sûr que toutes ces

SPÉCIMEN DE CARACTÈRES D'IMPRIMERIE

ROMAIN DIDOT (bas de casse).

Corps 6.
abcdefghijklmnopqrstuvxyzw

Corps 7.
abcdefghijklmnopqrstuvxyzw

Corps 8.
abcdefghijklmnopqrstuvxyzw

Corps 9.
abcdefghijklmnopqrstuvxyzw

Corps 10.
abcdefghijklmnopqrstuvxyzw

Corps 11.
abcdefghijklmnopqrstuvxyzw

Corps 12.
abcdefghijklmnopqrstuvxyzw

ROMAIN DIDOT

Corps 6 (petites capitales).
ABCDEFGHIJKLMNOPQRSTUVXYZW

Corps 12 (petites capitales).
ABCDEFGHIJKLMNOPQRSTUVXYZW

ROMAIN DIDOT

Corps 6 (grandes capitales).

ABCDEFGHIJKLMNOPQRSTUVXYZW

Corps 12 (grandes capitales).

ABCDEFGHIJKLMNOPQRSTUVXYZW

ITALIQUE DIDOT (bas de casse).

Corps 6.

abcdefghijklmnopqrstuvxyzw

Corps 12.

abcdefghijklmnopqrstuvxyzw

Grandes capitales.
Corps 6.
ABCDEFGHIJKLMNOPQRSTUVXYZW

Corps 12.

*ABCDEFGHIJKLMNOPQRST
UVXYZW*

ANTIQUE corps 12 (bas de casse).

abcdefghijklmnopqrstuvxyzw

ÉGYPTIENNE corps 12 (bas de casse).

abcdefghijklmnopqrstuvxyzw

NORMANDE corps 10 (bas de casse).

abcdefghijklmnopqrstuvxyzw

ELZÉVIR corps 12 (bas de casse).

abcdefghijklmnopqrstuvxyzw

ROBUR NOIR corps 12 (bas de casse).

abcdefghijklmnopqrstuvxyzw

COCHIN corps 12 (bas de casse).

abcdefghijklmnopqrstuvxyzw

NICOLAS COCHIN corps 12 (bas de casse).

abcdefghijklmnopqrstuvxyzw

CHELTENHAM MAIGRE corps 12 (bas de casse).

abcdefghijklmnopqrstuvxyzw

CHELTENHAM GRAS corps 12 (bas de casse).

abcdefghijklmnopqrstuvxyzw

CHELTENHAM GRAS ÉTROIT corps 12 (bas de casse).

abcdefghijklmnopqrstuvxyzw

CHELTENHAM GRAS LARGE corps 12 (bas de casse).

abcdefghijklmnopqrs
tuvxyzw

MORLAND corps 12 (bas de casse).

abcdefghijklmnopqrs
tuvxyzw

fautes seront rectifiées avant qu'ait lieu l'impression définitive. Puis, sur l'épreuve elle-même, on donne à l'imprimeur ce qu'on appelle le bon à tirer, c'est-à-dire qu'on lui fait savoir qu'il n'a plus qu'à procéder à l'impression qu'on lui a confiée, bien entendu, après qu'il aura tenu compte des corrections portées sur la dernière épreuve, et en livrant le nombre d'exemplaires qu'on lui a demandés.

La reproduction des textes de publicité est extrêmement simple. Quand il y a une illustration, le travail se complique beaucoup plus. En effet, la reproduction d'une illustration est toujours assez délicate, et elle peut donner lieu à des difficultés. Notons que, si la reproduction est défectueuse, tout le travail publicitaire peut en être gâté. Comme l'illustration a pour objet, d'une part, de rendre plus agréable la publicité et, d'autre part, en produisant une impression visuelle plus vive, de faciliter la compréhension de la chose dont il s'agit dans la publicité, toute illustration qui serait confuse, peu intelligible ou désagréable à voir, aurait un effet défavorable, et il vaudrait mieux, parfois, aller jusqu'à la supprimer.

Il ne suffit donc pas d'avoir un original d'illustration, dessin ou photographie, irréprochable au point de vue publicitaire ; il faut encore que la reproduction qui en sera faite sur chaque exemplaire de la publicité réalisée (revue, journal, catalogue, dépliant, etc.) soit également irréprochable.

Le mode de reproduction le plus usité est celui de la photogravure. Il consiste à photographier

C'est un fait digne de remarque que l'invention qui a contribué le plus utilement à perpétuer/souvenirs historiques n'ait pu jusqu'à ce jour répandre quelque clarté sur le mystère qui enveloppe sa propre origine. Trois villes, Mayence, et Strasbourg le berceau de l'imprimerie. Quant à l'é-Harlem, se disputent l'honneur d'avoir été poque de sa naissance, on la fait généralement remonter à la moitié du XV° siècle. Il résulte néanmoins de l'hésitation des érudits sur ce point historique une incertitude qui porte à la fois sur l'auteur, sur le lieu et sur l'année de cette découverte. Que si l'on considère la proximité des temps et des lieux témoins de cet événement, on s'expliquera assez difficilement les causes qui suspendent encore de nos jours la solution de ce triple problème. Le concours des traditions contemporaines et des plus savantes investigations n'a jusqu'ici donné pour résultats que certaines probabilités plus ou moins fondées, mais jamais une évidence suffisante pour triompher des scrupules de l'histoire. Depuis le commencement du XVI° siècle jusqu'à nos jours, un très-grand nombre d'ouvrages ont été publiés sur cette matière dans différents pays. Les historiens et les bibliographes se sont livrés aux recherches les plus laborieuses et les plus diverses, sans parvenir à une certitude irréfragable sur aucun des trois points controversés.

Signes marginaux :

- Lettres à substituer.
- Mot à changer.
- Lettre et mot à ajouter
- — à supprimer.
- — à retourner.
- — à transposer.
- Lignes à transposer.
- Ponctuation à changer
- Petites majuscules.
- Grande majuscule.
- Séparer deux mots.
- Mot à réunir et mots à rapprocher
- Lettres gâtées.
- — — à redresser.
- — à nettoyer.
- Apostrophe à ajouter.
- Ligne à rentrer.
- — à sortir.
- Lignes à remanier.
- Lettres d'un autre œil.
- Espace à baisser.
- Alinéa à faire.
- Lettre supérieure.
- Lettres basses.
- Alinéa à supprimer.
- Lignes à rapprocher.
- — à séparer.
- À mettre en italique.
- — en romain.

Addition à remonter

Correction hors de sa place.

Morsure de frisquette

Addition à baisser

Bourdon de grande étendue.

Interligne à baisser

Ligne à espacer également.

Lettre qui chevauche.

Ligne à regagner.

Corrections semblables et successives.

Ligne à faire en plus.

Mot biffé à conserver.

Bourdon indiqué en tête ou en pied.

Coin de page à redresser.

« Mon cousin, comment arrive-t-il que la gendarmerie de Santander, de la Biscaye et de l'Aragon n'est pas payée? Ecrivez au général Caffarelli pour la Biscaye et Santander, et au général Suchet pour l'Aragon, de prendre des mesures pour faire sur-le-champ solder cette troupe Les gendarmes doivent être payés avant tout. »

« Mon cousin, demandez aux ministres d'Espagne à Paris, des notes précises sur les abus qu'ils reprochent au général X... Mandez à ce-général que je vois avec surprise qu'il se soit attribué des sommes qui ne lui étaient pas/dues ; /qu'il/a/pris/9,000/fr./par/mois, traitement qu'on ne fait pas même à un général maréchal, commandant une armée, et qu'il est probable qué le trésor né regardera pas cette somme comme légalement reçue. »

« Mon cousin, je vous envoie des extraits des journaux anglais. Envoyez-en une note au duc de Dalmatie, et témoignez-lui mon mécontentement de ce que les divisions espagnoles soient à Lisbonne et qu'il ne fasse rien. »

« Mon cher cousin, donnez ordre au général Thouvenot de faire confisquer toutes les marchandises anglaises et coloniales. On assure qu'il a reçu un droit de 10 pour cent. — Si cela est vrai, il faut lui faire restituer ces sommes, et confisquer toutes les marchandises qu'il aurait laissé débarquer. Il aurait là commis une grande faute. »

† des marchandises moyennant

l'original à reproduire, de manière à obtenir ce qu'on appelle un cliché, c'est-à-dire un bloc métallique qui permettra d'imprimer l'illustration comme si c'était un simple texte.

Au point de vue de la reproduction, on distingue deux sortes d'illustrations : les illustrations au trait et les illustrations en similigravure.

Les illustrations au trait sont celles qui ne donnent que des noirs et des blancs, que des à-plats, que des teintes franches, qui n'ont ni modelés ni demi-teintes. C'est le dessin qui ne présente que de fortes oppositions, qui n'a pas de nuances ; il est exécuté par grandes masses noires ou blanches et avec des hachures ou de simples traits. En somme, c'est l'illustration qui ne prétend donner aucune finesse, qui procède par ensembles et comme à grands traits.

Quand on a un original de ce genre, la reproduction en est relativement aisée. On procède directement au clichage, qui a lieu généralement sur une plaque de zinc, et on obtient un cliché au trait, ou, comme on dit encore, un *zinc*. Ce cliché pourra être employé avec toute espèce de papiers, et par conséquent avec le papier le meilleur marché et le plus grossier. C'est le cliché qu'on rencontre le plus souvent dans les annonces des quotidiens, des journaux ordinaires.

La gravure au trait ne peut pas être employée pour reproduire une photographie, parce qu'elle ne donne pas les demi-teintes, les dégradés, que comportent la photographie et la réalité même des choses. Dès lors, quand on veut obtenir une reproduction qui donne l'aspect même de la vie, avec ses dégradés, ses nuances, ses finesses, ses demi-teintes, il faut recourir à la similigravure.

La similigravure s'opère en employant un réseau quadrillé, appelé trame, qui décomposera les teintes de l'original en un petit quadrillage qui en permettra l'impression. Plus la trame sera fine, plus la finesse de l'original sera grande, et plus ses détails seront minutieusement reproduits. Mais plus une trame est fine, plus le papier sur lequel aura lieu le tirage du cliché devra être de bonne qualité. Dès lors, quand on fait de la similigravure, il faut adapter la finesse de la trame à la qualité du papier sur lequel sera tirée l'illustration.

Quand on voudra avoir une similigravure très fine, il faudra employer du papier couché, surglacé, ou glacé. Mais alors il faudra employer une trame d'une finesse correspondante. Chaque trame porte un numéro qui est d'autant plus fort que la trame est plus fine. Les trames de 100 à 250 exigent du papier glacé ou couché. Quand l'illustration doit paraître sur du papier ordinaire, du papier de journal, on ne peut employer qu'une trame plus grosse, numérotée de 50 à 100, et l'on n'obtient qu'une reproduction plus grossière, moins artistique.

La première chose à faire en commandant une illustration en similigravure, ou, comme on dit simplement, en simili, c'est d'indiquer au photograveur soit sur quel papier doit paraître l'illustration, soit, directement, quelle trame il doit employer. Quand il s'agit d'une publicité devant paraître dans un journal ou une revue, il n'y a qu'à demander au journal ou à la revue quelle est la trame qui convient à son papier ; une publication bien administrée ne manquera pas, d'ailleurs, de donner d'elle-même ce renseignement aux annonceurs. Au contraire, quand il s'agit d'un catalogue ou d'une brochure, l'annonceur fera bien d'envoyer au photograveur un spécimen du papier qui sera employé, pour que le photograveur puisse choisir la trame appropriée.

D'une manière générale, il faut remarquer que les similis ne viennent pas très bien sur le papier grossier des journaux quotidiens, même quand on emploie pour cela une trame suffisamment grosse. Il faudra donc, autant que possible, réserver les similis pour les revues et illustrés, dont le papier est meilleur, et se contenter pour les journaux ordinaires de dessins au trait, lesquels, lorsqu'ils sont bien faits, produisent un effet plus agréable à voir que ne ferait une similigravure mal venue.

Ces clichés en simili sont généralement sur cuivre. On pourra reconnaître qu'on a devant soi un cliché simili à ce que la surface du métal est régulièrement divisée en une infinité de petits points (les points mêmes qui décomposent la teinte, pour en permettre l'impression), tandis que le zinc du cliché au trait est irrégulier, du fait même des traits qui le constituent.

Les clichés ainsi obtenus ne peuvent être envoyés à l'impression, que s'ils ont la même hauteur que les caractères mobiles d'imprimerie. Pour cela on les monte sur un bloc de bois ou sur un bloc métallique ; on dit alors qu'ils sont montés sur bois ou sur *matière*.

Lorsqu'on a besoin de plusieurs clichés, pour envoyer à plusieurs journaux ou revues à la fois, il est plus économique de reproduire, à l'aide de la galvanoplastie ou de la stéréotypie, le cliché déjà obtenu, que de faire fabriquer plusieurs clichés par le moyen de la photogravure. Mais il faut que les nouveaux clichés ainsi obtenus soient bien faits, sinon ils seront inférieurs aux clichés précédents, dont ils ne sont qu'une copie.

La galvanoplastie consiste à obtenir, à l'aide de l'électricité, un moule métallique, en cuivre renforcé de plomb, qui constituera un nouveau cliché. La stéréotypie, au contraire, prend une empreinte du cliché original à l'aide d'une matrice, appelée flan, composée d'un mélange de papier et de matières spéciales, et dans laquelle on coule du plomb fondu, qui constitue un nouveau cliché.

Ces clichés de seconde main s'appellent galvanos, ou plombs. A noter que, la plupart du temps, le mot simili est employé indifféremment au masculin ou au féminin ; il serait plus logique de dire *un* simili quand on parle du cliché métallique lui-même (entendez : un cliché simili), et de dire *une* simili quand on parle de la reproduction, de l'épreuve, de l'illustration qui en résulte (entendez : une similigravure).

Lorsqu'on donne un dessin ou une photographie à reproduire, on peut les faire reproduire tels qu'ils sont ou bien on les fait réduire. Il serait mauvais de les faire agrandir, parce qu'alors le cliché qu'on aurait contiendrait en plus grand les défauts du document original, tandis que, si le document original est réduit, les défauts s'en atténueront sur le cliché qu'on obtiendra. Quand il s'agit de petits dessins, il vaut mieux ne pas les réduire, car on ne saurait pas au juste l'effet qu'ils produiraient une fois réduits. Il suffit d'indiquer sur l'un des côtés du document original la dimension qu'on veut qu'il ait après réduction : l'autre côté sera réduit proportionnellement au premier.

Pour être bien certain que le journal ou la revue reproduira l'annonce exactement comme on le désire, le mieux c'est de lui envoyer un cliché prêt à insérer, même quand il s'agit non pas d'une annonce illustrée, où c'est obligatoire, mais simplement d'une annonce de texte. Le cliché de ce texte sera établi d'après la composition typographique, constituée par les caractères mobiles que sont les lettres d'imprimerie ; ce sera, comme on dit, un galvano sur mobile. Cependant là où la typographie de l'annonce est toute simple, en caractères ordinaires et uniformes, comme dans un texte rédactionnel, on n'aura pas besoin de faire clicher le texte de l'annonce, le journal pouvant facilement le composer sans qu'il y ait des erreurs. Dans ce cas, il n'y a qu'à faire clicher l'illustration.

Pour faire établir le cliché par le photograveur, le meilleur procédé, c'est de lui envoyer, avec le dessin original, un schéma exact de ce que doivent être l'aspect et la disposition matérielle du texte et du dessin dans l'annonce une fois réalisée. Ce schéma s'appelle une maquette ; la maquette la meilleure sera celle qui sera, par anticipation, l'image la plus fidèle de l'annonce qu'on veut obtenir.

Supposons que nous voulions faire exécuter le cliché qui doit nous donner l'illustration de l'annonce ci-après pour la *Végétaline* (p. 318).

Si nous envoyons au clicheur, avec l'original à

clicher, une esquisse, une maquette aussi soignée que celle qui est reproduite ci-après (p. 319), il y a bien des chances que le travail sera exécuté parfaitement, sans matière à erreurs.

Notons que d'après les dimensions qu'indique cette maquette, le clicheur doit nous livrer un cliché qui occupera dans le journal ou la revue où paraîtra l'annonce une hauteur de 48 lignes de 7 points (soit un lignage de 48 en 7), et une largeur de 65 millimètres (soit une justification de 65 millimètres, c'est-à-dire la largeur d'une colonne ordinaire d'annonces).

Gendarmez-vous !
JEP
Consommateurs !... Faites votre police vous-mêmes et lorsque vous demandez de
la Végétaline
n'oubliez pas de vérifier si ce nom figure bien sur chaque boîte ou sur chaque pain livré.
Elle vaut le beurre, coûte moins
En Vente chez tous les bons Épiciers.
VÉGÉTALINE, 46 r. Breteuil, Marseille

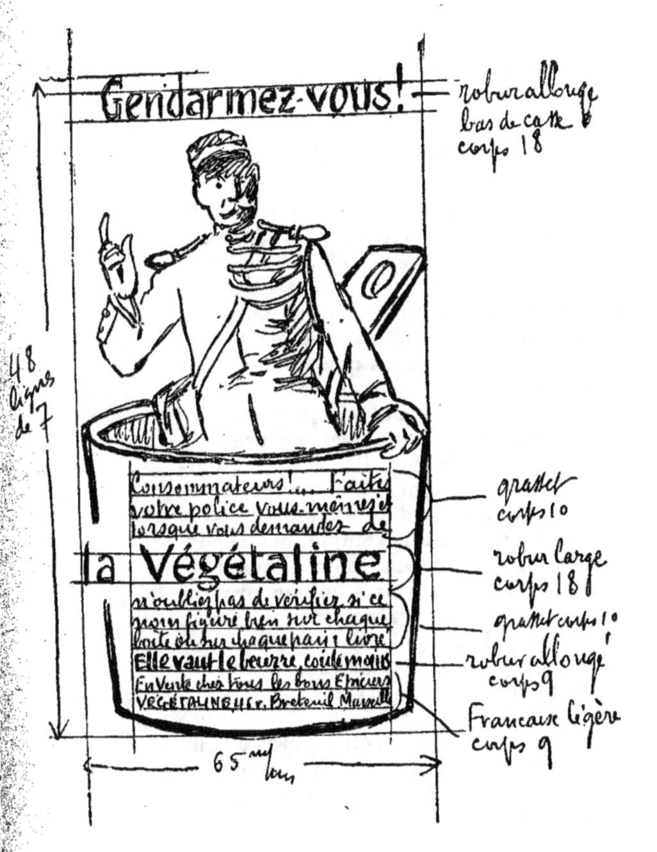
Gendarmez-vous!
robur allongé
bas de casse
corps 18
48 lignes de 7
Consommateurs!... faites
votre police vous même
lorsque vous demandez de
la Végétaline
n'oubliez pas de vérifier si ce
nom figure bien sur chaque
boîte et sur chaque pain, livré
Elle vaut le beurre, coûte moins
En vente chez tous les bons Épiciers
VÉGÉTALINE 45 r. Breteuil Marseille
grassot corps 10
robur large corps 18
grassot corps 10
robur allongé corps 9
Française légère corps 9
65 m/m

CHAPITRE III

LE CONTROLE DU RENDEMENT

Une question trop négligée dans la pratique de
la publicité, c'est celle du contrôle du rendement.
Il est évident que ce contrôle est le meilleur moyen
de savoir ce que vaut, en fait, telle réalisation
publicitaire, et un tel contrôle permettra d'améliorer constamment la publicité d'une maison de
commerce, parce qu'il montrera quels moyens ou
quels organes de publicité doivent être éliminés
et quels autres doivent, au contraire, être conser-
vés et pratiqués dans une plus large mesure.

Ce contrôle est parfois difficile. C'est, notamment, le cas de toutes les formes de publicité qui
n'ont pas un caractère individuel. Comment savoir
que telle affiche a eu, par exemple, tel rendement ? Evidemment le meilleur contrôle consisterait à enregistrer les oscillations qui se produiraient dans la vente. Si la vente augmente, on en
conclura que la publicité a été bonne ; si elle
n'augmente pas ou si elle diminue, on en conclura que la publicité a été mauvaise.

Mais, d'une part, ces fluctuations de la vente
peuvent être dues à des causes étrangères à l'efficacité propre de la publicité ; il peut y avoir des
considérations économiques, sociales ou autres
qui expliquent ces fluctuations.

Et, d'autre part, même en faisant abstraction de toutes causes étrangères, les résultats de la vente ne peuvent que constater l'influence globale exercée par l'ensemble des moyens de publicité. Or, ce qu'il s'agit de savoir, c'est l'influence particulière exercée par chacun des moyens et chacun des actes de publicité ; s'il y a deux annonces qui paraissent, soit le même jour dans deux journaux différents, soit à deux jours d'intervalle dans un même journal, il faudrait pouvoir noter l'action directe et particulière de chacune d'elles.

Pour cela, il n'y a qu'un moyen : c'est de constituer, pour ainsi dire, à chaque réalisation publicitaire un état civil, qui permettra de la reconnaître et d'enregistrer, à ce nom-là, les résultats de sa vie publicitaire. Mais, pour qu'il y ait des résultats tangibles, palpables et enregistrables, il faut, de toute nécessité, que le public, soit par écrit, soit verbalement, demande des renseignements ou fasse une commande en se référant à l'acte publicitaire lui-même qui est à l'origine de sa demande.

Par conséquent, autant que possible, dans tous nos actes de publicité, nous inviterons le lecteur à nous écrire pour nous demander soit des renseignements, soit un prospectus, soit une légère prime, ou encore pour nous passer directement une commande. Et pour cela nous donnerons notre adresse sous une forme qui contienne, pour chaque acte publicitaire, une particularité. Cette particularité permettra de savoir quel est l'acte de publicité qui aura poussé la personne en question à nous écrire.

Cette particularité s'appelle, dans la technique

publicitaire, une clef. C'est cette clef qui nous permettra d'établir l'état civil de chaque acte publicitaire, en portant à son actif les demandes de renseignement ou les commandes que nous avons reçues comme provenant de cette source. Cette clef sera très facile à constituer. Il suffira de mettre dans l'acte publicitaire un signe, un indice quelconque particulier à cet acte publicitaire.

Voici quelques systèmes usuels de clefs de contrôle du rendement publicitaire :

1° Dans chaque acte publicitaire on désigne par une lettre ou un chiffre particuliers la brochure, le catalogue, la prime, l'objet quelconque que l'on invite le lecteur à demander.

Exemple : Demandez la brochure n° 1, n° 2, n° 3, etc., ou la brochure A, B, C, etc.

2° On rédige d'une façon différente pour chaque acte publicitaire l'adresse à laquelle on invite à écrire :

a) Pour cela, on peut ajouter au numéro exact de la rue où se trouve sa maison un autre numéro ou une lettre différents pour chaque acte publicitaire :

Exemple : Ecrivez à la main *Prima*, rue X, n° 17-1, n° 17-2, n° 17-3, etc., ou n° 17 A, 17 B, 17 C, etc.

b) On peut aussi, et ce procédé est meilleur que le précédent, spécifier dans l'adresse un Rayon, une Division, un Bureau, un Département, un Service, une Caisse, un Comptoir particulier à chaque acte publicitaire :

Exemple : Ecrivez à la maison *Prima*, Rayon A, B, C, etc., ou Rayon 1, 2, 3, etc.

3. On peut encore, quand il s'agit de la publicité individuelle, faire figurer dans l'annonce, la brochure, le catalogue, la lettre, etc., un coupon, un bon, que le lecteur n'à qu'à détacher et à envoyer, et qui contient quelque indication spéciale à chaque acte publicitaire. Ce sera, soit une des mentions citées plus haut, soit un numéro ou une lettre placés dans un coin du coupon.

Ainsi, dès réception de chaque clef, on pourra inscrire le résultat à l'actif de la réalisation publicitaire identifiée par cette clef.

Pour les maisons qui ne pratiquent que la vente par correspondance, le contrôle du rendement est d'une précision absolue. On sait tout de suite à quel acte publicitaire attribuer la demande de renseignements ou l'achat. On peut arriver ainsi à savoir exactement, d'après le nombre de demandes de renseignements ou de commandes reçues, quels sont les frais, — frais de publicité et de correspondance, — auxquels a donné lieu l'obtention de chaque demande de renseignements ou de chaque commande. Et on voit par conséquent quelle a été la valeur pratique de chaque moyen de publicité.

Lorsqu'on pratique autre chose que la vente par correspondance, ce qui est le cas le plus fréquent, l'efficacité de ce contrôle est plus imparfaite, et elle est très variable suivant les moyens de publicité employés. Ce contrôle sera d'autant plus efficace qu'il s'agit d'un moyen de publicité plus individuel. Le nombre de gens qui écriront sur le vu d'une affiche sera beaucoup moindre que celui de ceux qui écriront sur le vu d'une annonce. Et puis, si le moyen de publicité a été efficace, la plupart des gens se borneront à aller acheter l'article là où il est en vente, sans prendre la peine d'écrire. Cependant, on peut admettre que, si petit que soit le nombre de demandes directement issues de tel acte publicitaire particulier, ce nombre donne une idée approximative de la valeur relative de chacun des moyens de publicité.

D'autre part, même là où le contrôle est efficace, pour être absolument exact, il faut le faire porter sur une période de temps très étendue, car l'effet d'un acte de publicité peut ne se faire matériellement sentir qu'avec beaucoup de retard. Et puis il ne faudrait pas croire que la réalisation de l'achat soit l'unique étalon de l'efficacité d'un acte publicitaire ; même sans aboutir à l'achat, la publicité peut avoir un effet utile qu'on aurait tort de dédaigner et qui consiste en une influence préalable et indéterminée, et dans la création d'une atmosphère de sympathie favorable à l'article à vendre. Seulement, c'est là un de ces impondérables qui échappent à tout contrôle précis et dont l'action ne s'opère qu'à la longue.

Comme, malgré tout, la question du contrôle du rendement publicitaire est très importante pour le perfectionnement progressif de la publicité, il y aurait lieu de faire contribuer, dans la mesure du possible, le personnel de vente à la réalisation de ce contrôle. Pour cela il faudrait habituer les vendeurs, les détaillants, à demander au client s'il n'aurait pas l'amabilité de faire connaître quels sont les actes de publicité qui ont pu attirer son attention sur l'article à vendre et l'amener dans la boutique. Mais, ce faisant, il faudrait beaucoup de tact et de courtoisie, pour ne point risquer de

froisser le client et de paraître indiscret. De même,
des écriteaux placés dans le magasin pourraient,
— ce qui serait plus discret, mais moins efficace, —
inviter le public à donner son avis sur la publicité
qu'il a remarquée relativement aux articles qui
sont en vente dans le magasin et auxquels il s'intéresse.

Dans la mesure où des maisons de commerce
pourraient ainsi habilement faire collaborer le personnel de vente au contrôle du rendement de leur
publicité, — en faisant participer le public lui-
même à la critique de cette publicité, — ce serait
là une initiative qui serait appelée à amener une
rapide valorisation de la publicité pratiquée.

Enfin on conçoit que, plus un moyen de publicité comporte des facilités de contrôle, et plus
il doit être estimé et utilisé, car c'est là un élément
de plus profitable au développement de la publicité méthodique, c'est-à-dire scientifique, c'est-à-
dire rationnelle, c'est-à-dire rémunératice.

LES CONDITIONS DU PROGRÈS
DE LA PUBLICITÉ

Le développement de la publicité française,
avec les progrès commerciaux qui en sont la conséquence, s'effectuera dans la mesure où seront
réalisées un certain nombre de conditions favorables, dont voici les principales :

1° En premier lieu, l'enseignement de la publicité
est indispensable, et il faudrait qu'il soit diffusé dans
toutes les écoles de commerce, parce que tout commerçant a un intérêt évident à savoir ce qu'est la

publicité, à connaître ses possibilités et à en comprendre la technique. La place qui serait accordée à l'enseignement publicitaire varierait avec l'importance de l'école, de manière à aller du degré élémentaire au degré supérieur. Dès que la publicité aura été admise comme une matière normale et régulière de l'enseignement commercial, on pourra entrevoir l'avènement d'une ère nouvelle dans le commerce français.

2° En second lieu, la presse elle-même, qui tire de la publicité la majeure partie de ses recettes, devrait mener une campagne permanente pour faire mieux connaître au public français ce qu'est exactement la publicité, et les services qu'elle peut rendre à tout le monde. Elle devrait faire, comme on l'a déjà dit, de la publicité pour la publicité.

Etant un vendeur d'espace, un vendeur de publicité, chaque journal est directement intéressé à ce que sa marchandise soit mieux connue et mieux appréciée, puisqu'ainsi il encaissera des recettes de publicité d'autant plus élevées. Dans certains pays, et notamment aux Etats-Unis, un assez grand nombre de journaux pratiquent ce qu'on appelle la promotion d'annonces. Cela consiste à consacrer chaque jour, dans chaque numéro du journal, sous forme d'articles et de phrases détachées, une certaine quantité de lignes à l'exposé des services que la publicité peut rendre aussi bien au public qu'au commerçant. En attirant ainsi quotidiennement, et sous une forme attrayante et variée, l'attention du lecteur du journal sur l'intérêt que peut avoir pour lui la publicité du journal, on arrive à faire lire davantage cette publicité, qui, étant de la sorte prise plus au sérieux, en acquiert une efficacité plus grande et donne à l'annonceur de meilleurs résultats.

Il y a même des entreprises spéciales qui fournissent régulièrement aux journaux, moyennant rétribution, un travail tout fait, que le journal n'a qu'à insérer, de même qu'il reçoit des agences de presse une partie de ses informations et de ses articles. Quelques années avant la guerre, M. Louis Boyer (11 rue des Minimes, à Marseille) avait tenté d'introduire en France le service de Promotion d'Annonces de M. Showalter, de New-York. Mais cette adaptation, qui avait le tort de conserver la trace de son origine étrangère, et qui n'a été lancée que sur une petite échelle, n'a trouvé dans la presse française qu'un succès de curiosité, là où ce n'était pas une indifférence complète.

D'autre part, après la guerre, le journal *Excelsior* a semblé s'engager résolument dans la même voie, en écrivant quelques articles, d'allure sensationnelle, sur la rénovation de la publicité. Mais cette initiative n'a pas eu de suite.

La presse française se trouve encore en présence de cette tâche, vaste autant que féconde : éduquer systématiquement le public en ce qui concerne la valeur, la portée et l'utilité de la publicité.

Il s'agirait de faire en très grand, d'une manière méthodique, abondante et surtout permanente, ce que font, sur une échelle minuscule, les quelques journaux et revues qui balbutient : « Lisez nos annonces, et, dans vos achats, recommandez-vous du nom de notre journal. » C'est la première partie de ce thème qui devrait être largement et constamment développée ; quant à la seconde phrase, notons, par parenthèse, qu'elle a pour objet de montrer à l'annonceur la valeur du journal comme organe de publicité, en lui permettant de contrôler ainsi le rendement de cette publicité, ce qui rentre dans les vues que nous avons exposées en étudiant la question du contrôle.

3° Il faudrait encore que la presse garantisse son tirage exact, ce qui donnerait à l'annonceur une plus grande confiance dans la valeur de ce moyen de publicité.

4° Il faudrait aussi que la presse prît à cœur de ne point accepter la publicité malhonnête, douteuse, interlope ou immorale, ce qui donnerait au lecteur plus de confiance dans les propositions que lui apporte la publicité. L'épuration de la publicité rendrait à cette dernière une partie du prestige dont elle est dépourvue.

5° Il faudrait également que la presse veuille bien établir des tarifs de publicité plus raisonnables et plus modérés, car la France est le pays du monde où la publicité, relativement à son rendement, coûte le plus cher.

6° Il faudrait encore que les annonceurs, qui sont le plus directement intéressés dans toutes ces matières, parce que ce sont eux qui, en fin de compte, supportent toute la répercussion des causes qui entravent le succès de la publicité, s'unissent en une grande association puissante, active, laborieuse (rien à voir avec les ordinaires palabres de congratulations et d'encensement mutuels), qui prenne à tâche de promouvoir l'amélioration des conditions publicitaires.

L'action d'une pareille association serait seule

capable, — en faisant, le cas échéant, la grève des annonceurs, — d'obtenir de la presse, qui est ignorante, indifférente ou accaparée par les grands fermiers d'annonces, — « ces fermiers généraux » de la publicité, qui risquent à la longue de tuer la poule aux œufs d'or ou de provoquer une Révolution d'un nouveau genre, — d'obtenir de la presse satisfaction dans des questions aussi essentielles que celles que nous venons d'énumérer : garantie du tirage des journaux, épuration de la publicité et abaissement des tarifs.

Ce sont là des points trop évidents pour que nous insistions davantage.

7° Enfin il serait très utile qu'il y ait en France ce qu'il y a dans d'autres pays, à savoir un Laboratoire de publicité expérimentale. Un pareil Laboratoire, dont la fondation serait peu coûteuse, permettrait d'étudier, d'une manière approfondie, quantité de points d'application de la technique publicitaire. Il en résulterait les avantages qui résultent, pour la technique industrielle, de l'existence des grands laboratoires de physique, de chimie, de mécanique, d'aérodynamique, ou d'électricité.

Dans la revue *La Publicité*, un professeur de philosophie, M. Jules Lallemand, et M. Raymond Clémang, professeur de publicité à l'Institut Catholique de Paris, ont mené une campagne pour la création d'un pareil instrument de perfectionnement et de progrès. Dans l'état actuel des finances publiques, on ne peut compter, pour faire les frais de cette institution, que sur l'initiative privée Si la forte association d'annonceurs dont nous indiquions tout à l'heure l'utilité venait à se constituer, c'est d'elle que, sans nul doute, viendrait l'honneur d'une telle fondation. N'est-il pas logique que, sur les millions que la publicité fait gagner aux grands annonceurs, ils prélèvent eux-mêmes quelques milliers de francs qui seraient la source de nouveaux bénéfices ?

La Science, qui est la mère du progrès, est aussi la mère de la publicité valorisée.

CHAPITRE IV

LE DÉCALOGUE PUBLICITAIRE

———

Pour terminer ce rapide voyage à travers les diverses régions du monde de la publicité, nous allons condenser en quelques principes ce que nous considérons comme des vérités d'une importance capitale, alors qu'elles sont presque ignorées d'une grande partie des annonceurs. Ce sera la conclusion nette et catégorique que nous voudrions inscrire profondément dans l'esprit du lecteur. Ce sera comme un décalogue des commandements publicitaires devant aboutir à la commande.

1° Tout acte de publicité doit être complet, se suffire à lui-même, n'avoir pas besoin de l'intervention de nouveaux actes de publicité pour viser à atteindre son but, qui est la réalisation de l'achat. Ceci est la condamnation radicale de la publicité fragmentaire, lacunaire, qui n'opère que par bribes et qui émiette l'influence de vente en une série d'actes dont chacun est insuffisant pour aboutir à cette vente.

Il ne faut pas qu'un acte de publicité se borne à éveiller l'attention et attende d'être suivi d'un nouvel acte publicitaire pour que le public sache de quel article il s'agit et en éprouve le désir. En effet, lorsque l'action de la publicité est ainsi échelonnée sur un certain nombre de fragments publicitaires, l'impression produite par chacun de ces fragments est si petite qu'elle risquera de s'être effacée complètement avant que n'apparaisse la suite de la série. Puis il n'est pas certain que la même personne aperçoive toutes les parties qui constituent la série, puisque chacune de ces parties occupe un point différent du temps et de l'espace ; ainsi, toute la série risque d'être nulle et non avenue, faute d'avoir été complètement connue. Enfin, même si la série était efficace, ce procédé comporterait un gaspillage inutile, parce qu'avec la place qu'il nécessite nous pourrions réitérer l'effet utile de vente, ce qui en augmenterait la valeur, au lieu de nous borner à produire avec chaque acte de publicité un effet simplement préparatoire, mais non pas décisif.

Autrement dit, il faut agir chaque fois avec des effectifs suffisants, avec de gros bataillons, capables d'enlever la position, et non pas diviser ses forces en petits paquets, qui disparaissent dans le vide, comme une série stérile et vaine de bulles de savon.

Un des principes les plus importants de la publicité, c'est cette vérité mathémathique qui veut que mille fois zéro égale zéro, c'est-à-dire n'ait pas la valeur d'une seule unité. Ce qui importe, ce n'est pas la répétition d'actes et d'effets publicitaires individuellement insuffisants, mais la répétition d'actes et d'effets publicitaires ayant chacun un minimum de force utile, force qui se multipliera par accumulation et par répétition.

2° Tous les éléments nécessaires à la production

et à la réalisation de la décision d'achat doivent
donc se trouver réunis dans chaque acte publicitaire, et non pas être disséminés et éparpillés à
travers des actes publicitaires distincts. Mais, à
l'intérieur du même acte publicitaire, chaque
partie de l'acte publicitaire doit être conçue de
manière à produire les effets utiles qui lui sont
propres et dont l'ensemble aboutira à la décision
d'achat la plus forte possible.

La valorisation de la publicité consiste précisément à tirer de chacune des parties constitutives
de la publicité (argumentation, texte, typographie,
illustration, cadre, espaces blancs, emplacement,
renouvellement de l'acte publicitaire, etc.) le
maximum d'effet utile, d'effet décisif tendant à la
réalisation de l'achat.

3° Il est absolument nécessaire de varier la
publicité quant aux arguments, au texte, à l'illustration, à la typographie, etc., parce que c'est
le seul moyen de faire agir sur une même personne
l'ensemble des forces publicitaires. Là où tel argument, telle présentation publicitaire, n'a pas eu
assez d'efficacité, ce n'est qu'en faisant défiler l'ensemble des arguments et des présentations publicitaires possibles qu'on sera à même de convaincre
la personne réfractaire aux influences publicitaires précédentes.

Si l'on se borne à faire paraître sempiternellement le même cliché, comme font, à tort, quantité
de vieilles maisons des plus importantes, cette
publicité n'aura plus d'effet que sur les personnes,
relativement très peu nombreuses, qui ne l'ont
pas encore vue. Elle n'aura qu'un effet de rappel,
très minime, sur les gens qui sont déjà les clients

de la maison, et qui, du reste, peuvent être tentés
d'aller ailleurs sur le vu d'une publicité plus persuasive émanant de maisons concurrentes. Et
— c'est là son tort le plus grave — elle n'aura
aucun effet sur le nombre, toujours très considérable, de gens qui ne sont pas encore les clients de
la maison, parce que cette publicité déjà vue —
et qui, dès qu'elle sera reconnue, ne sera pas lue
— n'a pas réussi antérieurement à les persuader.

4° Il faut donc que dans chacun des actes de
publicité faits pour un même article il y ait un
élément de nouveauté, de variété, qui amène à la
lecture de cette publicité les gens qui n'ont pas
été convaincus par la publicité précédente, ainsi
que, d'une manière générale, tous ceux qui, ayant
déjà lu la publicité précédente, ne la liraient plus,
si elle restait identique à elle-même. La devise de
la publicité sera donc *renouvellement, rajeunis-
sement,* et non *répétition monotone.*

5° L'ensemble de la publicité faite doit atteindre
et persuader la totalité des gens susceptibles de
devenir acheteurs de l'article à vendre. Il faut
donc qu'il y ait autant de catégories d'actes publicitaires qu'il y a de catégories de publics par
rapport à la lecture de notre publicité.

Suivant leur attitude à cet égard, nous distinguerons trois publics différents :

a) Il y a le public qui s'intéresse à notre publicité. Pour celui-là, il faudra varier notre publicité, de manière qu'il la lise, ce qui n'aurait
pas lieu s'il ne s'agissait que d'une répétition de
la publicité déjà lue par lui. Mais, s'il faut varier
cette publicité, du moins quant à la forme, il faut
qu'au premier coup d'œil ce public puisse recon-

naître qu'il a là devant lui un nouvel acte de publicité provenant d'une maison qui l'intéresse. C'est dire qu'à côté des éléments de variété et de changement, il faudra qu'il y ait dans chaque nouvel acte publicitaire des éléments d'unité et de fixité, permettant l'identification rapide de l'acte publicitaire et attirant sur lui la sympathie et l'intérêt qui se sont déjà attachés à la publicité antérieure faite pour le même article.

b) Il y a le public sur qui la publicité antérieure qu'il a lue de nous, ou sur qui l'article à vendre lui-même, a déjà produit une impression défavorable. Dès lors il faudra supprimer de la publicité nouvelle les éléments d'identification rapide et d'unité qui, par suite de l'impression défavorable qu'ils rappelleraient, empêcheraient la publicité nouvelle d'être lue. Il faut donc que la typographie et la présentation de la publicité nouvelle ne permettent pas de reconnaître d'abord qu'il s'agit d'une publicité venant à l'appui de celle qui a déjà fait mauvaise impression. Ainsi ce public peut être amené à lire ce qu'autrement il ne lirait pas, et, si la publicité nouvelle a su produire sur lui une bonne impression, avant qu'il n'ait reconnu ce dont il s'agit, il est fort possible que l'hostilité préexistante disparaisse ou soit fort atténuée. Ce sera là comme une publicité qui masquera tant qu'elle le pourra son origine et son objet, afin d'essayer d'avoir le temps de détruire la prévention résultant de la connaissance antérieure soit de la publicité déjà faite, soit de l'article à vendre.

c) Il y a enfin le public qui est indifférent ou qui n'a pas le temps de lire. Pour celui-là, il faudra présenter l'essentiel de notre publicité en quelques phrases, que leur typographie rendra très facilément visibles et lisibles. Ainsi, si minime que soit l'effet produit sur ces gens-là, cela vaudra toujours mieux que rien ; ce sera déposer dans leur esprit les premiers germes d'une influence qui se développera plus tard, à moins que ce ne soit la confirmation et le renforcement d'une influence qui s'est déjà fait sentir.

Quant au public qui s'intéresse à notre publicité ou à notre article au point de nous consacrer tout le temps voulu, ce public lira le reste de la publicité, bien qu'il soit composé en tout petit texte. Et ainsi la publicité sera à double effet.

C'est au chef de publicité à savoir adapter les divers actes de la campagne publicitaire aux catégories précédentes de publics, de manière que l'ensemble de la publicité réunisse tous les instruments d'une efficacité aussi parfaite que possible.

6° Tout acte de publicité doit aboutir à une impression telle que le nom et l'idée de l'article à vendre soient indissolublement liés à l'évocation de la supériorité de cet article par rapport aux articles similaires ou à l'évocation de la capacité qu'a cet article de satisfaire mieux que les autres tel besoin ou tel désir. Il doit y avoir entre l'article à vendre et l'opinion qu'en donne l'acte publicitaire une relation telle qu'en pensant à tel besoin ou en ayant tel désir on pense spontanément à l'article à vendre comme étant le plus apte à procurer la satisfaction cherchée, et, inversement, qu'en pensant à l'article à vendre on pense aux satisfactions, inegalées par d'autres, qu'il procure. Cette association d'idées sera d'au-

tant plus puissante et d'autant plus indissoluble
que la typographie sera encore venue la renforcer.

7° Tout acte de publicité doit, autant que possible, tendre à amener le lecteur à faire connaître
son adresse, afin qu'on puisse le relancer par des
lettres individuelles, qui seront le meilleur moyen
d'emporter la décision d'achat.

8. Tout acte de publicité doit avoir un caractère
de réalisme qui porte aussitôt l'esprit du lecteur
sur le terrain de l'achat. Cela entraîne la condamnation absolue de la publicité trop spirituelle,
trop littéraire, à caractère humoristique, qui fait
oublier au lecteur qu'il a devant lui une proposition commerciale à laquelle on lui demande de
souscrire.

9° Trop d'annonceurs, et surtout de dessinateurs
publicitaires, oublient que la publicité doit attirer
l'attention, non pas sur l'acte publicitaire lui-
même en tant qu'œuvre d'art ou de littérature,
mais sur l'article à vendre. La publicité est l'art
de se faire connaître, mais rien n'est fait que
dans la mesure où c'est l'article à vendre qu'elle
fait connaître et apprécier.

10° Enfin il ne faut pas perdre de vue que la
publicité est comme une garantie et une promesse
— garantie ou promesse de supériorité ou de
qualité — garantie qui doit être confirmée par les
faits, promesse qui doit être tenue par la marchandise. La publicité n'est que l'indication anticipée
des satisfactions que le public doit trouver dans
l'article, une fois qu'il en aura fait l'acquisition.

La publicité ne peut donc qu'engager un certain
nombre de gens à faire cette acquisition, et, s'ils
en sont satisfaits, ils feront d'eux-mêmes à cet

article la meilleure des publicités, une publicité verbale et gratuite.

La publicité imprimée et écrite a donc pour principal objet, en faisant réaliser l'achat, de servir d'amorce à la publicité verbale que l'acheteur fera spontanément à l'article qui lui aura donné satisfaction. Elle n'est que le truchement, le héraut, le porte-parole, l'expression anticipée des satisfactions que le public peut escompter de l'acquisition de l'article à vendre.

Elle n'est que l'art de *faire savoir* au public ce qu'on *sait faire* ou ce qu'on peut faire pour lui ; elle n'est que l'art de faire valoir son savoir-faire professionnel, industriel ou commercial.

La publicité ne peut donc pas faire de miracles. Elle ne peut faire d'autres miracles que ceux que feront le travail et l'intelligence qu'on a mis en elle.

Il ne faut pas se perdre dans les détails matériels de la présentation ou de l'exécution publicitaires. Si l'article que l'on vend répond vraiment à un besoin ou possède un degré suffisant de désirabilité, et si on sait présenter intelligemment cet article à ceux qui en ont besoin ou qui sont susceptibles de le désirer et de l'acheter, on peut être certain que la publicité donnera des résultats. Des expériences faites aux Etats-Unis ont montré que les meilleures annonces sont celles qui sont constituées plutôt par de bons arguments que par des qualités minutieuses d'exécution mécanique. C'est là une constatation qui doit rassurer tous ceux qu'effraierait l'apparente complexité de la technique publicitaire. Le meilleur instrument de travail du technicien de publicité, c'est encore son intelligence.

Un de nos élèves de l'Ecole Supérieure Pratique de Commerce et d'Industrie de Paris nous définissait la publicité « l'art de présenter au public des offres intelligentes » ; nous ne pouvons que trouver fort caractéristique une pareille définition. Lorsque les techniciens américains déclarent que la technique de la publicité est encore dans l'enfance, ils oublient qu'elle est sortie de l'enfance le jour où, précisément, elle a reconnu qu'elle ne pouvait être que l'application de l'intelligence à l'art de la vente. A partir de ce jour-là, il ne lui manquait plus que la réflexion, la documentation et la systématisation pour sortir également de l'empirisme.

En tête d'une importante étude de M. H. Weidenmüller, le technicien que nous avons déjà cité, étude parue dans la revue *La Publicité* sous le titre de *Les Principes de la Science publicitaire*, se trouve cette judicieuse remarque que la publicité scientifique a pour premier objet de tirer des dépenses de publicité le rendement maximum. Voilà pourquoi ceux qui ne font qu'une publicité empirique pourront bien obtenir un bon rendement ; mais c'est l'étude réfléchie et systématique, l'étude scientifique de la publicité, qui peut seule leur donner le rendement maximum. Avoir indiqué comment s'y prendre pour réaliser ce rendement maximum, avoir montré comment la pratique de la publicité peut et doit être valorisée, telle est l'unique prétention de ce petit livre, dont la portée est moins dans les « recettes » qu'il donne que dans l'action qu'il espère avoir sur le développement de l'intelligence commerciale de ses lecteurs.

APPENDICE

Il n'est pas sans intérêt de savoir quels sont les principaux spécialistes qui se sont donné la tâche de faire de plus en plus connaître et apprécier en France le rôle qui est dévolu à la publicité dans l'organisation moderne des affaires.

En premier lieu, il faut citer le regretté D. C. A. Hémet (1866-1916), qui a été le plus ardent pionnier de la cause publicitaire. Dès 1903, il fondait la revue *La Publicité*, le premier et le plus important organe de la presse française consacré à l'étude des questions de publicité. Il fut professeur de publicité à l'Institut Catholique de Paris, et il a fait paraître, en 1912, un magistral *Traité de Publicité*, aujourd'hui épuisé, mais dont une nouvelle édition est en préparation.

M. O.-J. Gérin a le mérite d'avoir mis au service de la publicité un labeur considérable, qui s'est surtout manifesté par de nombreux articles et par la composition d'un très important ouvrage *La Publicité suggestive* (en collaboration avec M. C. Espinadel), et d'un autre, moins volumineux, *Précis intégral de Publicité* (en collaboration avec MM. E. Damour et L.-H. Serre).

M. E. Arnaud de Masquard occupe la chaire de publicité de l'Ecole des Hautes Etudes Commerciales de Paris et celle qui existe à l'Ecole des Hautes Etudes Sociales.

En dehors de la revue *La Publicité*, il faut

signaler encore, comme revues de publicité, *Atlas*,
et *Notre Publicité*. Celle-ci est l'organe de la
Corporation des Techniciens de la Publicité,
transformation de la *Conférence des Chefs de
Publicité*, fondée par M. O.-J. Gérin.

Il existe aussi une *Chambre syndicale de la
Publicité*, dont l'âme fut jadis M. Louis Vergnes,
— qui professa pour la première fois le Cours de
publicité de l'Ecole des Hautes Etudes Sociales, —
et où, depuis la mort de ce dernier, M. Ch. Maillard a déployé beaucoup d'activité.

D'importantes revues commerciales, comme
Commerce et Industrie, *Mon Bureau*, *l'Exportateur*, publient aussi d'intéressants articles sur les
choses de la publicité.

A mentionner également l'Exposition de Publicité organisée à Nancy, en 1919, par la Chambre
de Commerce de cette ville, et le Salon de la
Publicité, qui a eu lieu à Paris, en 1920, grâce à
l'initiative de la revue commerciale *Les Echos*.

A Bruxelles, M. Paul M. Mosselmans, qui, avant
la guerre, dirigeait la revue *La Réclame*, et qui
a fondé les éditions Polmoss, lesquelles ont fait
paraître une série de petits ouvrages sur la publicité, est le champion de la publicité en Belgique.
Signalons aussi l'excellent petit chapitre sur la
publicité que contient le *Manuel d'Economie commerciale* de M. Pierre Clerget, directeur de
l'Ecole supérieure de Commerce de Lyon.

On consultera utilement l'*Annuaire officiel de
la Publicité et des industries qui s'y rattachent*
(78, rue de Richelieu, Paris), et l'*Annuaire Deséchaliers*, guide de l'acheteur dans les industries
du livre et du papier (3, rue de Castellane, Paris).

TABLE DES MATIÈRES

DEUXIÈME PARTIE

ÉTUDE DES MOYENS DE PUBLICITÉ

Coulommiers. — Imprimerie Ernest DESSAINT. — 1-30

www.ingramcontent.com/pod-product-compliance
Lightning Source LLC
LaVergne TN
LVHW011921180726
843502LV00003B/680